Myriam Alexowitz · Traumfabrik Bollywood

Traumfabrik Bollywood
Indisches Mainstream-Kino

Myriam Alexowitz

HORLEMANN

Deutsche Originalausgabe

© 2003 Horlemann
Alle Rechte vorbehalten

Erschienen in Zusammenarbeit
mit ARTE Deutschland TV GmbH

Wir danken den Verleihen, Institutionen
und Privatpersonen, die uns Bildmaterial
zur Verfügung gestellt haben.

Bitte fordern Sie unser aktuelles Gesamtverzeichnis an:
Horlemann Verlag
Postfach 1307
53583 Bad Honnef
Telefax (0 22 24) 54 29
E-mail: info@horlemann-verlag.de
www.horlemann-verlag.de

Gedruckt in Deutschland

1 2 3 4 5 | 05 04 03

ISBN 3-89502-170-9

INHALTSVERZEICHNIS

DANKSAGUNG

Dieses Buch zu verfassen, dauerte etwas mehr als drei Jahre. Es hätte ohne das große Engagement und die andauernde Unterstützung von vielen lieben Menschen nicht entstehen können. Aus diesem Grunde möchte ich mich hiermit bei allen, die auf irgendeine Weise zu diesem Buch beigetragen haben, bedanken.

Mein Dank gilt zunächst meiner Familie, die mich während der Zeit des Schreibens moralisch und finanziell unterstützt hat. Ferner meinem Bruder Ralph und meinen Freunden Sascha Hirsch, Annette Bastian, Sandra Höller und Julia Neumann, die sich fleißig nächtelang für mich hingesetzt haben, um Korrektur zu lesen. Danke auch an Erika Wottrich und Uta Götze für viele wertvolle Tipps. Ich danke Chariton Charitonidis, der mir bei allen Computerfragen immer geduldig zur Seite stand.

Des Weiteren möchte ich allen meinen indischen Freunden danken: Roomala Mutty und Rina, die mir bei meiner anfänglichen Recherche sehr geholfen haben, Ghulam Sabir, der mir fleißig alle notwendigen Videos mit englischen Untertiteln sowie sämtliche indischen Filmzeitschriften zur Verfügung gestellt hat. Frau Prof. Nilufer Barucha aus Mumbai, die mit Material und Interview diente, Parul, Nikhil und Vivek Madan sowie Supriyo Bandoypadhyay, die mir mit vielen Fotos, wichtigen Informationen sowie Übersetzungen aushalfen. Danke an das Filmarchiv in Pune und an alle weiteren indischen Bekannten, deren Namen ich hier nicht nenne.

Ich danke dem Deutschen Filmmuseum in Frankfurt/Main und insbesondere Patricia Gaydoul, die mir das nötige Material herausgesucht hat und mich außerhalb der Öffnungszeiten arbeiten ließ. Danke an das Fotoarchiv der Deutschen Kinemathek in Berlin und insbesondere an Wolfgang Theis. Danke an das Institut für Indologie in Marburg und an Roland Steiner, der mir bei der Materialsuche behilflich war und mir mit Infos zur Seite stand. Ein weiteres großes Dankeschön gilt dem Museum für Gestaltung in Zürich und seinen Mitarbeiterinnen Tina Schalow und Christina Reble, die mir Bildmaterial und Infos gaben.

Mein Dank gilt auch Conny Bättig von der Panta Rhei PR GmbH aus Amriswil, die mir bei der Organisation meiner Medienreise in die Schweiz behilflich war, und Barabara Knörri von Gstaad Saanenland Tourismus, die uns den ganzen Tag im Tourenbus durch die Schweiz kutschierte und sich zuvorkommend um uns kümmerte. Vielen Dank auch an Jakob Trittin und seinen Mitarbeiter J. P. Francioli aus Zweisimmen, die mir ebenfalls bei meinem Aufenthalt in der Schweiz sehr behilflich waren. Und an Markus Pfister, den Direktor von Zweisimmen Tourismus. Danke an Rosa Maino und Anita Rufer für ihr Material und ihre Infos, und danke auch an meine beiden lieben Schweizer Freundinnen Patricia Fontana, bei der ich wohnen konnte, womit mein Reisebudget geschont wurde, und Silvia Süß, die mich bei meiner Medienreise begleitet und die schönen Fotos geschossen hat.

Danke auch dem Filmteam aus Hyderabad und dem Regisseur Nageshwar Reddy. Gleichfalls danke an das Feminaleteam Christine Moser, Jennifer Jones, Verena Mund, Gaby Gehlen und Anja Dreschke, die mir einen Vortrag zum Thema Bollywood ermöglichten und mich bei meiner Arbeit moralisch unterstützten. Vielen Dank an Kira und Maria für weitere schöne Fotos. Danke an Maya Raue und Klaus Hamel, die mich mit neuen Ansichten in Bezug auf K3G überraschten. Danke an Nina Lobbinger vom Verleih Rapid Eye, die mir mit Rat und Tat in Bezug auf K3G hilfreich zur Seite stand.

Danke an die Redakteure der indischen Filmzeitschriften: „Filmfare", „Stardust", „Movie", „Ciné Blitz" und „Hi! Blitz".

Schließlich ein Danke an meine Verleger Michael Adrian und Beate Horlemann, die an das Projekt geglaubt haben und eine Veröffentlichung ermöglichten.

Falls ich jemanden vergessen haben sollte, möge er es mir verzeihen! Aus diesem Grunde nochmals Dank auch an alle weiteren hier nicht aufgeführten Personen.

VORWORT

„…Der Film ist die Kunstform des 20. Jahrhunderts.
Er umfasst alle anderen Kunstformen, Theater, Musik, Malerei und
Tanz. Vor allem gibt er uns eine Möglichkeit zur Kommunikation,
die wir vorher nie hatten. Durch ihn werden wir uns alle eines Tages
etwas besser kennen lernen…" **Satyajit Ray**

Schon seit den 90er Jahren ist Indiens Filmindustrie die produktivste der Welt. Als
Filmland ist Indien für die meisten Europäer jedoch immer noch weitgehend unbekannt. Entweder haben sie noch nie einen indischen Film gesehen, oder sie kennen einige wenige Beispiele, die nur einen einseitigen, nicht repräsentativen Eindruck vermitteln von einem Filmschaffen, das in geographischer, sprachlicher und
kultureller Hinsicht kaum auf einen Nenner zu bringen ist.

In Westeuropa sind indische Filme kaum bekannt, dafür aber in Osteuropa,
der Türkei, der Golfregion, in Afrika, der Karibik, in Lateinamerika und natürlich
in Asien. Obwohl viele dieser Kontinente und Länder nur wenige kulturelle Ge-
meinsamkeiten mit Indien aufweisen, sind indische Filme dort sehr populär und
begehrter als mancher Hollywoodfilm. Was sind die Gründe dafür? Hätte der Bollywoodfilm auch bei uns im Westen eine Chance, sich durchzusetzen? Diese Fragen sollen im Verlauf dieses Buches geklärt werden.

Bis zum Jahr 2002 war diese Art von Filmen dem westlichen Zuschauer kaum
präsent. Ab und an konnte man Bollywoodfilme auf Filmfestivals sehen oder aus
indischen Videotheken ausleihen. 2002 änderte sich diese Situation jedoch schlagartig. Hindi-Film-Musik, die seit den 90er Jahren in Londons indischer Discosze-
ne angesagt war, wurde jetzt Mode in der elitären britischen Clubszene, was auch
zu einer verstärkten Popularität der dazugehörigen Filme führte. Viele weitere Er-

eignisse wie der Britisch-Indische Sommer 2002, bei dem Bollywoodfilme gezeigt wurden, und eine Ausstellung im Viktoria-und-Albert-Museum über dieses Thema trugen zur weiteren Verbreitung bei.

Mira Nair, die eher dem indischen Kunstkino zugerechnet wird, inszenierte mit ihrem Film „Monsoon Wedding" zum ersten Mal einen an das Bollywood-Kino angelehnten Film, der auf der Biennale in Venedig als bester ausländischer Film ausgezeichnet wurde. Der Bollywoodfilm „Lagaan" erntete in Locarno „standing ovations" und wurde sogar für den Oscar nominiert. Von Frühjahr bis Herbst 2002 liefen in vielen Großstädten Deutschlands wochenweise Bollywoodfilme und Vortragsreihen zum Thema.

Westliche Zuschauer konnten sich auf diese Weise einen etwas genaueren Eindruck vom indischen Kino verschaffen. Wie Kinobesitzer und Veranstalter mir berichteten, wurden die Filme mit großem Andrang und regem Interesse besucht. Viele Zuschauer wurden regelrecht bollywoodsüchtig.

Die Fülle von Bollywoodfilmen macht es dem westlichen Betrachter natürlich schwer, sich ein fundiertes Bild zu verschaffen, und das mag auch erklären, wieso gerade über den indischen Film so viel Schematisches und Unsinniges geschrieben und abgeschrieben wird. Wer bei uns einige Dutzend indische Filme gesehen hat, gilt schon fast als Spezialist, obwohl diese Menge nur dem Zehntel einer Jahresproduktion entspricht. Mit demselben Recht müsste jeder Inder, der einmal in seinem Leben einen deutschen oder französischen Film gesehen hat, als Spezialist für das europäische Filmschaffen gelten...

Indisches Kino – das löst beim europäischen Zuschauer zunächst nur verschwommene, widersprüchliche, vielleicht märchenhafte Vorstellungen aus. Wenn man an das Kino des indischen Mainstream denkt, mag man Exotik erwarten, üppige Ausstattung, Gesang und Tanz, Romanzen und Melodramen. Uns mag das indische Mainstreamkino heutzutage auf den ersten Blick etwas befremdlich und vor allem kitschig erscheinen, wir sind solche Art von Filmen nicht mehr gewohnt. Wir dürfen nicht vergessen, dass es auch bei uns im Westen Zeiten gab, in denen es durchaus üblich war, Filme mit romantischen Liebesgeschichten und Gesangs- und Tanzeinlagen zu sehen. Während des Zweiten Weltkriegs bis in die 60er Jahre hinein wurden in Deutschland Revuefilme, Lustspiele und Heimatfilme mit solchen musikalischen Einlagen gezeigt. Unsere Stars hießen nicht Shah Rukh Khan und Madhurit Dixit, sondern Zarah Leander, Vera Molna und Hans Albers. Die Lebensumstände in der Kriegs- und Nachkriegszeit waren sehr bedrückend und beängstigend. Das Kino bot einen Ort, an dem die Menschen Abwechslung und Trost fanden. Filme sollten unterhalten und nicht die raue Wirklichkeit zeigen. Davon sah man im Alltag genug.

Um indische Filme besser zu verstehen, ist es sinnvoll, sich mit indischer Geschichte, Kultur und Religion zu beschäftigen. Ohne ein entsprechendes Hintergrundwissen erscheinen dem westlichen Publikum die indischen Filme ansonsten eher kitschig und ohne nennenswerten Tiefgang.

Erst in den letzten Jahren haben Filmwissenschaftler in Europa angefangen, sich damit näher zu beschäftigen, und dabei entdeckt, dass auch in den Mainstreamfilmen durchaus wahre Film-Highlights und filmische Spitzenleistungen zu finden sind, nachdem lange Zeit diese Art des Filmschaffens generell verketzert wurde. Die Filmkritik braucht dringend Nachhilfeunterricht, was indische Filme angeht. Wir sollten unseren Eurozentrismus überwinden und unsere Fehlurteile und Klischeebilder beiseite schieben. Das populäre indische Kino hat so viele Facetten und Erscheinungsformen, dass man es nicht in einer einzigen Definition erschließen kann.

Da die indische Regierung in den letzten Jahren Städte wie Mumbai (Bombay), Chennai (Madras), Kolkata (Kalkutta) oder Delhi (Neu Delhi) wieder mit indischen Namen versehen hat, um sich von den Überresten des Kolonialismus gänzlich zu befreien, habe ich mich aus Respekt in meinem Buch nach der indischen Namensgebung gerichtet.

Ich habe in diesem Buch sehr wenig Fußnoten und Literaturquellen angegeben, da ich die meisten der hier wiedergegebenen Informationen neben dem Internet und Büchern aus persönlichen Gesprächen und Interviews erfahren habe. Falls einige Jahresdaten oder Filmtitel ungenau oder gar nicht von mir angegeben wurden, liegt das nicht an einer mangelnden Recherche, sondern an den teilweise unzureichenden oder nicht vorhandenen Quellen. Ich bitte das zu berücksichtigen. Insgesamt habe ich etwa 400 Filme, d.h. die Hälfte einer indischen Jahresproduktion, gesehen.

KINO ALS ERLEBNIS

BOLLYWOODS KUNST DER MASSENUNTERHALTUNG

Vrindavan (Uttar Pradesh/Nordindien), 18 Uhr

Kurz nach Sonnenuntergang unterbricht ein plärrender Megafonlautsprecher die Stille im Ort. Aus großer Entfernung kündigt eine Melodie die abendliche Filmvorführung an. Aus allen Richtungen strömen Menschen dem Auditorium eines Wanderkinos zu, das aus Bambusstangen angefertigt wurde. Mit einem Ticket für 15 bis 20 Rupien (etwa 30 Cent) kann man die Vorstellung auf einer Holzbank mit Rückenlehne genießen. Ein Platz auf dem Boden ganz vorne an der Leinwand ist mit einer Rupie selbst für einen Tagelöhner erschwinglich.

An den Buden im Eingang versorgt man sich mit Getränken, Zigaretten und kleinen Mahlzeiten. Ein Zuschauer kommt zu mir und meint: „Khao pio maja karo – iss, trink und hab Spaß." Laue Sommernacht und Sternenhimmel, so genießt das indische Dorfpublikum die Vorstellung. Vor dem Hauptfilm läuft der vorgeschriebene staatliche Vorfilm, diesmal über Empfängnisverhütung. Ungeduldig fiebert das Publikum dem Kassenschlager „Hum Aapke Hain Koun (Wer bin ich für dich?)" von Sooraj R. Barjatya entgegen.

In Uttar Pradesh gibt es einen regelrechten Starkult. Die Fans opfern ihren Stars Blumen und Räucherstäbchen, die während der Vorstellung am Fuße der Leinwand nieder gelegt werden. Man amüsiert sich, isst, trinkt, lacht, weint, klatscht und kommentiert die Ereignisse auf der Leinwand. Das indische Publikum ist engagiert und begeisterungsfähig, spendet Beifall, wenn der Bösewicht Prügel bezieht, oder weint mit dem Helden, der an einer unglücklichen Liebe zu zerbrechen droht. In den entlegenen Dörfern sind diese mehrwöchigen Gastspiele solcher Wanderkinos lang ersehnte Gelegenheiten, einen Hauch der großen weiten Welt zu atmen.

Mumbai, 21 Uhr

Abendvorstellung im „Eros" gegenüber vom Bahnhof Churchgate, es läuft eine Familienkomödie, der neueste Bollywoodknüller „Kya Kehna (Was soll man dazu sagen?)" von Kundan Shah. Es gibt nur noch wenige Tickets; die Kassen schließen schnell. Man sollte die heiß begehrten Kinokarten, die zwischen 25 und 100 Rupien kosten, mindestens eine Woche vorher kaufen. Die Preise richten sich nach Lage und Ausstattung des Kinos. Vor dem Kino lauern die Schwarzhändler und bieten die letzten Eintrittskarten feil; der Kampf beginnt.

In Indiens Großstädten gibt es noch riesige Kinopaläste, die Platz für 1000 Menschen bieten. Auf den Balkonen platziert sich die indische Oberschicht, auf den Sperrsitzen die Mittelschicht und die untere Mittelschicht. Familien, junge Pärchen und Studenten bestimmen das Bild. In Städten wie Mumbai gehen Frauen und junge Mädchen alleine oder auch in Gruppen ins Kino. In Kleinstädten hingegen besuchen Frauen das Kino nur in Begleitung einer älteren Frau, dem Bruder, Ehemann oder Cousin. Alle haben sich fein herausgeputzt und parfümiert. Über ihnen angenehme Kühle durch den Luftzug der Klimaanlage. Im Parkett herrscht heilloses Gedränge; hier sind die billigen Plätze für die einfachen Leute. Stimmengewirr und Papiergeraschel durchdringen die stickige Luft. Mit gespreizten Fächern versuchen die Menschen, sich ein wenig Kühle zu verschaffen.

Es beginnt das übliche Vorprogramm; in der Werbung für Kosmetik, Instantfood, Motorroller und Fitnessgeräte wird irdisches Glück verheißen. Die Zuschauer decken sich mit Erdnüssen und pàan (Betel)[1] ein und unterhalten sich angeregt. Danach läuft die Wochenschau mit den neuesten Nachrichten, gefolgt vom obligatorischen staatlichen Vorfilm „Division of India" über die Anti-Spuckkampagne. Viele Kinobesitzer ärgern sich über die ständige Verschmutzung ihrer Kinoräume durch Spuckattacken.

Mit geringem Interesse lässt das Publikum dieses Programm über sich ergehen. Endlich ist es so weit, laut ertönt die hippe Hindi-Filmmusik, die man schon Wochen vorher aus allen Radio- und TV-Kanälen vernehmen konnte. Vor Begeisterung klatschend und singend stimmen die Zuschauer mit ein. In leuchtend roten Buchstaben erstrahlt auf der Leinwand der Filmtitel, den man schon von den Plakatwänden her kennt.

Im Verlauf des Films entfaltet sich in der anonymen Dunkelheit des Saals die ganze Palette menschlicher Gefühle. Der Auftritt des Helden wird mit Beifall begrüßt, das Publikum lacht und freut sich mit dem Helden, trauert und weint bei einem missglückten Vorhaben. Höhepunkte des Handlungsverlaufs werden lautstark kommentiert, der Antagonist wird beschimpft oder ausgepfiffen. Je größer die Popularität des Stars, desto heftiger die Publikumsreaktionen. Als Ausdruck der Begeisterung werden Münzen gegen die Leinwand geworfen.

Da viele Zuschauer nicht bis zur Pausenhalbzeit des Films warten wollen, herrscht ein ständiger Fluss von Kommen und Gehen in den Verkaufsraum und auf die Toiletten. Nach 1½ Stunden erfolgt die Pause. Die Zuschauer holen sich Getränke im Kinovorraum oder in den jai-shops (Tee-Verkaufsläden) auf der Straße und unterhalten sich über den bisherigen Handlungsverlauf, bis ein Gong ertönt, der die Zuschauer wieder in das Kinoinnere lockt. Die Entspannung tritt erst am Ende des Films nach dem obligatorischen „Happy End" ein.

Die Reaktionen des indischen Publikums auf die Filme zu beobachten, bietet einem Außenstehenden mehr Unterhaltung, als die Handlung auf der Leinwand selbst. Spannend ist vor allem, dass die verschiedenen Gesellschaftsschichten meist unterschiedlich auf die Filmszenen reagieren. Die Leute in den vorderen unteren Bankreihen pfeifen bei erotischen Tanzszenen und grölen bei doppeldeutigen Anspielungen. Das Publikum aus den oberen Schichten verhält sich etwas zurückhaltender und zeigt mehr Emotionen bei weniger anstößigen Szenen.

Eine Einladung ins Kino ist in Indien der übliche Annäherungsversuch an das weibliche Geschlecht. Heimlich treffen sich Liebespaare in den Kinosälen der Städte, um sich in der anonymen schützenden Dunkelheit etwas näher zu kommen. Außerhalb der Schule oder des Colleges ist dies nur schwer möglich, da jeglicher Kontakt zum anderen Geschlecht von der Familie unterbunden wird. Da bietet das Kino eine angenehme Zufluchtstätte.

Die Vorstellungen beginnen gewöhnlich schon um 12 Uhr mittags. Weitere Vorstellungen gibt es um 15.00, 16.00, 18.00 oder 21.00 Uhr. Die Filme dauern im Durchschnitt drei bis vier Stunden und kosten je nach Platz zwischen 20 und 100 Rupien.

Die Inder lieben die Unterhaltung sowie die Diskussionen in den Pausen und am Ende des Films. „Wie fandest du Amrish Puri? Welcher Song hat dir am besten gefallen? Was hältst du von den Tanzszenen und der Musik?" Oft gefällt ihnen die Unterhaltung darüber mehr als der Film selbst.

Das Kino, das eigentlich für die Reichen eingeführt wurde, entwickelte sich zu einem Massenmedium und zur vorherrschenden Freizeitbeschäftigung. Dieser Entwicklungsverlauf stand im engen Zusammenhang mit der sozialen Lage der unteren Gesellschaftsschichten und der Landbevölkerung. Diese waren weitgehend aufgrund der Kastenregeln und der finanziellen Situation von Bildung und einigen Kultureinrichtungen ausgeschlossen. Das Kino dagegen wurde mit der Zeit für jeden zugänglich und finanziell erschwinglich. So stiegen die Besucherzahlen stetig an.

Das urban-indische Kinopublikum setzt sich hauptsächlich aus der gesellschaftlichen Mittelschicht und Unterschicht zusammen. Die Oberschicht ist prozentual gesehen weniger vertreten.

Kino – das Gemeinschaftserlebnis

Für eine kurze Zeitspanne wird die ansonsten herrschende Anonymität der Stadt durchbrochen. Alle fühlen sich in diesen drei Stunden durch das Erleben eines kollektiven Traums menschlich miteinander verbunden. Der Wunsch nach Unter-

Modernes Multiplex-Kino in Delhi

haltung vereint alle. Kino ist ein Symbol für die Befreiung von dogmatischen Richtlinien der Moral und Religion und der Erniedrigung durch Armut. Die gesamte indische Gesellschaft, unabhängig von Religion oder Ethnie, lässt aufgrund ihrer traditionellen Regeln kaum Raum für romantische, abenteuerliche Gefühle. Trotz Klischeevorstellungen und Wiederholung der Themen sind die Filme nach wie vor beim Publikum beliebt. Sie eröffnen den Menschen eine Fluchtmöglichkeit und einen Freiraum für Phantasie. Das Kino lässt das indische Publikum von einer Welt träumen, die im völligen Gegensatz zu der alltäglichen, von Reglementierungen geprägten Gesellschaft steht. Träume werden gekauft, um dieser Welt für eine Weile zu entkommen.

Die Menschen suchen die Illusion von Realität und träumen für ein paar Stunden, jemand anderer zu sein. Sie möchten ein Leben sehen, aus dem die langweiligen Momente herausgeschnitten wurden.

In Indien ist in den letzten Jahrzehnten eine regelrechte Kinopassion entstanden. Tagtäglich gehen etwa drei Millionen Zuschauer ins Kino. Zahlen, von denen wir im Westen nur träumen können. Indien gehört zu den wenigen Ländern der Erde, in denen es dem Fernsehen nicht gelungen ist, die Kinokultur nachhaltig zu schädigen. Obwohl die meisten indischen Haushalte heute mit Fernsehgeräten ausgestattet sind, hindert das viele Menschen nicht daran, fast täglich das Kino zu besuchen. Dass das Kino allgegenwärtig ist, davon künden die schreiend bunten Filmplakate in den Zentren der indischen Großstädte und die hohe Anzahl von Lichtspielhäusern. Es gibt in Indien etwa 11.962 Abspielstätten, von denen 8400 feste Einrichtungen sind.

Kiosk in einem indischen Kino

Allein in Indiens Filmmetropole Mumbai gibt es 29 große Kinos. Die meisten dieser Kinos sind noch richtige Filmpaläste, in denen 500 bis 1000 Besucher Platz finden und die tagtäglich gefüllt werden wollen. In Mumbai ist das Imperial mit 1500 Plätzen nicht nur das größte Kino, sondern das Kino, in dem Trends geschaffen werden. Hier entscheidet sich, ob ein Film ein Hit oder ein Flop wird. Die Vorstellung am Freitagnachmittag ist entscheidend. Wenn es bis Montag einen Besucherzuwachs gibt, ist alles in Ordnung; aber wehe wenn nicht, dann kommt es zu einem finanziellen Desaster.

Kommerzielle Hindifilme sind die meist gesehenen Filme der Welt; und wir reden nicht nur von den zahlreichen in Indien beheimateten Menschen, sondern auch von den Millionen emigrierten Indern und Kinozuschauern aus dem arabischen, zentralafrikanischen und asiatischen Raum.

Mumbai – Metropole des populären, erfolgreichen Hindifilms

Mit Hindifilmen sind kommerzielle, populäre hindi-sprachige Filme gemeint, die vor allem in Mumbai produziert werden. Aufgrund der herrschenden Sprachbarrieren haben sich weitere regionale Filmproduktionsstätten in Chennai, Delhi, Hyderabad und Kolkata entwickelt. Zwischen diesen regionalen Produktionsstätten findet ein Austausch von erfolgreichen Filmen statt. Kassenknüller von einer Region werden in einer anderen Region entweder nachsynchronisiert oder es wird ein „Remake" von ihnen gemacht. Das indische Kommerzkino ist gemessen an seinem Produktionsausstoß inzwischen das größte Kino der Welt. Jährlich entstehen zwischen 700 und 1000 Spielfilme. Da die bekanntesten und erfolgreichsten Filme jedoch in Mumbai (Bombay) hergestellt werden, nennt man sie in Anlehnung an Hollywood auch kurz „Bollywoodfilme".

Bollywood gilt als Vorbild nicht nur für die regionalen Filmstätten Indiens, sondern auch für Großteile des gesamtasiatischen Raums. Viele Regisseure und

Künstler aus Nepal, Sri Lanka und Pakistan zieht es in diese Filmkapitale. Den Spitznamen „Bollywood" verpasste dem indischen Kommerzkino in den 80er Jahren ein Journalist des indischen Filmmagazins „Cineblitz". Einige Filmkritiker, die das realistischere und kritischere Kunstkino bevorzugten, verwendeten ihn dann als Schimpfwort. Deshalb gehörte der Begriff lange Zeit nicht zum Vokabular der Kritiker, die das indische Kommerzkino positiv bewerteten. Sie weigerten sich, ihn zu benutzen, weil sie glaubten, man würde damit Hollywood und Bollywood in einen gemeinsamen Topf werfen und dann behaupten, dass Konventionen und Stars austauschbar seien. Doch ungeachtet der vielen Proteste und Kritiken hat sich der Terminus überall verbreitet und inzwischen auch eine Umbewertung ins Positive erfahren. Vor allem in der letzten Zeit, seit man im Ausland Erfolg hat und Flagge zeigen kann, schmückt man sich gern mit dem Markenzeichen Bollywood. Viele Inder finden es heute angebracht, Bollywood mit Hollywood zu vergleichen, weil beide Industrien Filme mit großem Unterhaltungswert für ein riesiges Publikum produzieren.

Der typische Stil der Bollywoodfilmindustrie ist der so genannte „Masala-Film". Diese erfolgreiche Filmspezialität Mumbais wurde nach einer indischen Currymischung benannt. Der Film soll den Zuschauer durch eine bunte Palette von Emotionen führen. Die Masala-Filme sind Melodramen, die aus weiteren verschiedenen Genrefragmenten zusammengesetzt sind, mit dem einen oder anderen Schwerpunkt. Ob Thriller, Romantik, Action oder Komödie – für jeden Geschmack soll das Passende dabei sein; jedem soll etwas geboten werden. Daher wird der Masala-Film auch Multi-Genrefilm genannt.

Die Mischung dieses Multi-Genrefilms ist es, die die Bollywoodfilme so einzigartig macht. Das indische Publikum hat jedoch einen überaus kritischen Geschmack, was gute Filme betrifft. Von circa 180 schaffen es nur etwa acht Filme in die begehrte Chartliste der Boxoffice. Die Produktionskosten für ein extravagantes Masala-Movie betragen heutzutage etwa 200 Millionen Rupien; das sind etwa 4,6 Millionen US Dollar, so viel wie allein ein durchschnittlicher Hollywoodstar als Gage bekommt.

Obwohl den Masala-Filmen der Ruf der Eindimensionalität vorauseilt, erwartet das indische Publikum doch eine ganze Menge von ihnen: fabelhafte originelle Musikkompositionen, aufregende Schauplätze, hervorragende Stars und Tanzszenen und möglichst eine Geschichte, die alle, von der Großmutter bis zum Enkel, vom indischen New Yorker Yuppie bis zum Bauern in Bihar, anspricht. Den richtigen Geschmack der Massen zu treffen, bleibt daher eine wahre Kunst und Herausforderung, denn das absolute Rezept gibt es nicht.

Im Gegensatz zu Hollywood, wo amerikanische Kassenschlager schon bald in Vergessenheit geraten, sind die Bollywoodfilme wesentlich langlebiger. Ein echter Bollywoodfan geht mindestens ein Dutzend Mal in ein und denselben Film. Ein indischer Bekannter von mir behauptete sogar, seinen Lieblingsfilm „Sholay" zweihundert Mal gesehen zu haben. Nirgendwo sonst auf der Welt hat das Kino eine so große Bedeutung wie in Indien.

Der Zauber von Geschichten hat auf die mündliche Überlieferung Indiens immer schon eine besondere Faszination ausgeübt. Auch heutzutage ist es noch Brauch, metaphysische, soziale und psychologische Themen in Form von Geschichten und Metaphern wiederzugeben.

Die indische Denkkultur bevorzugt gegenüber der westlichen die Bildersprache. Laut Sudhir Kakar, einem renommierten indischen Psychologen, sind in Indien abstrakte, konzeptionelle Formulierungen eher nicht gebräuchlich. Es ist üblich, komplexe Angelegenheiten in Form von Geschichten darzustellen, da auf diese Weise Vorstellungskraft und Gefühle stärker angesprochen und Zusammenhänge verständlicher werden, vergleichbar mit unseren Märchen und Sagen. Die Erzählung ist für den Inder eine Form zur Erkundung der Wirklichkeit. Die Inder glauben, dass jenseits der mitteilbaren, empirischen Wirklichkeit unserer Welt eine andere, höhere Stufe der Wirklichkeit existiert. Diese Wirklichkeit liegt jenseits des intellektuellen Verstandes und rationaler Systeme.

Das Erreichen dieser Bewusstseinsebene gilt als höchstes Ziel des menschlichen Lebens. Aus diesem Grund haben bei den Indern Kunst, Meditation und Religion einen sehr hohen Stellenwert. Gut erzählte Geschichten und Musik machen mystische Erfahrung greifbarer. Populäre Filme oder moderne Romane präsentieren in zeitgenössischer Aufmachung traditionelle gesellschaftliche Anliegen.

Die Art und Weise, wie traditionelle Inder in ihrer Erzählkultur verwurzelt sind, ist für den modernen westlichen Menschen schwer nachzuvollziehen. Wer den indischen Menschen mit seinen Vorlieben, seinen Sehnsüchten und Ängsten verstehen will, muss die Bedeutung seiner Geschichten kennen. Ihre im Kino erzählten Geschichten spiegeln nicht nur die Phantasie, sondern auch wahre Begebenheiten wider, die irgendwann einmal gehört, gesehen oder erlebt wurden. Das Kino setzt sie filmgerecht um.[2]

HISTORISCHER HINTERGRUND FÜR DIESES PHÄNOMEN

Indien ist mit etwa einer Milliarde Einwohnern neben China das bevölkerungsreichste Land der Welt. Es ist etwa neunmal so groß wie die Bundesrepublik

Deutschland. Auf Europa übertragen entspräche es einer Ausdehnung von Brüssel nach Moskau und von Kopenhagen nach Tunis. Die größten Städte sind Mumbai mit circa sechzehn Mio. Einwohnern, Kolkata mit circa dreizehn Mio. Einwohnern und Delhi mit circa vierzehn Mio. Einwohnern.

Den typischen Inder gibt es genauso wenig wie den typischen Europäer. Indien beherbergt ein buntes Völkergemisch aus den Ureinwohnern, den so genannten Adivasi (Siedler unterschiedlicher ethnischer Abstammung), den Drawiden, deren wahre Herkunft ungeklärt ist und die zum größten Teil in Südindien leben, und den Nachfahren der Indo-Arier (Arya) aus Zentralasien, die sich in Nord- und Zentralindien niederließen. Nicht zu vergessen sind die Einwanderer wie Hunnen, Türken, Afghanen, Perser, Franzosen, Niederländer, Briten, Juden und Dänen. So findet man Menschen vom gedrungenen Kleinwüchsigen bis zum schlanken, hünenhaften Typus, vom dunkel- bis zum hellen Hauttyp.

In Indien gibt es circa 225 verschiedene Sprachen, circa 845 Dialekte, von denen einige noch unerforscht sind, achtzehn offiziell anerkannte Amtssprachen und elf verschiedene Schriftsysteme, die sich von Region zu Region unterscheiden. Wenn ein Inder mit dem Zug oder dem Bus durch verschiedene Gebiete seines Landes fährt, kommt er sich sprachlich und teilweise auch kulturell wie im Ausland vor. Die Regionen Indiens unterscheiden sich deutlicher voneinander als die verschiedenen Länder Europas.

Bevor die Briten Indien 1858 offiziell ihrer Herrschaft unterwarfen, gab es in diesem Land weder eine Staatsbezeichnung noch ein Staatsbewusstsein. Die Einwohner nannten es Hindustan (Land der Hindus) oder Bharat nach der königlichen Familie aus dem Mahabharata-Epos. Bis dahin war das riesige Gebiet in eine Vielzahl rivalisierender Fürstentümer aufgespalten und bestenfalls kulturell miteinander verbunden. Einheimische, die an britischen Schulen für den Verwaltungsdienst der Fremdherrschaft herangebildet wurden, hörten durch ihre Lehrer erstmals, sie seien – unabhängig von ihren sehr verschiedenen lokalen Traditionen – „Inder".

Die Briten schufen völlig neue Voraussetzungen für die gesellschaftliche Entwicklung und die Handelsbeziehungen innerhalb des Landes. Um ihr Herrschaftsgebiet besser verwalten zu können, ließen sie Eisenbahnlinien und Straßen durch den Subkontinent bauen. Zum ersten Mal wurden damit unterschiedliche Regionen miteinander verbunden und durch eine einheitliche Amtssprache und Verwaltung zusammen geführt. Die Briten schufen einen riesigen Verwaltungsapparat, der sich im Lauf der Zeit zur größten Bürokratie der Welt entwickelt hat. Der britische Einfluss war so groß, dass die indische Bürokratie selbst ein halbes Jahrhundert nach der Unabhängigkeit immer noch weiter wächst. In Indien gibt es heute über 40 Millionen Beamte.

Zur Zeit der indischen Unabhängigkeitsbestrebungen in den 20er und 30er Jahren visierten Mahathma Gandhi und Jawaharlal Nehru einen indischen Nationalstaat an, in dem sich die Bewohner unabhängig von ihrer Religion und ethnischen Zugehörigkeit selbstbewusst als „Inder" fühlen konnten. Was die Reformer propagierten, musste den vielen Millionen Menschen, die vorher nie mit westlichem Denken in Berührung gekommen waren, so fremd erscheinen wie das Englische als überregionale Sprache. Vielen Bewohnern indischer Kleinstädte und Dörfer war der moderne Nationalbegriff „Indien" noch um vieles abstrakter als uns der Begriff „Europa". Sie identifizierten sich mit ihrer Kaste und dem überschaubaren Bezirk ihres Dorfes oder ihrer Stadt. Ihre Orientierung blieb vorwiegend an ihre ethnische Kultur- und Sprachgrenze gebunden.

Wie kommt es nun, dass in einem Land mit solchen sprachlichen, religiösen und kulturellen Differenzen der populäre Hindifilm die dominante Form der Unterhaltung geworden ist? Die Genialität der populären Bollywoodfilme besteht darin, dass sie eine multikulturelle und kosmopolitische Atmosphäre erschaffen, in der gravierende Unterschiede, wie Kaste, Religion, Kultur und Sprache überwunden werden. Es entsteht eine Pan-Indian-Kultur, wobei vor allem Musik, Gesang und Tanz eine übergreifende und ausschlaggebende Rolle spielen. Das populäre indische Kino verbindet Bilder und Symbole aus traditionellen regionalen Kulturen mit modernen, westlichen Themen und aktuellem Zeitgeschehen.

Javed Akthar, Indiens berühmtester Drehbuchautor, erklärt das so: „Indien ist ein Land, in dem es viele Kulturen, Sprachen, Subkulturen und Bundesstaaten gibt. Jeder hat seine eigene Identität, Kultur und Sprache. Genauso ist es mit dem Hindikino – mit ihm ist es wie mit einer weiteren Kultur, einem weiteren Ethos und einem weiteren Bundesstaat (…) Das Hindikino hat seine eigenen Traditionen, seine eigene Kultur und Sprache. Es ist jedoch im übrigen Indien nicht fremd, sondern vertraut und wieder erkennbar, und man kann sich damit identifizieren. Sagen wir, das Hindikino ist unser nächster Nachbar (…)".[3]

Das Hindikino gab Indien eine nationale Stimme und half, ein Nationalgefühl in Indien aufzubauen, das die Menschen einander nicht nur kulturell und sprachlich, sondern auch politisch näher brachte. Der Weg dieses Bewusstseinprozesses spiegelt sich in seinen Filmen wider. Jeder, der das komplexe Phänomen des indischen Modernisierungsprozesses verstehen will, sollte deshalb die indische Filmgeschichte studieren.

DIE BASIS: RELIGION UND KULTUR

Um indische Filme und die Entwicklung der indischen Filmindustrie besser nachvollziehen und verstehen zu können, ist es notwendig, zunächst einen Blick auf die
religiösen und kulturgeschichtlichen Gegebenheiten zu werfen, da diese das Fundament der Kinotradition bilden. Die Eigenart bzw. tiefere Bedeutung der indischen Filmsprache basiert vor allem auf den Werten der hinduistischen Religion,
dem Fundus ihrer Mythologie und dem Parsi-Theater.

BEDEUTUNG DER RELIGION

Die Religion durchdringt jeden Aspekt des indischen Alltags, unabhängig von der
Religionszugehörigkeit. Jeder Hindifilm veranschaulicht dies, ständig sieht man
Szenen, in denen Menschen in den Tempel gehen oder vor dem Hausaltar beten.
Ebenso haben alle Feste und Rituale, die gezeigt werden, eine religiöse Bedeutung.
Filme wie „Fiza", „Bombay" oder „Mission Kashmir" thematisieren Religionskon-
flikte zwischen Hindus und Moslems. Also Grund genug, sich etwas näher mit der
vorherrschenden, nämlich der hinduistischen Religion zu beschäftigen.

Etwa 83 Prozent der indischen Bevölkerung gehören der hinduistischen Glau-
bensrichtung an, gefolgt von der zweitstärksten Religionsgruppe, den Moslems
mit circa elf Prozent, die restlichen Prozente teilen sich Christen, Buddhisten, Jai-
nis, und andere Glaubensrichtungen. Der Glaube, ungeachtet der jeweiligen Religionszugehörigkeit, spielt im Leben fast aller Inder eine zentrale Rolle. Atheisten
stoßen in Indien eher auf Unverständnis.

Der Hinduismus ist die älteste Religion Indiens, er beeinflusste vor allem thematisch das indische Kino. Im Gegensatz zum Christentum kann man nicht zum
Hinduismus übertreten, wie etwa durch die Taufe, sondern man wird als Hindu
geboren. Von Bedeutung dabei ist, dass bereits der Vater des Kindes ein Hindu ist.

Was versteht man eigentlich unter „Hinduismus?" Der Hinduismus ist für Außenstehende wahrscheinlich die verwirrendste aller Weltreligionen: Da ist einmal
die unermessliche Anzahl verschiedener Götter und Göttinnen, dann die zahlrei-

chen Riten und schließlich die nicht minder vielen verschiedenen Wege zur Erlösung, – von denen sich einige sogar widersprechen und gegenseitig auszuschließen scheinen. Der heutige Hinduismus ist das Ergebnis einer Vermischung von verschiedenen Kulturen.

Auch den Hindus fällt die Definition ihrer Religion schwer. 1903 versuchte ein konstitutioneller Beirat erstmals, den Hinduismus zu definieren. Dabei fand man heraus, dass es leichter ist, zu definieren, wer kein Hindu ist, als das Gegenteil. Die Ungenauigkeit beginnt schon beim Namen selbst, der lediglich eine geographische Bezeichnung ist. Das alte Indien grenzte im Westen an den Fluss Sind (auch Sindhu oder Indus geschrieben) und wurde von den westlichen Nachbarn der Inder „Hind" ausgesprochen. Das „S" am Wortanfang wurde getilgt. Die Bewohner der Region östlich des Sind wurden somit als Hindus bezeichnet, und es entstand der Name, der danach für viel Verwirrung sorgte.[4] Die Religionsbezeichnung „Hinduismus" wurde von den Europäern erfunden. Man versteht darunter den Verbund von Religionen und Lebensphilosophien unterschiedlicher Traditionen und Strömungen eingewanderter halbnomadischer indoarischer Völker und drawidischer Einheimischer.

GLAUBENSINHALT DES HINDUISMUS

Der Hinduismus kennt weder einen Religionsstifter noch einen einheitlichen, unveränderbaren Kanon an Texten. Relativität und Pluralität sind Grundzüge des Hinduismus. Die Inder selbst bezeichnen ihre Religion als *Sanatana Dharma* (ewige Ordnung). Kernpunkte dieser Ordnung sind *Dharma, Karma, Maya* sowie Wiedergeburt und Entsagung.

Der Hinduismus zeigt ein ganzheitliches Weltbild, in dem alles mit allem verbunden ist. *Dharma* ist die kosmische Ordnung, die alles zusammenhält, was erschaffen wurde, ohne jedoch dabei absolut perfekt und vollkommen zu sein. Der Mensch ist nicht wie im Christentum Krone der Schöpfung, sondern nur ein Teil, das heißt, alle Lebewesen besitzen eine Seele, sind unvergänglich und können sich in jeglichem Körper reinkarnieren.

Jede Handlung, jeder Gedanke führt zu der jeweiligen Konsequenz, auch *Karma* genannt (Karma ist das Gesetz von Ursache und Wirkung). Wie jeder Einzelne damit umgeht, bleibt ihm überlassen und ist sein persönliches Karma. Der Mensch ist das Produkt seiner Taten in einer Unzahl von vorherigen Leben, deshalb ertragen die meisten Hindus soziale Diskrepanzen mit Glauben und Vertrauen.

Maya bedeutet „Illusion". Die Götter lassen den Durchschnittsmenschen nur das sehen, was er sehen soll. Die Weisen sind die einzigen Menschen, denen es nach vielen Jahren Askese gelingen kann, den Zauber der göttlichen Illusionen zu brechen. In Wirklichkeit sind wir und die Dinge um uns herum nichts weiter als vielfältige vorhandene illusorische Visionen und Emanationen des göttlichen Geistes Brahma.

Das Ziel eines jeden Hindu ist es, sich aus dem ewigen Kreislauf der Wiedergeburten (*samsara*) zu befreien und das Göttliche in sich zu erwecken. Man wird so lange wiedergeboren, bis dieses Ziel erreicht ist. Gefährdet wird dieser Weg durch *Kama* (Begierde / egoistisches Verlangen), *Lobha* (Geiz) *Krodha* (Zorn) und *Bhaya* (Angst). Im Hinduismus geht es nicht in erster Linie um Dogmen und Glaubenssätze, sondern um richtiges Handeln und um bestimmte Pflichten, die man gegenüber den Göttern, der Gesellschaft sowie der Familie zu erfüllen hat.

Auf dem Weg zum Endziel sollte der Gläubige etappenweise vorgehen, da man nur schwer in wenigen Leben das *Moksha* (Befreiung von irdischer Existenz) erreichen kann. Etappenziele wären z.B.: *Artha* (Wohlstand, Ruhm) und *Dharma* (Rechtschaffenheit).

HEILIGE SCHRIFTEN DER HINDUS

Heilige hinduistische Texte werden in zwei Kategorien unterteilt: In jene, von denen man glaubt, sie seien Worte der Götter (*shruti*), und jene, die von Brahmanen (Priestern) geschrieben wurden (*smriti*). Die Veden, die von den siegreichen eingewanderten Ariern mitgebracht wurden, werden als Shruti-Wissen angesehen und gelten als maßgebliche Grundlage für den Hinduismus. Die Veden sind eine Sammlung von Hymnen, die in vorklassischem Sanskrit während des zweiten Jahrtausends v. Chr. verfasst wurden, nachdem sie Jahrtausende zuvor mündlich weitergegeben worden waren.

Die Hymnen sind in vier Bücher unterteilt, von denen das älteste Veda, das Rigveda (erste Veda), vor mehr als 5000 Jahren zusammengestellt worden ist. Es besteht aus 1028 Versen und enthält Gebete und Mantras sowie Erklärungen über den Ursprung des Universums. Die Smriti-Texte, die von den Brahmanen verfasst wurden, umfassen eine große Literatursammlung aus vielen Jahrhunderten und beinhalten Darlegungen über die richtige Ausführung von traditionellen und religiösen Zeremonien. Zu bekannten Werken, die in diesen Smriti-Schriften enthalten sind, gehören die mythologischen Epen Mahabharata und Ramayana.

DIE UNERSCHÖPFLICHE FUNDGRUBE DES INDISCHEN KINOS

Das indische Kino ist eine Montage untrennbarer mythologischer Einflüsse. Viele Geschichten und Ereignisse sowie die episodenhafte Struktur wurden aus der indischen Mythologie der Smriti-Schriften übernommen. Figuren und Charaktere der Epen dienen dem indischen Kino bis heute als Rollenmodelle.

Mahabharata und Ramayana sind gemeinsames Erbe und Rückgrat des Subkontinents und haben tief die Denkweise und die Vorstellungen der meisten Inder beeinflusst. Sie sind die Wächter des Glaubens und der sozialen Werte und bilden die Brücke zwischen Vergangenheit und Gegenwart. In Indien gibt es ein Sprichwort, das besagt: „Jaha Nai Bharate (Indien), Taha Nai Bharate (Mahabharata)" – alles, was nicht in Indien zu finden ist, das wird auch nicht im Mahabharata zu finden sein.

Mahabharata (Große Geschichte der Bharatas)

Das Mahabharata ist mit 110.000 zweizeiligen Versen das umfangreichste Epos der Hindus und auch der Weltliteratur. Es ist achtmal so lang wie die griechischen Epen Ilias und Odyssee zusammen und entstand vor etwa 4000 Jahren. Es ist eine Sammlung in der Sprache des Sanskrit und besteht aus verschiedenen Mythen, Legenden und Bräuchen aus vorarischer Zeit. Autor war der heilige und weise Dichter Krishna Dvaipayana Vyasa, der der Legende nach den Inhalt von Gott Ganesha in einer Vision übermittelt bekam. Später soll er die Texte an seinen Sohn und Schüler Vaishyampayana weitergegeben haben. Anfangs war das Mahabharata eine kurze Ballade in Prosaform. Im Verlaufe der Jahrhunderte wurde es ständig erweitert. Die letzten Verse wurden um das Jahr 500 n. Chr. eingefügt. Es existiert jedoch keine Standardversion. Neben den bekannten weit verbreiteten nordindischen und südindischen Versionen gibt es noch etliche weitere lokale Varianten. Die Anzahl der Versionen wird auf 1300 geschätzt. Selbst innerhalb einzelner Versionen trifft man oft auf widersprüchliche Doktrinen, denen verschiedene Quellen aus unterschiedlichen Epochen zugrunde liegen.

Der Name Mahabharata bezieht sich auf die Bharathas – die Nachkommen des Königs Bharatha. Mahabharatha bedeutet auch „Großindien". Bharat (avarsha) war der alte Name Indiens und wird heute wieder offiziell für den Staat Indien benutzt.

Das Epos besteht aus achtzehn Büchern *(paria)* und einem Anhang *(khila)*.

Arjuna und Krishna ziehen auf dem goldenen Streitwagen in die Schlacht.

Die Rahmenhandlung bildet die große Schlacht zweier verfeindeter königlicher Großfamilien, den Kauravas und den Pandavas im Königreich Kuru (Kurukshetra, heutiges Delhi): König Bharata hatte zwei Söhne, Dhritarashtra und Pandu. Wie so oft in der Geschichte der Menschheit war auch hier der Auslöser für den Kampf die Aufteilung des Königreichs. Der ältere Königsohn Dhritarashtra war blind und durfte der Sitte wegen nicht regieren, obwohl er der rechtmäßige König gewesen wäre. Der Herrscher beschloss, den jüngeren Sohn Pandu zunächst zum Regenten zu erklären. Dieser wollte jedoch nicht König werden, sondern entschied sich für ein Leben in der Einsiedelei. Daraufhin wurde doch Dhritarashtra als König eingesetzt. Er bekam 100 Söhne, die allesamt dem Bösen anheim fielen. Nach der Zeit des Eremitendaseins heiratete Pandu und bekam fünf Söhne, die alle edel und gut wurden. Nun sollten die Pandavas, seine Nachkommen, das Land regieren, bzw. der älteste Sohn der Pandavas, Yudhishthira, doch die Söhne des blinden Königs, die Kauravas, verschworen sich gegen sie. Aus Bedrängnis verließen die Pandavas zunächst das Reich und wurden Söldner an anderen königlichen Höfen. Nach einiger Zeit kamen sie jedoch zurück und fochten mit den Kauravas eine gewaltige Schlacht aus, die nach achtzehn Tagen zu ihren Gunsten entschieden wurde. Die Pandavas stehen somit für *Dharma*, die religiöse Rechtschaffenheit, die Kauravas Familie für *Adharma*, das Böse und Unrechte.

Ein Hauptkapitel des Mahabharata ist die berühmte Bhagavad Gita (Lied Gottes). Hier wird von Krishna erzählt, der Arjuna, dem Befehlshaber der Pandava-Armee, als göttlicher Ratgeber erscheint. Am Vorabend des Gefechts wird Arjuna von Zweifeln befallen, da er nicht gegen seine Verwandten kämpfen möchte. In dieser Situation belehrt ihn Krishna über die Unsterblichkeit der Seele und die Aufgabe, sein *dharma*, seine heilige Pflicht, zu erfüllen.

Die Lehrrede Krishnas berührt fast alle Fragen des menschlichen Lebens. Dem Menschen werden drei gleichberechtigte Wege aufgezeigt, auf denen er sich verwirklichen soll – im intellektuellen (*jna-na* – Weg des Wissens), im emotionalen (*bhakti* – Weg der Liebe) und im praktischen Bereich (*karma* – Weg der guten Taten).

Die Haupthandlung des Mahabharata enthält zahlreiche Geschichten von Göttern, Helden und Heiligen sowie dem ewigen Kampf zwischen guten und bösen Mächten. Das Epos ist nicht nur voll von schrecklichen Schlachten, sondern auch reich an menschlicher Dramatik, tiefem Pathos, tragischen Begegnungen und dem Bewusstsein von einem unentrinnbaren Schicksal. In den klassischen Konflikten sind zahlreiche Nebenhandlungen um Liebe, Hass und Intrigen eingeflochten, so dass dieses Epos als Vorläufer für den Plot eines typischen Hindifilms gelten kann.

König Dhritarashtra lässt sich Details einer Schlacht vortragen.

Ramayana (Die Geschehnisse um Rama)

Das Ramayana ist neben dem Mahabharata das beliebteste und zweitgrößte Epos. Nicht nur Inder, sondern auch andere Asiaten wie Thais, Indonesier und Malaysier kennen die darin enthaltenen Abenteuer auswendig.

Angeblich ist der legendäre Weise Valmiki, ein Zeitzeuge, der die Helden persönlich gekannt haben soll, der Verfasser des Werkes. Er erwähnt sich selbst im Epos als teilnehmenden Beobachter. Eigentlich war er vor seinem Autorendasein ein Räuber, dem dann eines Tages das Glück zuteil wurde, vom Hindu-Heiligen Narada auf den Pfad der Tugend zurückgeführt zu werden. Der Heilige hatte in Valmiki das Talent zum Poeten zutage gefördert.

Wie auch schon beim Mahabharata existieren vom Ramayana unterschiedliche Versionen. Das Epos ist in sieben Teile *(kanda)* unterteilt, besteht aus 24.000 vierzeiligen Versen und soll etwa um 5000 v. Chr. in Nordindien entstanden sein. Thema ist wie im Bruderepos der Konflikt zwischen den Göttern und den Dämonen: Der kinderlose König von Ayodhya fleht die Götter an, ihm doch einen Sohn zu schenken. Daraufhin bringt seine Frau einen Jungen zur Welt, den sie Rama nennen. Bald stirbt die Mutter, und der König nimmt sich eine andere Gattin. Als Rama alt genug ist, heiratet er die Königstochter Sita von Videha und wird von seinem Vater zum Nachfolger erwählt. Doch seine neidische, böse Stiefmutter will, dass sein Stiefbruder statt ihm den Thron einnimmt. Infolge von Intrigen wird Rama vierzehn Jahre lang vom Hof verbannt. Er zieht mit seiner Frau Sita und seinem jüngeren Bruder Lakshmana in die Wälder. Eines Tages wird Sita vom Dämonenkönig Ravana nach (Sri) Lanka entführt. In dieser Geschichte erfährt man, dass Rama eigentlich die menschliche Verkörperung des Gottes Vishnu ist, der wieder auf die Welt kam, um den Dämonenkönig zu stürzen. Die bösen Mächte hatten überhand genommen, und Vishnu wollte das Gleichgewicht herstellen. Nach vielen spannenden Abenteuern und mit Hilfe des fliegenden Affenkönigs Sygriva, dem treuen Affengott Hanuman und seinem Affengefolge werden Ravana und das Dämonenheer besiegt und Sita befreit. Doch nach diesem Ereignis zweifelt Rama ständig an Sitas körperlicher Unschuld und an ihrer Treue. Obwohl sie sich als Gegenbeweis einer Feuerprobe auf dem Scheiterhaufen unterzieht und der Feuergott Agni sich weigert, sie zu verbrennen, da sie unschuldig ist, verbannt Rama sie aus seinem Reich. Sie findet Zuflucht bei dem Schreiber Valmiki. Fünfzehn Jahre später begegnet Rama während eines Pferdeopfers einem Zwillingspaar und erkennt in ihren Gesichtern sein Ebenbild. Er bereut die Behandlung seiner Frau und ruft sie nach Ayodhya zurück. Sita beteuert nochmals ihre Unschuld und bittet dann Mutter Erde, sie wieder in ihren Schoß aufzunehmen. Der Legende nach ist Sita die Tochter der Erde, die einst beim Pflügen eines Feldes in einer Erdscholle erschien. Die Erde öffnet sich und verschluckt Sita. Rama kann den Verlust nicht verkraften und folgt ihr in die Tiefen des Flusses Sarayu, wo sie noch heute vereint sind.

Rama reift im Verlaufe dieser Geschichte zur Gestalt des *Purushottama* (vollkommener Mensch) heran. Er gilt als das Idealbild des gehorsamen Sohnes und des treuen Ehemannes. Seine Frau Sita steht für das Ideal der getreuen Ehefrau. Sie wird als Göttin der Landwirtschaft verehrt. Das Ramayana steht für Ideale wie Ehre, Mut und Loyalität. *Ram Leela* (Geschichten von Ram) ist ein sehr beliebter Filmstoff, der immer wieder neu variiert wird.

EINE SCHRECKLICH NETTE FAMILIE –
HINDUISTISCHE HAUPTGÖTTER

Die hinduistischen Gottheiten sind fast so zahlreich wie die Sterne am Firmament. Indologen schätzen eine Gesamtzahl von 330 Millionen Gottheiten. Sie verkörpern bestimmte Eigenschaften des kosmischen Bewusstseins. In keiner anderen Religion gibt es so viele Feste und Zeremonien, die zu Ehren der Götter gefeiert werden, wie im Hinduismus. Der Hindu sucht im Gegensatz zum Christen oder Moslem die Gottesbegegnung meist nicht in der Stille, sondern in orgiastischen Festen mit viel Tanz und Lärm. Die folgenden sieben wichtigsten Gottheiten begegnen einem immer wieder:

Brahman ist die Urkraft und ewige Quelle aller Existenz. Sie manifestiert sich durch das *Dharma* (ewige Ordnung) und bewirkt den ewigen Kreislauf von Entstehen und Vergehen. (Nicht zu verwechseln mit Brahma, dem Schöpfergott, sein Name wurde von Brahman abgeleitet.) *Brahman* hat im Ge-

gensatz zu allen anderen Göttern keine Attribute. Eine aktive Rolle spielt er nur bei der Schöpfung des Universums. Den Rest der Zeit verbringt er mit Meditation. Er besitzt vier bärtige und gekrönte Köpfe, die in die vier Himmelsrichtungen zeigen. Meist reitet er auf einem Schwan oder meditiert auf einem Lotus. In seinen vier Händen hält er die vier Veden. Seine Gemahlin ist Saraswati, die Göttin des Lernens.

Vishnu (Bewahrer des Universums) schützt und stützt das Gute in der Welt. Seine Gemahlin ist Lakshimi, die Göttin der Schönheit und des Schicksals. Gewöhnlich wird Vishnu mit vier Armen abgebildet, in denen er

Shiva

jeweils einen Lotus, eine Muschelschale, einen Diskus und einen Amtsstab hält. Gemäß der Mythologie hat er sich neunmal auf Erden in verschiedene Formen inkarniert, z.B. als Matsya (Fisch), Krishna, Rama und Buddha. Alle Götter sind aus ihm erschaffen, auch Shiva, sein Gegenstück. Die hinduistische Dreifaltigkeit Trimurti lautet: Brahma – Vishnu – Shiva. Alle anderen Götter sind Aspekte von Vishnu.

Shiva ist der Zerstörer und Erneuerer aller Dinge und der Gott, der über die Zeit herrscht. Ohne ihn hätte die Schöpfung nicht geschehen können. Mit 1008 Na-

Ganesha, Shiva und Parvati

men nimmt Shiva viele Formen an, z.B. als Vorkämpfer für die Tiere *(Pashupati)* und Herr des Tanzes *(Nataraja)*. Dargestellt wird er meist als Asket mit verfilztem Haar und einem nackten, mit Asche verschmierten Körper. Auf seiner Stirn leuchtet ein drittes Auge als Symbol für Weisheit, in seiner Hand hält er einen Dreizack (*Trishula*, Symbol für die drei Zeiten: Vergangenheit, Gegenwart und Zukunft) als Waffe. Seine Gemahlin ist Parvati, die viele Formen annehmen kann. Wegen seiner Großzügigkeit und Ehrfurcht gegenüber Parvati sehen indische Frauen Shiva als ideales Vorbild für einen Ehemann an.

Krishna kämpft für das Wohl auf Erden. Er ist der meistverehrte Gott in Indien. Sein Name bedeutet „schwarz", und er wird als blauhäutiger Kuhhirte mit Flöte dargestellt, der eine Vorliebe für Milchmädchen hat. Der sinnesfreudige Gott soll insgesamt 16.108 Ehefrauen haben, mit denen er 180.008 Söhne gezeugt hat. Deshalb wird er auch *Kanhaiya* (Liebhaber von Jungfrauen) genannt. Er gilt als loyal und großzügig und ist bei den indischen Frauen äußerst beliebt. Seine Romanzen mit den *gopis* (Milchmädchen) und seine leidenschaftliche Liebe zu Radha (bekanntestes Milchmädchen) haben Künstler zu zahllosen Bildern, Liedern und Filmen inspiriert.

Hanuman, der Affengott, ist auch ein Held des Ramayana-Epos und ein loyaler Verbündeter von König Rama, mit dem er gegen Dämonen kämpft.

Ganesha ist der Sohn von Shiva und Parvati und trägt einen Elefantenkopf. Er ist der Beseitiger von Hindernissen, Schutzheiliger der Schreiber und Gott der Weisheit.

Jeder männlichen Gottheit wird eine Göttin (Shakti, weibliche Energie) zugeordnet, die ihm dazu verhilft, seine Energie zu entfalten. Shivas Gemahlin Parvati ist eine andere Verkörperung der Göttinnen Devi und Durga. Sie symbolisiert in diesen Göttergestalten die gütige göttliche Seite. Parvati tritt aber auch als Göttin Kali in Erscheinung und verkörpert in ihr den blutrünstigen zerstörerischen Aspekt. Viele der hier genannten Gottheiten kann man immer wieder in den Kulissen der Bollywoodfilme sehen. Im Hinduismus entstehen kurioserweise immer wieder neue Gottheiten, wofür zeitweise auch indische Filme mitverantwortlich sind. In dem Telugufilm „Santhoshi Mata Vratha Mahatyam" (1983) wurde beispielsweise eine Götterfigur namens Santoshi Mata geschaffen. Die Figur erläutert in diesem Film, sie würde vom Götterpaar Shiva und Parvati abstammen. Sie nahm für sich eine Genealogie in Anspruch, die es eigentlich nicht gab, und wurde tatsächlich von der indischen Bevölkerung in den Pantheon als eine veritable Göttin integriert, obwohl sie in den heiligen Schriften keine Grundlage besitzt. Menschen wenden sich seit diesem Film an sie, um Erfolg und Wohlstand in der modernen städtischen Welt zu erhalten. Zu ihren Ehren fasten ihre Anhänger jeden Freitag.

Die meisten Hindus sind Laien bzw. Analphabeten und der gelehrten Schriften nicht kundig – daher ist es für sie einfacher, göttliche Symbole zu verehren. Es ist üblich, dass jeder Hindu sich eine Lieblingsgottheit auswählt. Beeinflusst wird die Auswahl der Lieblingsgötter von lokalen Traditionen, d.h. Götter, denen im Norden gehuldigt wird, sind oft im Süden nicht bekannt bzw. mit anderem Namen versehen. Ebenfalls ist es üblich, neben dem Lieblingsgott eine andere Gottheit anzurufen, die nur für bestimmte Situationen zuständig ist, z. B. betet ein eigentlicher Anhänger Krishnas bei Geldmangel zur Göttin Lakshimi.

Jeder Hindu-Tempel ist einer Gottheit geweiht, es ist ein Ort der besonderen Kräfte, deswegen werden dort Heilungen und Geisteraustreibungen vorgenommen. Der Tempel zählt für die Hindus zum Mittelpunkt des Lebens. Ein weiteres Merkmal für die Wichtigkeit der Religion ist der Brauch, Orte nach Göttern zu benennen, wie Ganeshpur (Stadt des Ganesha) oder auch Kolkata nach der Göttin Kali. Ebenso werden viele Kinder nach Göttern benannt – wie Sita, Radha, Parvati, Rams und Krishna. Durch das Rufen und Hören des göttlichen Namens sollen göttliche Eigenschaften in den Hörer und Rufer übergehen und ihn ermahnen, sich dem Göttlichen zuzuwenden.

Hindugötter sind im modernen Indien jetzt sogar Stars von Seifenopern. Auf dem staatlichen Fernsehkanal Door Dashan läuft mit großer Beliebtheit eine Serie mit Geschichten aus dem Mahabharta. Selbst die Werbung macht vor ihnen nicht Halt. Von riesigen Plakaten strahlt uns ihr Lächeln entgegen mit dem Slogan: „Shiva verkauft am Besten" (Mumbai Public Relation).

Dass die Religion jeden Aspekt indischen Lebens durchdringt, sieht man gleichsam an den zahlreichen *Pujas* (religiöse Zeremonien), die tagtäglich abgehalten werden, um Unglück fernzuhalten. Jede Familie hat in ihrem Haus einen Altar mit Götterfiguren, vor den sie allmorgendlich ihre Opfergaben stellt. Familienmitglieder werden vor dem Verlassen des Hauses gesegnet, und selbst die Filmindustrie lässt vor jedem Drehbeginn eines neuen Films das „*Mahurat*", eine religiöse Segenszeremonie, durchführen. Auf diese Weise soll das Filmteam geschützt und der Film ein Erfolg werden. Während der *Shradh*-Periode (vergleichbar mit Allerheiligen, man gedenkt der Toten und Ahnen) lassen Produzenten ihre Filme nicht anlaufen. Bei den Dreharbeiten tragen viele Schauspieler Glücksbringer wie Schlangen oder Ringe mit sich (Sushmita Sen, Govinda), und einige Maskenbildner machen erst ein *Tikka* (roten Punkt) auf den Spiegel, ehe sie mit dem Make up beginnen. Und wenn man fragt, weswegen so viele Filme den Buchstaben K im Filmtitel haben, dann bekommt man zur Antwort, dass dieser Buchstabe besonders energiereich und vital sei.

DAS KASTENSYSTEM

Ein weiterer Teil des Hinduismus ist das Kastenwesen. Die Bedeutung des Kastensystems in Bezug auf indische Filme ist wichtig, weil viele Werke der indischen Filmgeschichte sich bis heute mit diesem Thema auseinandersetzen. Das zeigt vor allem der Stoff „Devdas", der zwischen 1928 und 2002 immer wieder verfilmt wurde und der von der Liebesgeschichte eines Paares handelt, das aufgrund des Kastengebots nicht zusammen leben darf. Auch der für den Oscar nominierte Film „Lagaan" (2001) zeigt die Ausgrenzung Kastenloser (Unberührbarer) aus der indischen Gesellschaft.

Die Wurzeln des Kastenwesens lassen sich bis ins zweite vorchristliche Jahrtausend zurückverfolgen. Etwa 2000 bis 1500 v. Chr. tauchten die ersten Aryer (Arier, die Edlen) auf und wanderten in mehreren Invasionswellen über den Hindukusch ein. Dort unterwarfen und verdrängten sie einheimische Drawiden sowie Dasas (Indonegride). Die Aryer – so nannten sie sich selbst – waren halbnomadisierende, Rinder züchtende Stämme und kamen ursprünglich aus Zentralasien. Ihr frühes Eindringen kann man als das folgenschwerste Ereignis der indischen Geschichte betrachten, denn es hat die weitere Entwicklung Indiens am nachhaltigsten bestimmt und kulturell geprägt. Die Gesellschaft dieser Siegerstämme war schon vor der Invasion in „Kategorien" unterteilt: in *Brahmanen* (Priester), *Kshatra* (Kriegsadel) sowie *Vish* (die gewöhnlichen Stammesangehörigen), die Viehzucht und

Ackerbau betrieben. In Versammlungen wurde die Macht des *Sabha* (Königs) kontrolliert. Zunächst nahmen die adligen Krieger den höchsten Rang ein. Doch bald kam es zum Streit zwischen Adel und Priestern, bei dem sich letztendlich die Brahmanen durchsetzten. Da die Aryer die Drawiden besiegten und sich aufgrund ihrer helleren Hautfarbe als nobler und privilegierter betrachteten, erfolgte die Einteilung nach *varna* (Farbe). Erst die Portugiesen führten, als sie im 16. Jahrhundert nach Indien kamen, den geläufigen Begriff *castas* (Clan, Familie) ein, als sie bemerkten, dass die indische Gesellschaft in zahlreiche Gruppen aufgesplittert war.[5]

Mit fortschreitender Arbeitsteilung entwickelte sich das Kastenwesen. Anfangs bezeichneten die Kasten unterschiedliche Berufsgruppen, zwischen denen man wechseln konnte. Später wurde Kastenzugehörigkeit erblich. Die Kastenhöheren wollten die niederen Stände vom Landbesitz ausschließen, um sich ihrer Arbeitskraft bemächtigen zu können.

Erst allmählich bildete sich das klassische, gegenwärtig bekannte Kastensystem mit seinen vier Hauptkasten heraus: Zuoberst standen die *Brahmanen* (Priester und Gelehrte), gefolgt von den *Kshatriyas* (Krieger), den *Vaishyas* (Händler und Bauern) und zuunterst die *Shudras* (Arbeiter und Untertanen). Die Brahmanen begründeten diese Einteilung der Menschenklassen mit dem Mythos von der Opferung des Urriesen *Purusa,* der in der Rigveda, der ältesten Sammlung der Veden, begründet liegt (x, 90,12): „Zum Brahmanen ist sein Mund geworden, die Arme zum Krieger sind gemacht, der Händler aus den Schenkeln, aus den Füßen der Knecht damals ward hervorgebracht…"

In diesem Text findet sich noch nicht die scharfe Abgrenzung zwischen den Kasten, die eine Heirat verschiedener Kastenangehöriger und einen Kastenwechsel ausschließt.

Ab etwa 800 v. Chr. spielte der Opferkult eine immer stärkere Rolle in der Religionsausübung. Wo früher noch Opfer in Häusern und Opferstätten stattfanden, begannen die Brahmanen mit dem Tempelbau und komplexen, undurchschaubaren Riten, um so ihre Vorrangstellung immer weiter auszubauen. Man ging sogar so weit zu glauben, dass nur die Priester und ihre Opferhandlungen die Gunst der Götter beeinflussen konnten. In dieser Zeit entstanden die Gesetzestexte von Manu (*manusmrti*). Die Brahmanen bekämpften die Kastenmischung und hielten sie für den Ursprung allen Übels. Deshalb verfassten sie das Gesetzbuch des Manu, eine Offenbarung einer göttlichen Wesenheit, die der Stammvater der Menschheit sein soll.[6] Dieses Gesetzbuch wurde zum Fundament für die gesellschaftliche und religiöse Welt der Hindus, das erste und wichtigste Werk der nachvedischen Überlieferung (*smrti*).[7] Erstaunlicherweise setzte sich das Gesetzbuch Manus mit seinem

Kastenrigorismus erst ab dem so genannten indischen Mittelalter 400 v. Chr. durch. Laut diesem Gesetzbuch wird Heirat ebenso vorherbestimmt wie Berufswahl und Sozialprestige des Individuums. Ganz im Zentrum steht dabei die Vorstellung der rituellen Reinheit. Unrein macht jetzt schon die körperliche Berührung mit niederen Kasten, noch mehr gemeinsames Essen und erst recht Sexualverkehr. Jegliche Unreinheit zwingt, sofern überhaupt möglich, zur angemessenen Reinigung. Um die Reinheit der einzelnen Kasten zu erhalten, haben die Brahmanen unzählige Vorschriften entwickelt: Gebote, Verbote, Reinigungsriten, Exkommunikation.

Der Ursprung der Klassengesellschaft lag in der Sorge der Aryer, sich mit den dunklen Ureinwohnern zu vermischen. Der Dunkelhäutige sollte isoliert und dienstbar gemacht werden. Es entstand die Gruppe der so genannten Kastenlosen, der Unberührbaren und Ausgestoßenen, *dalits* oder *harijan* (Kinder Gottes, wie Gandhi sie nannte). Nach Manu sollten ihr Besitz Hund und Esel sein, ihre Kleider die Gewänder der Toten.[8]

Bemerkenswert ist, dass selbst unter den Unberührbaren diese Struktur von Hierarchien fortgesetzt wurde, d.h. auch Harijans unterscheiden nochmals zwischen Unberührbaren und Unberührbarsten, abhängig vom Wohnort und vom Umgang mit bestimmten Materialien. Der Unberührbare darf noch die Straße fegen, wohingegen der Unberührbarste für die Beseitigung von Abfall, Kadavern und Exkrementen zuständig ist.

Noch heute hegen Inder einen ausgeprägten Hautfarbenkomplex: Personen mit dunkler Hautfarbe haben weniger Chancen auf dem Heiratsmarkt oder sie werden mitleidig belächelt. Hautcremes, die den Teint europäisch hell bleichen, erfreuen sich bei indischen Frauen großer Beliebtheit. Das Leben in der heutigen Hindugesellschaft, vor allem das auf dem Land, ist stärker reglementiert, als es etwa vor 2000 Jahren der Fall war

Im Laufe der Generationen bildeten sich die *jati* (Unterkasten), die so genannten Berufs-/Interessengruppen, von denen es ca. 25.000 gibt. Die genaue Zahl ist kaum feststellbar, da stetig neue gebildet werden, andere hingegen aussterben. Diese Unterkasten sind von Region zu Region wiederum nochmals unterteilt. Selbst viele Inder sind nicht mehr in der Lage, das komplizierte Hierarchiesystem der Kasten zu durchblicken. Das Kastensystem lässt sich nicht durch einen Religionswechsel aufheben. Es gibt trotz der Konvertierung zum Christentum immer noch Brahmanen-Christen und Shudra-Christen, die untereinander nicht heiraten würden, selbst indische Muslime haben eine Art Kastensystem beibehalten.

Die genaue Kastenzugehörigkeit ist einem Inder normalerweise nicht anzusehen. Man erkennt die Zugehörigkeit zu Kaste und Religion meist am Nachnamen, Herr Biswas z.b. wäre ein bengalischer Shudra, Frau Chatterjee eine bengalische Brahmanin, Herr Gandhi ein Vaishya aus Gujarat und Herr Nehru ein Brahmane aus dem Kashmir.

Es gibt aber auch Familiennamen, die Kastengrenzen überschreiten und deren Träger nicht unbedingt eingeordnet werden können, wie ein Herr Patel, Desai oder Malik, oder eine Frau Mehta oder Chaudhuri. Viele Nordinder, die in Thailand oder anderen asiatischen Ländern leben, haben eine clevere Lösung gefunden, ihren niederen Kastenstatus zu verschleiern. Sie haben kurzerhand ihre Namen geändert, d.h. vorher hießen sie Yadav (Mitglieder der Shudra-Kaste) und jetzt heißen sie Dubey oder Pandey, Name eines Brahmanen. Auch in den Hindifilmen spielen die Namen der Helden und Heldinnen für die indischen Zuschauer eine wichtige Rolle. Sie geben ihnen Informationen über sozialen Status und Religionszugehörigkeit. Beispielsweise weist der Vorname Amar auf einen Hindu hin, Akbar auf einen Moslem und Anthony auf einen Christen. Sharma beispielsweise weist auf den Status eines Brahmanen hin, Khan auf einen Moslem und Singh auf einen Sikh.

Offiziell wurde 1947 mit der Unabhängigkeit Indiens ein Kastenverbot ausgesprochen, d.h. die Gleichheit aller indischen Bürger wurde gesetzlich verankert. Jeder Bürger soll prinzipiell freien Zugang zu allen gesellschaftlichen Institutionen haben.[9] Quotenregelungen sollen den Kastenlosen seitdem ebenfalls den Zugang zu staatlichen Arbeitsplätzen garantieren.

In den heutigen Städten Indiens, in die immer mehr Menschen strömen, verwischen sich zunehmend die Kastengrenzen wegen des engeren Kontakts in der Arbeitswelt. Besitz, Einkommen und Ausbildung entscheiden immer mehr über Einordnung und Bewertung des Einzelnen. Das Ansehen kann sich immer weniger auf rituelle Privilegien und den angeborenen Status berufen; es muss vielmehr in einem konkurrierenden Besitz- und Leistungssystem erworben werden. Durch Arbeitslosigkeit verändern sich Verhältnisse. Heute kann ein Brahmane in Armut leben oder etwa als Koch, Wäscher oder Fremdenführer seinen Unterhalt verdienen, während Mitglieder unterer Kasten wie die Vaishyas (Kaufleute/Händler) im Allgemeinen wirtschaftlich am besten situiert sind. Ein Angehöriger der Dhobis (Kaste der Wäscher) kann dagegen im Börsen- oder Immobiliengeschäft Erfolg haben.

THEATERKULTUR

Das indische Kino wurde nicht nur von der Mythologie, sondern auch von den Theatertraditionen des klassischen Sanskrit-Dramas, dem Volks- und dem Parsi-Theater beeinflusst. Bevor der Film in Indien aufkam, gab es dort eine reiche Theaterkultur. In Mumbai, dem Zentrum des Theaterlebens, gab es etwa 20 Bühnen. Die Premieren waren Monate vorher ausverkauft, und ganze Familien reisten tagelang aus der Provinz nach Mumbai oder in andere Großstädte, um eine Vorstellung zu erleben. Alle Vorstellungen waren mit Gebet, Gesängen und Tanz versehen und dauerten vier bis fünf Stunden. Das Publikum wollte etwas für sein Geld geboten bekommen. Indien hat eine Dramentradition, die bis in die Zeit um 100 v. Chr. zurückgeht.

Die Struktur sowohl des indischen Theaters als auch des indischen Films basiert auf dem „Heiligen Buch der Dramaturgie", das zwischen 200 v. Chr. und 200 n. Chr. entstanden sein soll. Es ist die ästhetische Lehre von den Gemütsstimmungen. Nach der Legende hat Brahma, der Schöpfergott, das Buch höchstpersönlich verfasst.[10]

In diesem Buch bittet der Gott Indra (Vishnu) den Brahma um eine Unterhaltungsform, die gleichzeitig hörbar und sichtbar sein soll und allen Menschen gemeinsam sein könnte (die vier Veden sind den niedrigen Kasten verwehrt). Daraufhin schuf Brahma *Natyaveda*, das heilige Buch der Dramaturgie, indem er den vier Veden die vier Elemente: Sprache, Gesang, Tanz und Mienenspiel entnahm. Der Brahmane Bharat Muni, der „große Weise", der den Menschen nun den neuen Veda lehrte, bestimmte, dass das Drama eine Darstellung der verschiedenen Emotionen sein solle. Es solle unterschiedliche Situationen widerspiegeln und allen Menschen Mut, Unterhaltung, Glück und Rat geben. Im Einklang mit der hinduistischen Lebensauffassung wurde als letzte Regel das Happy End hinzugefügt, nach dem ein Drama nicht mit der Niederlage oder dem Tod des Helden enden soll und alle Konflikte harmonisch gelöst werden sollen. Diese indische Grundlehre steht im völligen Kontrast zur westlichen Theatertradition, die auf Aristoteles Poetik und dem griechischen Drama basiert. In der griechischen Tragödie wird menschliches Elend reflektiert, und der Held ist dem Untergang geweiht. Im Hindu-Drama hingegen triumphiert der Held über alle Widrigkeiten. Die grundlegenden Elemente im Buch der Heiligen Dramaturgie sind *Bhava* (Gefühle) und *Rasa* (Rasa bedeutet wörtlich: „Saft" oder „das, was schmeckt und genossen wird"). Die wichtigsten neun Rasas sollen die Handlung und den Inhalt des Stücks beherrschen und einfühlsam und kunstvoll menschliche Gefühle reflektieren.

Bharat Muni unterschied dabei zwischen neun beständigen Rasas: *Sringara* (Eros/Liebe), *Rudra* (Zorn), *Veera* (Heldentum), *Bibhatsa* (Ekel), *Hasya* (Komik), *Karuna* (Kummer/Trauer), *Adbhuta* (Staunen), *Bhaya* (Furcht) und *Shanta* (Friedvolles). Die Rasas sind das Schlüsselkonzept der klassischen indischen Ästhetik und bilden das Zentrum der Drama-Erzählstruktur.

Diese Rasa-Theorie ist gattungsübergreifend. Damit wird deutlich, dass man Hindifilme nicht wie Hollywoodfilme exakt nach Genres klassifizieren kann. Es werden immer verschiedene Rasas in die Handlungsstränge eingeflochten. Die indischen Zuschauer legen sehr großen Wert auf die Darstellung von Gefühlen und zwischenmenschlichen Beziehungen. Sie wollen im Theater wie auch im Film innerlich berührt werden – indisches Kino ist emotionales Kino.

Das Sanskrit-Drama

Das Sanskrit-Drama ist die älteste Form des klassischen Theaters in Indien. Es entstand etwa 100 v. Chr. und wurde in zwei Aufführungskategorien unterteilt. Eine Darbietung sollte zu Ehren der Götter in den Tempeln stattfinden, die andere zum Vergnügen der Menschen. Bei den religiösen Vorführungen wurden Adaptionen der Epen und religiöse Ereignisse in Sanskrit dargeboten. Die zur Unterhaltung gedachten Veranstaltungen wurden in einer Sprachmischung von Sanskrit und regionaler Volkssprache aufgeführt. Der Beginn jedes Schauspiels wurde von einem Gebet eingeleitet. Themen der Dramen basierten auf mythologischen Ereignissen. Diese Geschichten wurden in Form von Prosapassagen und Gedichten gesungen oder melodisch rezitiert. Unterbrochen wurde der Ablauf durch Musik- und Tanzeinlagen. Figuren der Geschichten waren Helden, Götter, Schurken und Dämonen sowie ein obligatorischer *Vidushaka* (Spaßmacher). Ein Akt eines Sanskrit Stückes konnte bis zu 41 Nächte dauern. Jede Aufführung wurde von Trommeln und Zimbeln rhythmisch begleitet. Prächtige Kostüme und Schminkmasken waren das Erkennungsmerkmal der verschiedenen Charaktere. Die Blütezeit des Sanskrit-Dramas endete 1000 n. Chr.. Es wurde mehr und mehr vom klassisch regionalen indischen Volkstheater abgelöst.[11]

Die Volkstheater

Die klassischen Volkstheater übernahmen bald die Rolle des Sanskrit-Dramas. Im Zentrum standen Melodramen mit farbenprächtigen Gesangs- und Tanzvorstellungen in den jeweiligen Regionalsprachen. Die ehemaligen Sanskrit-Stücke wurden popularisiert und vereinfacht, so dass auch das gewöhnliche Volk sie ohne große Erklärungen verstehen konnte.

Das Volkstheater schöpfte nicht wie das Sanskrit-Drama ausschließlich aus dem Fundus der Epen und Heiligen Schriften, es bezog weitere Anregungen aus aktuellen politischen und gesellschaftlichen Themen und Ereignissen. Die Figuren des Volkstheaters waren gegenüber dem Vorgänger realistischer, sie verhielten sich natürlicher und weniger stilisiert.

Es war eine interaktive Performance. Die Zuschauer nahmen am Bühnengeschehen aktiv teil und gaben Kommentare ab, wenn sie von den Darstellern angesprochen wurden. Die Aufführungen fanden nicht im Tempel, sondern unter freiem Himmel statt.

Das Parsi-Theater

Anfang des 19. Jahrhunderts entstand in Mumbai das Parsi-Theater, das von den Parsen (Persern)[12] gegründet und entwickelt wurde. Ihre Vorfahren flohen im 10. Jahrhundert aus ihrer Heimat (heutiger Iran) vor dem Ansturm des Islam an die Westküste Indiens, von wo aus sie sich später in weitere Regionen verbreiteten. Die Parsen sind Anhänger der einst mächtigen religiösen Gemeinschaft der Zoroastrier, die früher im Iran und Irak herrschten. Sie bezeichnen sich selbst als Zaradushti nach ihrem Religionsstifter Zaradusht (altpersisch: Zarathustra), einem der frühesten Propheten in der Menschheitsgeschichte. Ihre Religion ist dualistischer Natur, das Gute und das Böse sind in einen ununterbrochenen Kampf miteinander verwickelt, wobei das Gute immer triumphiert. In dieser Hinsicht sind sich die hinduistische Religion und der Zoroastrismus nicht fremd.

In der Zeit der britischen Herrschaft waren viele Parsen im Handel und im kaufmännischen Bereich tätig. Sie investierten ihre Gewinne in die Kultur bzw. in die Theaterszene. Auf diese Weise konnten Theaterregisseure und Künstler ohne Geldsorgen schöpferisch tätig sein und viel Innovatives ausprobieren. Das Parsi-Theater absorbierte neben dem eigenen persischen Stil Strukturen und Inhalte des indischen Volkstheaters und des westlichem Theaters (Viktorianisches Theater) und setzte es in einer neuen Form zusammen.

Viktorianische Theatergruppen, die nach Indien kamen, zeigten Shakespeare und französische Melodramen, die mit Bühneneffekten wie z.B. feuernden Kanonen inszeniert waren. Die Parsi-Ensembles lernten von den Briten ebenfalls die Konstruktion der Dramatik. Romanzen wurden nach folgendem Schema aufgebaut: Ein Paar verliebt sich, Hindernisse und Missverständnisse tauchen auf, und am Ende erfolgt in letzter Minute das kategorische Happy End. Diese Konstruktion ist heute in fast allen Bollywoodfilmen gang und gebe. Begleitet und untermalt wurden die Theaterstücke mit Musik und Liedern aus der Bhakti- und Sufi-Tradition. Das Parsi-Theater entwickelte sich zu einem Gemisch von Historienspiel, Farce und opernhaftem Drama. Viele Stücke enthielten persische Lyrik, heroische Themen und romantische Liebeslegenden. Auch hieran erkennt man wieder die Parallele zu den Genrefragmenten des späteren Hindifilms.

Das berühmteste Parsi-Theater war die Elphinstone Dramatic Company in Mumbai, die vor allem historische und soziale Dramen zeigte. Indische Klassiker waren „Kalidasa" oder „König Shudrada", aber auch europäische Stücke von Molière und Sardou. Neben westlichen Adaptionen schrieben Autoren eigene Stücke in Urdu. Die Sprache Urdu war damals die „lingua franca" in den moslemisch bevölkerten Städten Nordindiens und wurde von den meisten Menschen in dieser Region verstanden. Aus dieser Tradition heraus ist es heute noch üblich, die Songs der Bollywoodfilme in Urdu zu verfassen. Viele der ersten indischen Filmemacher waren ebenfalls Perser, wie z.B. die Homi Wadia Brüder, die Stunt- und Actionfilme mit der „Fearless Nadia" drehten.

Wie in diesem Kapitel dargelegt wurde, sind die grundlegenden Elemente des indischen Kinos in der Religion und der Kultur begründet. Das Medium Kino eignete sich mehr als jede andere indische Kunstgattung, um Mythologie und Religion lebendig und plastisch darzustellen und Bekanntes neu zu illustrieren. Ausgehend von der Religion wurde das Kino selbst zu einer Art Religion. Indische Familien gingen in ihrer besten Kleidung und mit großer Erwartungshaltung in die Filmvorführungen. Es herrschte eine Art Pilgertum, denn sie schauten etwas an, das sie schon seit langem kannten und das ihnen vertraut war. Aus diesem Grunde nahm das Kino eine andere Entwicklung und hatte einen anderen Stellenwert als bei uns im Westen.

DIE ENTSTEHUNG DER INDISCHEN FILMINDUSTRIE

DAS KINO KOMMT NACH INDIEN

Am 7. Juli 1896 erschien in der „Times of India" eine Anzeige, die alle Bewohner Mumbais zum unbedeutenden Eintrittspreis von einer Rupie in das Watson Hotel einlud, um das „Wunder des Jahrhunderts" zu bestaunen. Maurice Sestier, ein Abgesandter der „Gebrüder Lumière Expedition", präsentierte in Mumbai an jenem Tag zu vier verschiedenen Terminen den Kinematographen sowie sechs Kurzfilme, wie „The Arrival of a Train", „Watering the Garden" oder „Leaving the Factory". Der Kurzfilm „The Arrival of a Train" zeigte einen in den Bahnhof einrollenden Zug und wirkte derart plastisch und unheimlich, dass die Zuschauer den Eindruck hatten, der Zug würde direkt auf sie zu fahren. Während in anderen Ländern diese Szene Panik auslöste und die Menschen aus dem Kino rannten, blieben die Zuschauer in Indien gelassen. Die Ursache hierfür lag darin, dass das indische Publikum es bereits gewohnt war, bei Theatervorstellungen solche illusorischen Darbietungen zu sehen. In diesen Vorführungen wurden mit bemalten Glasbildern und speziellen Laternen optisch bewegliche Trugbilder erzeugt.

Weitere Aufführungen des Kinematographen erfolgten am 14. Juli im „Novelty Theatre". Eigentlich waren nur drei Tage für die Präsentation vorgesehen, weil die Expedition noch andere Länder bereisen wollte. Doch der plötzlich eintretende Monsunregen untergrub ihr Vorhaben, und sie blieben zur Freude der Einwohner Mumbais noch eine Weile im Land.

Ende Juli wurde in der „Times of India" auf anstehende Preis- und Reservierungsänderungen hingewiesen. Die Preise erhöhten sich und variierten nun zwischen vier Annas und zwei Rupien, und viele Vorführungen waren nur für die Frauen der oberen Gesellschaftsschicht, die so genannten „Purdah-Ladies", und ihre Familien reserviert. Diesen Frauen war es üblicherweise nicht gestattet auszugehen, da man so die Reinheit der Kasten gewährleisten wollte.

ERSTE FILMVERSUCHE

Bevor es Filme mit Ansätzen einer narrativen Handlung gab, beschränkten sich die kinematographischen Darbietungen weitgehend auf die Präsentation von Bewegungsabläufen. Die Kamera verharrte in statischen Einstellungen und filmte alltägliche Begebenheiten ab. Allein der Effekt der bewegten Bilder reichte zunächst aus, um das Publikum in die Vorstellungen zu locken. Als die Produktion von Bewegungen allmählich den Reiz des Neuen verlor, trat der Film verstärkt als Nachrichtenmedium in den Vordergrund. Gefilmt wurden tagespolitische oder sportliche Ereignisse. Viele Produzenten betrachteten dieses dokumentarische journalistische Bestreben als zentrales Anliegen des neuen Mediums.

Ein Besucher, den das technische Wunderwerk ebenfalls äußerst beeindruckte, war der indische Fotograf Harischandra S. Bhatvadekar, bekannt als Save Dada. Er bestellte sich nach dem Besuch einer Vorführung gleich eine Kamera aus London und drehte 1899 den ersten indischen Kurzfilm „The Wrestler", der ein spannendes Tennismatch in den „Hanging Gardens" von Mumbai zeigt. Save Dada drehte danach noch zwei weitere Kurzfilme: 1901 eine Dokumentation über die Auszeichnung eines indischen Studenten an der Londoner Cambridge Universität und 1903 die Krönung von Edward VIII. Da es in Indien noch keine Labore für die Filmentwicklung gab, musste er die Negative in London bearbeiten lassen.

Nachdem dieses neue technische Wunder der Gebrüder Lumière mit solcher Begeisterung in Indien aufgenommen worden war, folgte eine wahre Flut von in- und ausländischen Kurzfilmen, die in Mumbai in provisorisch errichteten Zelten gezeigt wurden.

Neben den kurzen Dokumentarfilmen war es ebenfalls üblich, Theatervorstellungen abzufilmen, die im Anschluss an das Stück als zusätzliche Attraktion gezeigt wurden. Ein weiterer Vorteil dieser Art Aufzeichnungen war es, die auf Zelluloid festgehaltenen Bühnenstücke in Gegenden zeigen zu können, in denen die Theaterstücke ansonsten nie aufgeführt wurden.

In den darauf folgenden Jahren wurde man im Ausland mutiger, Engländer und Franzosen fingen an, neben Kurzfilmen auch Spielfilme zu drehen. In Indien waren solche aufwendigen Eigenproduktionen nicht möglich, einerseits aus finanziellen Gründen, andererseits fehlte es am nötigen „Know-how". Daher bekam das indische Publikum vorwiegend westliche Filme zu sehen, wie „Don Juan" (1926), „The Sign of the Cross" (1932) oder „Alice in Wonderland" (1933). Im ersten Jahrzehnt nach der Erfindung des Kinematographen war Großbritannien neben Frankreich die bedeutendste Filmnation der Welt. Doch leider bestachen diese Filme mehr durch ihre technische Brillanz als durch künstlerische Qualität, weswegen sie bald hinter dem internationalen Standard zurückblieben.

Das indische Publikum wollte mit der Zeit nicht nur westliche Filme, sondern auch indische Spielfilme sehen, mit vertrauten indischen Geschichten und Charakteren. Aus diesem Grunde realisierten 1912 der britische Kameramann R. G. Torneys und der indische Regisseur N. G. Chitre eine Art Feature-Film mit dem Titel „Pundalik", der von der Legende des alten heiligen Mannes Maharashtan handelt. Geschichten *(Puranas)* aus der Mythologie der beiden Epen Mahabharata und Ramayana sind den meisten Indern vertraut. Von klein an hören sie die abenteuerlichen Legenden von Heiligen und Göttern von ihren Großeltern und Eltern. Daher war es nicht verwunderlich, dass die Mythologie Grundlage für den ersten indischen Spielfilm wurde.

DADASAHIB PHALKE – VATER DES INDISCHEN KINOS

Der bekannteste und bedeutendste Pionier, der dieses Werk realisierte, war der aus einer Priesterfamilie stammende Autodidakt und Fotograf Dadasahib Phalke (1870-1944). Tief beeindruckt von dem Film „The Life of Christ", den er 1910 am Weihnachtsabend im „American Indian Cinema" in Mumbai sah, hatte er die Vision, einen Film mit indischen Charakteren zu drehen: „Während ‚Life of Christ' vor meinen Augen vorüber zog , stellte ich mir die Götter Shri Krishna und Shri Ramachandra bildlich vor. Auf einmal packte mich eine eigenartige Idee. Ich kaufte mir nochmals ein Ticket, um den Film ein zweites Mal zu sehen. Würden wir Söhne Indiens jemals indische Bilder auf der Leinwand sehen können?"[13]

Nach diesem beeindruckenden Ereignis kündigte Phalke seine Lebensversicherung, lieh sich Geld von einem Freund und fuhr nach London, um sich die nötige Filmausrüstung zu besorgen. Zusätzlich deckte er sich dort mit der nötigen Literatur ein, da es noch keine Lehrer für das Filmhandwerk in Indien gab. Ehe er seinen Traum vom eigenen Film verwirklichen konnte, war es notwendig, noch viele Hindernisse zu überwinden.

Nachdem er sich alles aus England besorgt hatte, drehte er mit einer Williamson-Kamera den Probefilm „The Birth of a Pea Plant" (Die Geburt einer Erbsenpflanze). Im Zeitraffer dokumentiert er darin das Pflanzenwachstum einer Erbse. Danach suchte Phalke Kreditgeber für sein Spielfilmprojekt. Yeshwant Nadkarni, ein Händler für Fotoausrüstungen, war derart beeindruckt von dem Trickfilm, dass er Phalke das Geld lieh. Anderen Gläubigern musste Phalkes Ehefrau als Sicherheit ihre Juwelen überlassen. Nach vielem Hin und Her bekam er schließlich das notwendige Geld zusammen. Dann suchte er nach geeigneten Schauspielern. Für die weiblichen Rollen musste er Männer nehmen, da es für Frauen aus gutem Hause nicht schicklich war, sich öffentlich vor Männern darzustellen, und auch Prostituierte sich weigerten, in dem Film mitzuspielen. Die Rolle der Königin Taramati in Phalkes Film „Raja Harishchandra" (König Harishchandra, 1913) übernahm sein feingliedriger Koch Salunke, die Rolle des Königs spielte er selbst. Bei der „wet-sari-scene" (nasse Sariszene), die es damals auch schon gab, kann man ganz deutlich sehen, dass die Frauenfiguren von Männern dargestellt wurden.

Phalke musste für diesen Film die unglaubliche Leistung vollbringen, Regisseur, Kameramann, Schauspieler und Bühnenbildner in einer Person zu sein. Sein Film „Raja Harishchandra", der auf dem Mahabharata-Epos basiert, wurde 1913 im Coronation-Theater in Mumbai uraufgeführt und wurde ein sensationeller Erfolg.

Der Film handelt vom Raja (König) Harishchandra, einem moralisch integren König, der auf dem Altar der Wahrheit sein Königreich, sein Weib und seinen Sohn opfert, weil er einst dem Weisen Vishwamitra das Versprechen gab, nicht den heiligen Raum der Götter zu betreten, und es dennoch unbeabsichtigt tat. Der König vollbringt Opfer und erduldet Leid, bis ihm die Götter verzeihen.

Nach der Premiere des Films wurde Phalke sein eigener Vorführer. Auf einem Ochsenkarren, bepackt mit Projektor, Leinwand und Filmrollen, reiste er durchs Land. Dadasahib Phalke wird seit diesem Film als „Vater des indischen Kinos" bezeichnet.

1917 drehte er unter anderem den Lehrfilm „How are films prepared?" über das Filmhandwerk, in dem er seine Arbeit dokumentiert, um andere Filmemacher zu motivieren. Weitere Filmerfolge waren „Mohini Bhasmasur" (1913), „Lanka Dahan" (1917), „Shri Krishna Janam" (1918) und „Kaliya daman" (1919). Diese Filme übten eine dermaßen magische Wirkung auf das Publikum aus, dass sich Männer und Frauen während der Vorführung vor der Leinwand auf den Boden warfen und anfingen zu beten. Im Zuge seines Triumphs gründete er die „Phalke Films Company" als Manufaktur und wandelte seine Küche in ein improvisiertes Labor um. Später wurde er Teilhaber der berühmten „Hindustan Cinema Films Company". Insgesamt schuf Phalke in seiner zwanzigjährigen Berufszeit 90 Filme, darunter vor allem mythologische, aber auch viele Kurzfilme, Dokumentationen und Filme mit sozialem Inhalt.

Ab Ende der 20er Jahren änderte sich der Filmgeschmack, Stuntfilme waren angesagt, vor allem beim einfachen Publikum. Die Atmosphäre der Filmlandschaft wurde kommerzieller, und Phalke begann sich wie ein Fremder zu fühlen. 1928 zog er sich für drei Jahre aus dem Filmgeschäft zurück, bis er es 1931 noch einmal mit dem Film „Setu Bandhan" versuchte, doch der Erfolg blieb aus. Es folgte eine schwere Zeit, er konnte kaum noch finanzielle Mittel auftreiben. Seinen letzten Film „Gangavataram" drehte er 1937. Danach kehrte er in seine kleine Heimatstadt Nashik (in der Nähe von Pune) zurück, wo er 1944 völlig mittellos und fast vergessen starb.

In einem Interview von 1939 für das indische „Mauj Magazine" sagte Phalke: „Wenn ich nicht die künstlerischen und technischen Fähigkeiten besessen hätte, die zum Filmemachen nötig sind, wie Zeichnen, Malen, architektonische Fähigkeiten, Fotografieren, Theaterpraxis und Zauberkunst, und nicht Mut und Wagnis gezeigt hätte, hätte sich die Filmindustrie 1912 niemals in Indien etablieren können."[14]

Heutzutage erinnert sich die indische Filmindustrie seiner wieder mit der wichtigsten jährlichen Preisverleihung, dem „Dadasahib-Phalke-Award".

Ab 1913 entwickelte sich das Kino dank Phalke langsam von einer Jahrmarktsattraktion zu einer selbständigen Kunstform und Wirtschaftsbranche. Nach dem Erfolg von „Raja Harishchandra" veränderte sich das Profil der Filmschaffenden. Viele Kapitalisten Mumbais stürzten sich auf den neu entstandenen Industriezweig und erhofften sich eine gewinnträchtige Investitionsmöglichkeit. Mumbai wurde der Geburtsort der Filmindustrie, als Vorbild diente Hollywood. Es entstanden mehrere Studios. Eigentümer dieser Studios waren D. W. Sampat (Kohinoor Film Company), Chanduhal Shah (Ranjit Movietone) und Ardeshir Irani (Imperial Film Company), die jeweils nur wenige Meilen voneinander entfernt lagen. Weitere Zentren der Filmindustrie entstanden in den Hafenstädten Chennai und Kolkata, die sich zu großen Handelszentren entwickelt hatten.

Berühmte Filmemacher in jenen Tagen waren V. Shantaram, V. Damle, S. Fatehlal und der deutsche Regisseur Franz Osten. Sowohl Kapital als auch Talent waren eigentlich reichlich vorhanden. Doch die britische Kolonialmacht versuchte mit verschiedenen Strategien, ein echtes Aufblühen der indischen Kinoindustrie zu unterdrücken.

BRITISCHE ZENSUR UND DAS HOLLYWOODKINO

Das neue Medium Film begann allmählich, die indische Theaterkultur zu verdrängen. Viele ehemalige Schauspielhäuser wurden zu Kinos umgebaut. Erst 1910 begann man mit der Errichtung von Gebäuden, die speziell auf den Kinobetrieb ausgerichtet waren und die die Möglichkeit boten, Filmprojektoren fest zu installieren. Anfang der 20er Jahre gab es nur etwa 150 Kinosäle in Indien. Die meisten indischen Filme wurden in so genannten „Bioscope-Zelten" gezeigt. Die britische Regierung, die 1856 die Industrialisierung nach Indien exportiert hatte, investierte im Zuge technischer Entwicklungen ebenfalls in Filmstudios und Kinohäuser. Ihre Absicht war es, britisch-nationale Kinokultur in Indien zu pflegen, um auf diese Weise mehr Einfluss auf die indische Bevölkerung auszuüben. In indischen Theatern wurden Propagandafilme, britische Slapstickfilme wie „Rescued by Rover" (1905) und Verfilmungen von Shakespeare-Dramen gezeigt. Indische Filme hingegen wurden nur zu einem Minimum präsentiert. Das Ziel der Machthaber war es, die indische Elite zur loyalen Unterwerfung zu bewegen.[15] Diese indische Elite entstammte vor allem der aufsteigenden, englisch erzogenen gebildeten Mittelschicht, die sich von ihren Traditionen lösen wollte und westliche Filme bevorzugte.

Mit dem Ersten Weltkrieg wurden die britische und indische Filmindustrie lahmgelegt. Viele Studios mussten schließen. Hollywood nutzte die Gelegenheit, den Weltfilmmarkt zu erobern, indem es seine Produktion um ein Vielfaches steigerte und Filme in zahlreiche Länder exportierte. So kamen die amerikanischen Produktionen auch nach Indien. 1927 stammten ungefähr 85 Prozent der in Indien gezeigten Filme aus den USA. Die „Universal-Pictures", die bereits 1916 ihr Vertriebsnetz in den Staaten eingerichtet hatte, verkaufte jährlich 52 Spielfilme, 52 Lustspiele und 52 Wochenschauen. Publikumsmagnete für die indischen Zuschauer waren Komödien mit Charlie Chaplin, Harold Lloyd oder Buster Keaton.[16]

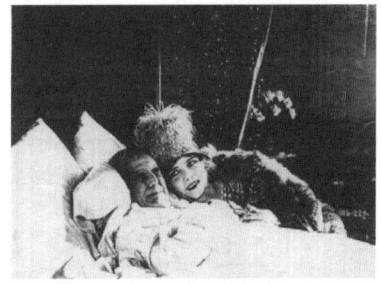

Szene aus „The Follies Girl"

Die 20er Jahre waren die goldene Ära des Hollywood-Films. Die meisten dieser Filme waren Komödien, so genannte „Koks-Klamotten" mit dem ausgeflippten Detektiv „Coke Ennyday" oder Lustspiele wie „Betty Takes a Hand"(1918) und „Prudence on Broadway" (1919) oder „The Follies Girl"(1919).

Hollywood galt als das neue sündige Babel, Sex und Rauschgift gehörten zum

Repertoire dieser Zeit, und die Filme versprachen einen interessanten Blick auf schöne „Jazzbabies" und Champagnerbäder.

Aufgrund des vorherrschenden Einflusses amerikanischer Filme auf das britische und indische Publikum begannen die Briten 1921 öffentliche Debatten darüber zu führen, ob das amerikanische Kino einen negativen Einfluss auf die jeweilige Bevölkerung ausübte.

Die Kolonialregierung ließ eine Analyse hinsichtlich der Berechtigung solcher Vorwürfe durchführen. Da jedoch diese Untersuchung sehr unpräzise verlief, war auch das Ergebnis dementsprechend nutzlos.[17] 1927/28 gab die Kolonialregierung nochmals eine Studie in Auftrag – dieses Mal sollte das „Indian Cinematograph Committee"[18] die Situation der Filmrezeption in Indien untersuchen. Mittels Fragebögen wurden Umfragen zu indischen Filmvorlieben erhoben, um einschätzen zu können, welchen Einfluss das westliche Kino auf die Moralauffassung und das Verhalten hatte. Aus dem anschließenden Materialbericht ging hervor, dass die indischen Zuschauer die amerikanischen Filme den britischen vorzogen. Einen solchen Missstand konnten die Kolonialherren natürlich nicht dulden, und so beschlossen sie, die Machtposition der britischen Filme auf dem Markt wieder zu stärken und die Dominanz der als unmoralisch angesehenen Hollywoodfilme zu brechen. Es war der britischen Regierung wichtig, gegenüber der Bevölkerung ihre moralische Glaubwürdigkeit zu bewahren, die man in amerikanischen Spielfilmen in Frage gestellt sah. „Die Darstellung des weißen Kulturverfalls" war in der britischen Presse und im Parlament jahrelang Diskussionsthema. Ganz patriarchalisch ging die Kolonialmacht davon aus, dass Inder aufgrund ihrer Rasse unmündig seien. Die britische Zeitung „Westminster Gazette" schrieb am 17.11.1921: „(…) Und nun stellen sie sich einmal die Wirkung solcher Filme (Hollywoodfilme) auf die orientalische Psyche vor (…).Unsere Frauen sieht er (der Inder) in dürftigen Fummeln(…), er bildet sich während der nächsten sich abspielenden Dramen seine eigene Meinung über unsere Moral."[19]

Ab den 30er Jahren wachte die Zensur verstärkt über die öffentliche Sittlichkeit. Es sollten keine lüsternen, lang andauernden Küsse und keine Fleischeslust mehr in britischen und indischen Filmtheatern gezeigt werden. Indische Filme enthielten damals vereinzelt Kussszenen, beispielsweise mit der Filmdiva Durga Khote, doch die Darstellung war nie so eklatant wie bei westlichen Filmen. Die Folge in Indien war das berühmte Kussszenenverbot. Danach durfte Erotik nur angedeutet und durch blumige Symbolik beschrieben werden. Enormer Einfallsreichtum war gefragt. Daraufhin sah man Allegorien von Bienen und Schmetterlingen, die an einer Blume Nektar saugten, oder von Liebespaaren, die sich genüsslich einen Apfel oder ein Eis teilten. Das Misstrauen gegenüber dem, was ein Inder im Kino über amerikanische Filme und die westliche Kultur denken könnte, macht deutlich, dass der britischen Kolonialregierung sehr wohl bewusst war, dass sie es beim indischen Publikum mit Menschen zu tun hatte, die durchaus in der Lage waren, einen politischen Willen auszubilden. Aus diesem Grunde war es nicht verwunderlich, dass D. W. Griffith's Film „The Birth of a Nation"(1915) der Zensur zum Opfer fiel bzw. erst nach zahlreichen Zensur-Schnitten gezeigt wurde, weil er politisch und sozial zu brisant war. Unter Rücksichtnahme auf das indische Gemüt sah man in Griffiths Werk solche Szenen als besonders gefährdend an, in denen Weiße respektlos oder grob behandelt wurden und in denen Parlamentsszenen vorkamen (das Parlament wurde Indern als politische Vertretung vorenthalten). Ein weiterer wichtiger Faktor, der das indische Kino beeinflusste und künstlerisch vorantrieb, war die sich zunehmend durchsetzende nationale Unabhängigkeitsbewegung.

DIE INDISCHE UNABHÄNGIGKEITSBEWEGUNG UND DIE UMGEHUNG DER FILMZENSUR

Indien wurde während des Ersten Weltkriegs von den Briten gravierend seiner Ressourcen beraubt. Das Land sollte zusätzlich zu den jährlich anfallenden 30 Millionen Pfund an Steuern noch über eine Million kampfbereiter Männer und 100 Millionen Pfund an Kriegskapital beisteuern. Viele Inder meldeten sich aber auch freiwillig, da sie hofften, dass die Briten sich nach Kriegsende ihrem Land dafür erkenntlich zeigen würden. Die Erwartungen erfüllten sich jedoch nicht. Trotz einer Reihe von Andeutungen und Versprechen gab es keinerlei Belohnung.

Bald setzten Ernüchterung, Zorn und Enttäuschung ein. Weiter genährt wurde diese keimende Wut, als 1919 bei religiösen Tumulten in Amritsar/Punjab ein Kontingent britischer Soldaten dorthin entsandt wurde; statt die Unruhen friedlich zu beenden, richteten sie ein Massaker an. Das Tragische an diesem Ereignis war, dass sie auch auf unbewaffnete Demonstranten schossen, die sich zu einer Versammlung eingefunden hatten. Es gab über tausend Verwundete. Die Nachricht über dieses Blutbad verbreitete sich in Indien wie ein Lauffeuer und sorgte dafür, dass eine riesige Anzahl von vorher unpolitischen Indern zu Sympathisanten des 1855 gegründeten indischen Nationalkongresses (INC) bzw. der Unabhängigkeitsbewegung wurden. In dieser Zeit bekam die Freiheitsbewegung einen neuen Führer in Gestalt Mohandas Ghandhis, der als Mahathma Ghandhi bekannt wurde.

Ende der 20er Jahre wurde die Forderung nach Selbstbestimmung der Inder immer lauter. Es kam zu Protesten gegen die erhöhten Baumwollpreise, die die britische Regierung festgesetzt hatte. Die Sozialreformer und Mitglieder des INC riefen zum zivilen Ungehorsam auf. Die indische Bevölkerung wurde aufgefordert, im Ausland hergestellte Ware zu boykottieren, um die einheimische Industrie zu unterstützen. Der Zustrom billiger Güter, vorwiegend Textilien aus Großbritannien, zerstörte vielen Indern die Lebensgrundlage. Die Folge waren die Enteignung von Ländereien und die Erhebung von Steuern durch Kolonisten und Großgrundbesitzer.

Das Bemühen der Reformer bestand darin, ein neues nationales Bewusstsein und eine neue indische Identität zu schaffen. Sie wollten sich von dem Joch der Ausbeutung und Diskriminierung befreien. Das eigene reichhaltige kulturelle Erbe sollte nicht länger verleugnet werden. Ziel war es, dies mit westlichen Ideen zu verbinden. Die indische Gesellschaft sollte sich aus dem Zeitalter der Witwenverbrennungen, des Kastensystems und der Kinderehen befreien und sich modernisieren. Das Bestreben der Reformer hatte Indiens Unabhängigkeit und den Aufbau eines demokratischen Parteiensystems nach westlichem Vorbild zum Ziel. Zahlreiche Filmschaffende schlossen sich diesen Vorstellungen an.

Es kamen verstärkt Filme mit sozialen Themen auf: D. G. Gangulys „England Returned" (1921) karikiert, wie gebildete Inder die westlichen Verhaltensweisen nachäffen. Baburao Painter dokumentierte in „Savkari Pash" (1925) die Ausbeutung der armen Landarbeiter durch die Großgrundbesitzer und Geldverleiher, und Chandulal Shah beschrieb in seinem Film „Gun Sundari" (1927) die Beziehung eines Ehepaars im Kontext einer sich ändernden urbanen Gesellschaft.

Die Briten standen diesen Reformbestrebungen sehr feindselig gegenüber. Die Filmzensur wurde verschärft, und jeder Film, der anti-britische Andeutungen enthielt oder indische patriotische Gefühle evozierte, kam nicht in die Kinos.1930 wurde der Stummfilm „Desh Deepak" (Der Patriot) von Nanubhai Vakil verboten, weil er Zwischentitel enthielt wie: „I would prefer death in the cause of freedom of my country."

Nach der Verschärfung der Zensur wurden verstärkt mythologische und religiöse Filme gezeigt, die patriotische Empfindungen stärken sollten und politische Aussagen in Allegorien kleideten. Doch nach einiger Zeit zogen die Engländer Filme aus dem Verkehr, die Zwischentitel enthielten wie: „Meine Söhne, sterbt lieber, als in Shivajis Diensten zu leben!" oder „Träumt vom Tag, an dem eine Regierung des Volkes, durch das Volk, für das Volk existieren wird." Der filmische Umgang mit politischen Themen wurde somit fast unmöglich.

In den 30er Jahren kam es zwischen Briten und Indern zunehmend zu politischen Auseinandersetzungen und Unruhen. Mahathma Ghandhi rief zum berühmten Salzmarsch (Satyagraha) auf. Die Briten besaßen das Monopol über die indischen Salzstätten, während die Inder selbst keine Befugnis darüber hatten und für das Salz noch überhöhte Steuern zahlen mussten. Ghandhi wurde nach dieser und weiteren Aktionen als Unruhestifter verhaftet. Infolge der politischen Aktionen verboten die Briten den Indern, Wochenschauen und Dokumentationen über Demonstrationen zu sehen. Sie fürchteten den Einfluss „kommunistischer" Propaganda. Als Reaktion auf diese Maßnahmen zeigten indische Regisseure in Spielfilmen öfters Symbole wie das Spinnrad, die Flagge des INC oder eine Karte Indiens, die das damalige Indien und die Territorien der Fürstenstaaten zeigte, um den strengen Zensurmaßnahmen entgehen zu können. Zusätzlich dachten sich engagierte Filmemacher intelligente Strategien aus, um weiterhin nationale Botschaften auf der Leinwand propagieren zu können: Sie zeigten wieder mythologische und religiöse Filme und entwickelten einen besonders ausgefeilten symbolischen Bildcode, der nur von der indischen Bevölkerung verstanden wurde. Diese Filme dienten als Metaphern für aktuelle politische Ereignisse. Zeitgenössische indische Reformer und Politiker wurden als Helden und Götter und britische Staatsträger als Dämonen porträtiert. Die Briten schöpften bei diesen vermeintlich unpolitischen Filmen keinen Verdacht. In ihren Augen waren sie doch der Inbegriff einer politisch wenig gefährlichen indischen Kultur. Die Filmemacher wollten damit patriotische Gefühle ansprechen und ihren Landsleuten Mut machen, sich nicht dem Imperialismus zu beugen: So wie Shri Krishna gegen den mächtigen Schlangendämon kämpfte, der den heiligen Fluss vergiftet hatte, so sollte auch der indische Bürger gegen die Vernichtung und Ausbeutung seitens des Imperialismus kämpfen.

DAS ENDE DER STUMMFILMZEIT

In der Stummfilmzeit waren indische Filme noch in einzelne Genres – wie die Hollywoodfilme – unterteilt. Neben den mythologischen und religiösen Filmen, die zu etwa 60 Prozent das Programm bestimmten, gab es soziale und politische Filme, Kostümdramen, Märchenfilme, Stunt-, Action- und Abenteuerfilme. Als 1931 die neue Ära des Tonfilms anbrach, veränderte sich mit der Zeit diese anfängliche Kategorisierung, die eigentlich nur von Hollywood beeinflusst und völlig untypisch für die indische Kultur war (wie schon der Vorläufer des indischen Kinos, das indische Theater, gezeigt hatte (Kap. II)).

Durga Khote (r.), eine der großen indischen Filmschauspielerinnen, deren Karriere zum Ende der Stummfilmzeit begann.

In der Stummfilmzeit entstanden in Indien etwa 1300 Filme, von denen aber nur dreizehn erhalten geblieben sind. Von Dadasahib Phalkes Film „Raja Harishchandra" gibt es von 3700 Fuß Filmrolle nur noch 1475 Fuß. Die Ursache hierfür liegt darin, dass erst 1964 das „Nationale Filmarchiv" gegründet wurde. P. K. Nair, der erste Direktor und Begründer dieses Archivs in Pune, suchte jahrelang in ganz Indien nach alten Filmen. Es war nicht einfach für ihn, die Inder davon zu überzeugen, dass es wichtig und wertvoll war, Filme aufzubewahren. Filme wurden in Indien nicht als eine Kunstform angesehen, sondern als kommerzielle Waren. Nur mit Hilfe der Regierung konnte das Archiv gegründet werden. Es beherbergte insgesamt 6000 Kopien, von denen 2000 Kopien ausländische Filme waren. 2002 gab es dort einen Brand, dem leider ein großer Teil an wertvollem Material zum Opfer fiel.

ERSTE INDISCHE TONFILME

Indische Zeitungen berichteten über die Premiere des ersten amerikanischen Tonfilms „The Jazz-Singer"(1927) in New York. Dieser Film wurde in Asien nicht gezeigt, stattdessen sah man 1929 als ersten Tonfilm Hollywoods „The Broadway Melody of Love" von Harry Beaumont. Bis der erste indische Tonfilm in die Kinos kam, mussten noch ein paar Jahre vergehen, da verschiedene Faktoren technischer – wie aufwendige Umbauten für die Schallisolierung – oder auch künstlerischer und wirtschaftlicher Art die Entwicklung hinauszögerten.

Am 14. März 1931 war es dann endlich in Indien soweit: Eine neue Filmepoche brach an. In Mumbais „Majestic Theatre" hatte der erste indische Tonfilm „Alarm Ara" (Licht der Welt) Premiere. Der Film von Ardeshir Irani wurde in der Hindi-Sprache vertont, basierte auf dem gleichnamigen bekannten Parsi-Theaterstück und enthielt zwölf Gesangseinlagen. Hauptdarsteller waren Master Vithal, Zubeida, Jilloo, Sushila und Prithviraj Kapoor. Der Film erzählt in episodischer Weise von einem alten König und seinen zwei zänkischen, habgierigen Frauen. Es geht um Erbschaftsstreitigkeiten, Intrigen und Mord. Hier ertönte auch der erste Filmhit „De de Khuda ke naam pe" (Opfere Gott alles, was du besitzt), den W. M. Khan zum Besten gab. Man kann „Alarm Ara" als Prototyp des späteren populären Hindifilms sehen.

Schon ein Jahr später folgte der zweite indische Tonfilm. „Indra sabha" (Indras Hof, 1932) von J. J. Madan, nach einer lyrischen Verserzählung des Urdu-Dichters A. H. Amanat. Dieses Werk ist mit seinen 70 Gesangseinlagen eher ein reiner Musikfilm als ein Spielfilm.

Diese anfängliche Flut singender und tanzender Akteure auf der Leinwand war nicht nur in Indien, sondern auch im westlichen Kino in Heimatfilmen, Lustspielen und Revuefilmen verbreitet. Doch im Gegensatz zu Indien, wo Gesang, Musik und Tanz gleichermaßen in Abenteuer-, Kriminal- sowie Stuntfilmen eingebaut wurden (und bis heute eingebaut werden), beschränkte man im Westen die Montage von Gesangs- und Tanzeinlagen bald ausschließlich auf das Musicalgenre.

DAS SPRACHPROBLEM UND DER DURCHBRUCH DES TONFILMS

Mit dem Aufkommen des Tonfilms nahm die Musik eine vorherrschende Rolle in den Filmen ein. Dafür gibt es verschiedene Erklärungen. Zum einen boten aufgrund der anfänglichen Sprachbarrieren, die der Tonfilm deutlich machte, die Musik und der Gesang eine gute Überbrückungsmöglichkeit. Zum anderen gingen die Produzenten und Filmemacher auf ein grundlegendes Bedürfnis der indischen Gesellschaft ein, da Musik und Gesang schon im volkstümlichen Theater gebräuchlich waren. Doch was sollte die Sprache des indischen Films werden?

Die Regionalsprache Mumbais ist Marathi, eine Sprache, die damals von etwa 21 Millionen Menschen verstanden wurde. Die Produktion nur auf dieses kleine Sprachgebiet zu begrenzen, war für Mumbais Filmindustrie zu risikoreich, da die Kosten aufgrund der Tontechnik stark angestiegen waren und ein Sprachgebiet von 21 Millionen Menschen eine Filmindustrie nicht unbedingt alleine tragen konnte. Kurioserweise lag zu jener Zeit keines der wichtigen Filmzentren in der größten Sprachzone des Landes in Nord- und Zentralindien, wo etwa 150 Millionen hindisprachige Einwohner lebten. Dieser Hindi-Markt versprach das lukrativste Geschäft. Also entschied man sich, vorwiegend Filme für diese Sprachregion zu produzieren. Der Begriff Hindifilm bezieht sich also auf die Sprache, in der der Film produziert wurde. Heute ist Hindi in den sechs Nordstaaten verbreitet und wird von circa 500 Millionen Menschen verstanden. Der Hindi-Film hat demnach zu einer wesentlichen Verbreitung der Sprache beigetragen. Bis zur Einführung des Tonfilms wurden noch circa 80 Prozent der Filme aus dem Ausland nach Indien importiert, nach der Durchsetzung des Tonfilms änderte sich dieses Verhältnis schlagartig zugunsten indischer Produktionen, es wurden nur noch zehn Prozent fremde Produkte eingeführt. Der Tonfilm half indischen Produzenten definitiv, endlich in ihrem Land Fuß zu fassen. Der Import von ausländischen Filmen verlor zunehmend an Bedeutung. Das Publikum bevorzugte einheimische Produktionen, da diese ihnen bezüglich Aufbau, Themen und Sprache vertrauter und verständlicher waren. Da nicht alle Kinobesucher ein einheitliches Hindi bzw. auch andere Sprachen gebrauchten, produzierte man in Mumbai und Kolkata zunächst ebenfalls Filme für andere Regionalsprachen. Als diese Filme erfolgreich in den jeweiligen regionalen Kinos liefen und genügend Gewinn abwarfen, begannen diverse Filmgesellschaften, sich auf einzelne Sprachen zu spezialisieren und regionale Filmstudios zu bauen.[20] Diese Regionalisierung war für ein Land, in dem es eine äußerst hohe Analphabetenquote gibt, sehr wichtig. Chennai baute beispielsweise ein wahres Studioimperium auf und spezialisierte seine Filme auf sämtliche südindische Regionalsprachen wie Telugu, Tamil, Kannada und Malayalam. Ziel war es, sich von den nordindischen Studios unabhängig zu machen. Doch das Hauptziel aller Filmzentren blieb nach wie vor der hindisprachige Markt. Aus diesem Grund wurden auch in Kolkata und in Chennai alle größeren Projekte in Hindi gedreht.

UMSTRUKTURIERUNG DER FILMINDUSTRIE

Im Zuge der Umstellung vom Stumm- auf den Tonfilm kam es in der westlichen wie auch in der indischen Filmindustrie zu drastischen Veränderungen. Schauspieler, die nicht singen konnten oder die Hindisprache nicht adäquat beherrschten, wurden arbeitslos. Einige der vorher bedeutenden Produktionsfirmen lösten sich im Zuge dieser Veränderungen auf. Sie besaßen weder die Mittel noch das Know-how, um der Zukunft gelassen ins Auge zu sehen. Tonfilm, das hieß Investitionen in teure Geräte, die importiert werden mussten und ein großes Wagnis darstellten. Zudem benötigte man dafür schalldichte Studios. Für ein solches schalldichtes, fensterloses Studio wiederum brauchte man Scheinwerfer, die bis dahin in Indien kaum verwendet wurden. Aus diesem Grunde veränderte sich in der Tonfilmära die Zusammensetzung der Filmindustrie. Neue Investoren und Produzenten strömten auf den Markt und begannen mit dem Bau schalldichter Studios und dem Engagement fester Filmcrews und Techniker. Jedes dieser neuen Studios zeigte in der Anfangszeit mythologische und religiöse Filme, um kein größeres Risiko beim Publikum einzugehen. Es herrschte die gleiche Ausgangssituation wie zu Beginn der Stummfilmzeit. Bald spezialisierten sich die Produzenten auf bestimmte Genres. Die drei größten Filmproduktionsgesellschaften waren die *Prabhat-Company* in Pune, *Bombay Talkies* in Mumbai und das *New Theatre* in Kolkata. Die *Prabhat-Company* produzierte vorwiegend mythologische und religiöse Filme, *Bombay Talkies* dagegen konzentrierte sich auf Revuen sowie sozialkritische und (auch) mythologische Filme, und das *New Theatre* in Kolkata versorgte das Publikum ausschließlich mit Heiligenbiografien und verfilmter bengalischer Literatur. Mitte der 30er Jahre gab es Produzenten, die sich auf Stunt-, Action- und Abenteuerfilme spezialisierten. Die Homi-Brüder waren verrückt nach Hollywoodwestern und Actionfilmen, sie gründeten die *Wadia-Movietone Studios* in Mumbai und wagten das Risiko, mit einer weiblichen Stuntfrau zu drehen. Die Australierin Mary Evans, bekannt unter dem Spitznamen „Fearless Nadia" erwies sich als ein Glücksgriff: „Hunterwali" (1935) schlug beim indischen Publikum wie eine Bombe ein.

Indische Filme setzten sich trotz der darauf folgenden Weltwirtschaftskrise und geringer Förderung immer mehr durch und bestimmten bald die Kinolandschaft. Die indischen Filmemacher waren sich der Tatsache bewusst, mit einem eigenen Kino die „Nationalkultur" fördern zu können.

KRIEGSJAHRE UND DIE GEBURT DES STARSYSTEMS

Die 40er Jahre waren für das Land und für die Filmindustrie Indiens eine folgenreiche Zeit. Im Zuge des Zweiten Weltkriegs vollzog sich in der Filmindustrie erneut ein tief greifender Strukturwandel. Ausgelöst durch die zunehmende Industrialisierung und die in Gang gesetzte Rüstungsindustrie entstanden neue gesellschaftliche Schichten und Berufssparten wie die Arbeiterklasse und die neuen Film-produzenten der Mittelschicht.

Ehemalige Bauern und Plantagenarbeiter strömten in die Großstädte, um für die Waffenindustrie zu arbeiten. Herausgerissen aus ihrem gewohnten Umfeld befanden sie sich in einem Zustand allgemeiner Verunsicherung, sie waren auf der Suche nach neuen gesellschaftlichen Orientierungen. Um den Bedrängnissen und Nöten ihres Alltags zu entgehen, flüchteten sie nach Arbeitsende in die Traumwelt des Kinos. Dort wollten sie vor allem Hindifilme von märchenhafter Machart se-hen, Geschichten, die die Konflikte zwischen dem traditionellen und dem moder-nen Leben übertünchten und abmilderten. Auf dieses Bedürfnis gingen die neuen Filmproduzenten und Investoren der Filmindustrie ein.

Sie waren Geschäftsleute und Händler, die sich aufgrund der Verknappung in den verschiedenen Bereichen schnelles Geld auf dem Schwarzmarkt verdient hat-ten und nun dieses „Blackmoney" zur Geldwäsche in die Filmindustrie investier-ten. Damit erhofften sie sich weitere schnelle Gewinne. Hinz und Kunz engagier-ten renommierte Stars, Drehbuchautoren, Regisseure und Musiker. Aufgrund des Schwarzgelds konnten sie ihnen wahre Traumgagen bezahlen. Da sie keine eige-nen Studios besaßen, mieteten sie sich diese bei der Konkurrenz. Ihr Ziel war es, ein möglichst großes Massenpublikum zu erreichen, aus diesem Grunde sollten so genannte Formel-Filme mit mindestens drei Tanznummern, sechs Gesangseinla-gen und einer Romanze produziert werden. Diese cleveren Geschäftsleute brach-ten das etablierte Studiosystem allmählich zu Fall. Stars und Filmemacher wurden abgeworben, da die großen Unternehmen weder bereit noch in der Lage waren, ihren Künstlern solche Phantasiegagen zu bezahlen. Es war die Geburt des Starsys-tems, wie wir es heute in den USA kennen, des „Multistarrers", in dem die Stars den Film verkauften. Je mehr Stars in einem Film mitspielten, umso mehr Gewinn warf der Film ab. Die Folge war, dass Schauspieler und Regisseure begannen, un-abhängig von den großen Produktionsgesellschaften zu arbeiten. Oft hatten sie mehrere Verträge von verschiedenen Arbeitgebern gleichzeitig in der Tasche. Die etablierten Studios mussten ihre Produktionen drosseln. Während 1930 noch etwa 370 Filme von ihnen produziert wurden, waren es Anfang der 40er Jahre nur noch 170 Filme. Es kam zum großen Studiosterben. Die Formel-Filme der neuen Auf-traggeber überschwemmten den Markt. Während sich die Anzahl ihrer Filmpro-duktionen vervielfachte, stagnierte jedoch gleichzeitig die Errichtung von Film-theatern. Zahllose Produzenten zerfleischten sich beinahe aufgrund des Konkur-renzdrucks, alle wollten gleichzeitig ihre vielen Filme in den wenigen vorhande-nen Kinos unterbringen. Aufgrund dieser Entwicklung wurden bald Verleiher und

Besitzer von Filmtheatern zur bestimmenden Größe auf dem sich verengenden Absatzmarkt. Deren Bedürfnis nach Formel-Filmen mit Starbesetzung wurde maßgebend für die ästhetisch-inhaltliche Ausgestaltung des kommerziellen Spielfilms, wie wir ihn heute kennen. Die Finanzierung kommerzieller Spielfilme über Verleiher, Kinobesitzer und private Investoren schuf die strukturellen Rahmenbedingungen für eine Aufspaltung der Produktion, die bis heute als „Ära des unabhängigen Produzenten" bezeichnet wird. Die meisten Regisseure mussten sich nun den Bedingungen der neuen Produzenten beugen. Sie hatten kaum noch Einfluss auf den Inhalt der Filme, sondern waren Ausführer einer Produktionsmaschinerie. Einige der Filmemacher jedoch schafften es, weiterhin ihre eigenen Filme zu machen. Sie besaßen genügend Geld und Einfluss und bewerkstelligten es trotz der Anpassung an wirtschaftliche Zwänge, einen eigenen Filmstil zu entwickeln. Es waren vor allem Filmemacher, die sich mit der indischen Widerstandsbewegung solidarisiert hatten.

In der Politik rief die Nationale Kongresspartei die „Quit-India-Bewegung" aus, um den Widerstand zu intensivieren. Missernten und eine Hungerkatastrophe in Bengalen erschütterten das Land. Die Briten nahmen trotz dieser eingetretenen Notsituation keine steuerliche Rücksicht auf die indische Bevölkerung. Dieses Verhalten löste große Empörung aus – es kam zu Meutereien und Demonstrationsmärschen.

Die britische Regierung konnte selbst ihre untergebenen indischen Militärstreitkräfte nicht mehr unter Kontrolle halten. Viele national angehauchte Filme mit patriotischen Liedern entstanden in dieser Zeit, wie „Sikandar" (1931), „Shaheed" (1948) und „Kismet" (1943) mit dem berühmten Filmsong „Door Hato o Duniyavolo, Hindustan hamara hai" (Geht weg ihr Eindringlinge, Indien gehört uns).

ZEIT DER INDISCHEN UNABHÄNGIGKEIT

Am 15.08.1947 war es endlich soweit, Indien wurde nach zweihundertjähriger politischer Einflussnahme und hundertdreißigjähriger Besetzung unabhängig. Doch der Eintritt in die Freiheit verlief traumatisch – Indien wurde geteilt.

Die große muslimische Minderheit war sich darüber im Klaren, dass ein unabhängiges Indien auch ein weitgehend von Hindus dominiertes Indien sein würde, das nicht bereit wäre, die Macht zu teilen. Aus diesem Grunde sahen die Vertreter der Moslem-Liga die einzige Lösung in der Gründung eines eigenen Staates. Mohammed Ali Jinnah, ihr Vorsitzender, erklärte sogar: „Ich will Indien geteilt oder zerstört." Aufgrund eines religiösen Bürgerkriegs zwischen Hindus und Moslems wurde das Land in die hauptsächlich hinduistische Nation Indien und die islamische Nation Pakistan aufgeteilt. Es kam zu Massakern und Massenfluchten auf beiden Seiten der Grenzen. Religiöse Auseinandersetzungen zwischen Hindus, Moslems und Sikhs forderten hunderttausende Menschenleben. 8,4 Millionen Menschen mussten zwischen beiden Staaten umgesiedelt werden. Diese riesige Flüchtlingswelle stellte die neue indische Regierung vor große Probleme. Es folgte ein erster indo-pakistanischer Krieg um die Region Kashmir, die von beiden Staaten beansprucht wurde. Die Region wurde geteilt, der größere Teil Kashmirs gehört zu Indien und der kleinere zu Pakistan. Kashmir ist bis heute ein ständiger Unruheherd. Im Zuge der Unabhängigkeit verbesserte sich die politische Situation allmählich. Nach den anfänglichen Problemen herrschte bald Aufbruchstimmung. Indien bekam eine neue demokratisch-republikanische Verfassung, und Premierminister J. Nehru rief 1951 zur allgemeinen Entwicklung und zur Behebung sozialer und ökonomischer Ungleichheiten einen Fünfjahresplan aus, in dem Bildungssystem, Infrastruktur und Wirtschaftssystem modernisiert werden sollten. 1952 fand das erste internationale Filmfestival in Mumbai, Chennai und Kolkata statt. Es eröffnete Filmemachern ganz neue Einblicke in die allgemeine Schaffenskraft und stellte so für viele eine Offenbarung dar. Zum ersten Mal sahen die Inder außer englischen und amerikanischen Filmen auch italienische oder japanische Filme. Inspiriert von diesen Filmen kam es zu äußerst schöpferischen Aktivitäten. Regisseure wie Raj Kapoor, Bimal Roy, V. Shantaram, Guru Dutt und Mehboob Khan gründeten ihre eigenen Unternehmen und legten den Grundstein für das Autorenkino, in dem die Person des Autors nicht anonym hinter einem Studio zurücktreten musste. Neben rein kommerziellen Filmen entstand eine ganze Reihe so genannter Grenzfilme – Melodramen mit sozialer Thematik, die eine Mischung aus Kunst und Unterhaltungsfilm darstellten –, die Filmklassiker wurden: „Awaara" (Der Vagabund, 1951, R. Kapoor), „Do Bigha Zamin" (Zwei Hektar Land, 1953, B. Roy), „Pyaasa" (Der Durstige, 1957, G. Dutt) und das Nationalepos „Mother India" (Mutter Indien, 1957, M. Khan). Diese Filme waren derart erfolgreich, dass sie erstmals weltweit vertrieben wurden.

NEW CINEMA-BEWEGUNG

Ende der 50er Jahre bildete sich in Bengalen eine neue Gruppe von jungen Filmemachern; beeinflusst von dem italienischen Neorealisten Vittorio de Sica und seinem Film „Ladri di biciclette" (Fahrraddiebe) wollten sie die Realität ihres Landes porträtieren. Satyajit Ray inszenierte die berühmte „Apus-Trilogie" mit „Pater Panchali" (Das Lied der Straße, 1955), „Aparajto" (Unbesiegt, 1965) und „Apur Sansar" (Apus Welt, 1959). Mit seinem ersten Film gewann er 1956 bei den Filmfestspielen in Cannes den Preis für „The Best Human Document".

Die Filme waren in der bengalischen Regionalsprache gedreht und bildeten eine Antithese zum populären indischen Kino. Eine weitere Intention dieser New Cinema-Bewegung war es, sich von dem bestehenden Starsystem zu lösen. Auf diese Weise konnte man unbekannten Darstellern eine Chance zum Karrierestart geben und man hatte mehr Geld für das Filmbudget. Das war dringend notwendig, da das Zielpublikum dieser Filme auf die Minderheit der gebildeten Oberschicht beschränkt blieb. Die Filme waren mehr von Dialogen als von Gesangs- oder Tanzeinlagen bestimmt, und das schreckte andere Publikumsgruppen ab, da sie zudem nur selten untertitelt oder in eine andere regionale Sprache synchronisiert wurden. Sie blieben meist auf den regionalen Filmmarkt begrenzt. Auf Grund dieser Bedingungen war es nicht verwunderlich, dass dieses „Parallele Kino" nie richtig aufblühen konnte. Viele der damaligen Regisseure des New Cinema arbeiten seit den 80er Jahren fürs Fernsehen und halten sich mit der Produktion von Soaps über Wasser. Die bedeutendsten Vertreter des New Cinema waren – neben Satyajit Ray – Ritwik Ghatak, Mrinal Sen und Shyam Bengal.

GEBURT EINES EIGENEN INDISCHEN STILS

Mitte der 60er Jahre kam der Prototyp des Multi-Genrefilms in Mode; dieser zeichnete sich dadurch aus, dass er verschiedene Genres gleichzeitig miteinander verflocht. Filmemacher griffen auf die Traditionen der Theaterkultur, der Mythologie und des Hollywoodkinos zurück, vermengten alles miteinander und entwickelten damit ihren einmaligen typisch indischen Stil. Diese filmische Revolution ging mit der Farbverarbeitung einher. Früher mussten indische Filmemacher ihre Filme für teures Geld in London kolorieren lassen. Nur große bedeutende Filme und Kostümdramen bekamen dieses Vorzugsrecht. Ab Mitte der 60er Jahre gab es Filmlabore in Indien. Mumbai und Chennai bekamen die ersten Technicolorlabore. Begeistert von den neuen Möglichkeiten brach eine Flutwelle von farbenfrohen Filmen über das Land herein.

Das indische Kino, beeinflusst vom westlichen Kino, machte sich auf die Suche nach einem eigenen Stil, immer schwankend zwischen Orientierung an und Ab-

lehnung von westlich-abendländischen Maßstäben. Die Entstehung und Besonderheit des indischen Kinos sind nicht aus diesem Zusammenhang, in dem sich
Indisches in einer Art Kulturkampf gegen die Kolonialherrschaft stemmte, zu lösen. Trotz indischer Nord-Süd-Rivalität entwickelte sich der kommerzielle Hindi-
Film zum wichtigsten Instrument nationaler Einheit und war erfolgreicher Träger
zur Verbreitung des Hindi.

DEUTSCHE STARTHILFE

HIMANSU RAI – PIONIER DER DEUTSCH-INDISCHEN KOPRODUKTION

Als im Jahre 1924 der indische Cineast Himansu Rai die Emelka-Studios der Gebrüder Ostermayer in Schwabing besuchte, ahnte noch niemand, welch bedeutende und tragende Auswirkungen dieser Besuch für Indien haben würde. Rai plante, eine Filmreihe über die großen Weltreligionen zu machen. Beginnen wollte er mit dem Christentum, das Rai anschaulich in den Oberammergauer Passionsfestspielen dargestellt fand. Also fuhr er nach München, um seine Pläne zu verwirklichen.

Himansu Rai stammte aus einer wohlhabenden bengalischen Familie, die in Kolkata ein Theater besaß. Sein Jurastudium hatte er in Kolkata absolviert. Auf Wunsch seiner Eltern war er in London als Rechtsanwalt tätig. Seine Freizeit verbrachte er mit Kinobesuchen und Schauspielkursen an der „Royal Academy of Dramatic Art". Schon bald spielte er eine Nebenrolle in einem Musical und bekam danach eine Hauptrolle in einem indischen Film.

Es kam zu einer Karriereentscheidung: Himansu Rai war ein leidenschaftlicher Cineast und erkannte sehr schnell, was für immense Möglichkeiten sich mit diesem neuen Medium auftaten. Seine Vision war es, Indiens Filmgeschichte mit Hilfe westlichen Know-hows technisch und künstlerisch voranzutreiben.

Die wichtigsten deutschen Filmproduktionsgesellschaften waren zur Zeit der Weimarer Republik die Universum Film AG, kurz UFA in Berlin-Babelsberg und der Emelka-Konzern in München-Schwabing. Die UFA wurde 1917 von Erich Ludendorff gegründet und entwickelte sich Mitte der 20er Jahre zur größten Filmproduktionsstätte Europas. Die Emelka wurde 1918 von den Gebrüdern Ostermayer gegründet. Sie zählten zu den Filmpionieren des süddeutschen Raums und setzten den Grundstein für die heutigen Bavaria-Filmateliers.

Als fähiger Rhetoriker begeisterte Himansu Rai die Produzenten der Emelka für seine Pläne und überzeugte sie schließlich. Sie entschlossen sich zu einem Film über das Leben Gautama Buddhas.

Exotische Schauplätze und Themen waren in den 20er und 30er Jahren in Deutschland sehr beliebt. Besonders Indien lockte als geheimnisvolles Märchenland nach dem Filmerfolg von Joe Mays „Das indische Grabmal" (1921) die Zuschauer in die Kinos. Nach dem Ersten Weltkrieg dürstete es die Menschen nach exotischen Bildgenüssen. Die Zuschauer ließen sich aus der Enge des grauen Alltags in fremde Welten entführen und vergaßen für ein paar Stunden ihre Sorgen.

Anfangs wurden die exotischen Schauplätze dieser „Weltenbummlerfilme" noch in den Betonkulissen der Studios gedreht, und dunkel bemalte Schauspieler versuchten, die Illusion fremdländischer Menschen zu erwecken. Doch schon bald legte sich bei den Zuschauern das anfängliche Staunen, und Unzufriedenheit machte sich breit. Man begann, Kritik zu äußern. Die Kulissen und die Schauspieler wirkten zu künstlich und unglaubwürdig. Also gingen die Filmproduzenten auf Reisen.

Himansu Rais Vorschlag kam den Produzenten der Emelka gerade recht. Er bot ein authentisches Indienbild an, etwas, das noch nie zuvor in deutschen Kinos zu sehen gewesen war. „Cinéma vérité" – nur Orginalschauplätze, Orginalkostüme, reale Bauten und Laiendarsteller. „Prem Sanyas" (Die Leuchte Asiens, 1925) sollte Indiens erste Koproduktion sein. Indischer Kooperationspartner der Emelka wurde die „Great Eastern Film Cooperation" in Delhi, um die Produktionskosten vor Ort wollte sich Himansu Rai kümmern. Franz Osten alias Ostermayer bot sich an, für dieses Projekt die Regie zu übernehmen.

FRANZ OSTEN IN INDIEN

1924 fuhren Franz Osten, die Kameramänner Willi Kiermeier und Josef Wirsching sowie Regieassistent und Dolmetscher Bertl Schultes nach Mumbai. Die Dreharbeiten erwiesen sich laut Berichten deutscher Filmzeitschriften als äußerst mühselig. Besonders die über tausend indischen Statisten machten ihnen Probleme.

In Jaipur flüchteten sie ständig vor der glühenden Sonne in den kühlen Schatten; ihr Verhalten war zwar verständlich, doch auf diese Weise verzögerten sich ständig die Dreharbeiten. Schließlich sah Franz Osten keine andere Möglichkeit mehr, als sie von mit Knüppeln bewaffneten Polizisten vor die Kamera treiben zu lassen. Eine weitere aufwändige und anstrengende Prozedur war die Reise durch fünfzehn indische Städte. Franz Osten wollte dem Kinopublikum auf diese Weise ganz besonders interessante und vielseitige Schauplätze vorstellen. Der damalige Maharaja von Jaipur stellte dem Filmteam sein ganzes Reich zur Verfügung. Die westlichen Zuschauer bekamen in einer sechsminütigen Einführung die wichtigsten und interessantesten Plätze Indiens gezeigt, ehe die eigentliche Geschichte Buddhas im Rückblick eines alten Sadhus erzählt wurde.

In den Hauptrollen spielten Himansu Rai den Buddha und Seeta Devi, ein dreizehn Jahre altes anglo-indisches Mädchen, dessen Braut. Niranjar Pal, ein junger indischer Autor aus London, schrieb das Drehbuch. Es basiert auf der Gedichtvorlage von Edwin Arnolds „The light of Asia".

Der Film handelt von Buddhas Kindheit und Jugend am väterlichen Königshof, streng abgeschirmt vom realen Leben, das Krankheit, Alter und Tod beinhaltet, von seinem Ausflug in die Stadt und der Konfrontation mit der Alltagswelt, seinem Ausbruch aus dieser „Scheinwelt" und seinem spirituellen Werdegang. Der Film wird mit Sequenzen überlagert, die einem UFA-Kulturfilm hätten entstammen können – festliche Umzüge mit 30 prachtvoll dekorierten Elefanten, Wettkampfspiele und Buddhas pompöse Hochzeitszeremonie.

Deutschlandpremiere war am 22.10.1925 in München. Das außergewöhnliche Werk erntete großen Applaus. Weitere Stationen waren Berlin, Wien, Budapest, Venedig, Genua, Brüssel und London. Leider wurde der Film nur für die Emelka ein finanzieller Erfolg, in Indien spielte er nicht einmal die Produktionskosten ein. Die Gründe dafür lagen darin, dass die indische Oberschicht es gewohnt war, nur amerikanische und britische Filme zu sehen, indische Themen und Darsteller wurden meist von unteren Gesellschaftsschichten in den Billigkinos gesehen. Für dieses Publikum war laut Aussage indischer Filmkritiker dieser Film zu langatmig und anstrengend.

In Europa wurde die „Prem Sanyas" nun als Maßstab für das Genre des Monumentalfilms gesetzt. Besonders lobte man Franz Ostens Film jedoch für seine „Authentizität"; dabei war den deutschen Kritikern offenbar entgangen, dass der Film viele Unstimmigkeiten aufwies. Das königliche Ambiente Buddhas, das eigentlich um die Zeit 500 v. Chr. angesiedelt sein müsste, entsprach eher dem Hof eines Mogulherrschers aus dem 17. Jahrhundert, auch Kostüme und Rituale stammten aus der neuzeitlichen bengalischen Tradition. Doch das Ganze tat letztendlich dem Filmgenuss keinen Abbruch.

1926 war das bedeutsame Jahr, in dem das Studiogelände der UFA-Produktionsgesellschaft weiter ausgebaut wurde, es entstanden unter anderem weitere Ateliers in Neubabelsberg. Mit einer Gesamtfläche von ca. 40.000 qm wurde diese Produk-

Dreharbeiten zu „Shiraz". Seeta Devi, Franz Osten und Emil Schünemann.

tionsstätte zur größten in ganz Europa. Die Produktionskapazitäten, die jetzt möglich waren, konnte man nur mit denen des damaligen Hollywood vergleichen. Es begann eine Zeit rasanter technischer Entwicklungen. Es gab immer mehr ausgeklügelte und differenzierte Beleuchtungsmöglichkeiten oder raffinierte Kameratricks, die den Filmemachern völlig neue Dimensionen eröffneten.

Franz Ostens zweiter indischer Stummfilm „Shiraz" (Das Grabmal einer großen Liebe, 1928) wurde nach einer finanziellen Streitigkeit mit der Emelka diesmal in Kooperation mit der UFA-AG und der „British Instructional Films Ltd." gedreht.

Dreharbeiten zu „Shiraz". Links Emil Schünemann und sein Assistent Ewald Sudrow.

Der Film „Shiraz" beruht auf dem Theaterstück „Shiraz – a Romance of India" von William Burton und handelt von der legendären Entstehungsgeschichte des berühmten indischen Taj Mahal. Für den Film wurden 70.000 Statisten, 1000 Pferde und 500 Kamele eingesetzt.

Himansu Rai, Charu Roy und Seeta Devi besetzten die Hauptrollen. Der Film wurde in Deutschland und auch in Indien ein sensationeller Erfolg. „Shiraz" zeichnet sich besonders durch seine handwerkliche Qualität wie beispielsweise beeindruckende Kulissen, feine Schnitttechnik und innovative Kameraeinstellung aus, die es vorher noch nie in der Art gegeben hatte. Vor allem waren es die deutschen Techniker und der äußerst talentierte Kameramann Emil Schünemann, die diesen Film so brillant machten.

Franz Osten schrieb seinen indischen Freunden zu diesem Erfolg: „The direktion is very happy, the film ist first class and all people from the direktion have me congratulation... I am very happy, this is the second indian Film, whas go in all kontri from the world."[21] (Buchstäblich übernommen!)

Szene aus „Prapansha Pash".

Auch der indische Filmkurier vom Dezember 1928 lobte den Film:

„Ein wunderschöner Film, der der Welt nicht vorenthalten bleiben darf; Osten führt seine Statisten mit sicherer Hand, nichts wirkt gestellt oder arrangiert."

1929 drehte Franz Osten seinen dritten indischen Spielfilm „Prapansha Pash" (Schicksalswürfel), eine freie Adaption des indischen Mahabharata.

Nach den Dreharbeiten fuhren Himansu Rai und Devika Rani mit Franz Osten für den Filmschnitt zur UFA nach Deutschland. Während des Schneideprozesses bekam Devika von Erich Pommer Schauspielunterricht, Ratschläge von Fritz Lang und Make-up-Beratung von Marlene Dietrich. Auch besuchte sie Seminare bei dem berühmten Regisseur G. W. Pabst.[22]

Nach fünf Jahren Indienaufenthalt wollte Franz Osten vorerst wieder in Deutschland bleiben. Himansu Rai produzierte dann ohne Osten weitere Filme. In Zusammenarbeit mit Emil Schünemann und dem englischen Regisseur J. L. F. Hunt drehte er 1933 den Film „Karma" (Schicksal), in den Hauptrollen Himnasu Rai mit seiner Frau Devika

Devika Rani

Rani. Es war Indiens erster englischsprachiger Tonfilm, und er wurde in England

ein riesiger kommerzieller Erfolg. Der Schauspielunterricht hatte seine Wirkung getan, Devika Rani beeindruckte durch ihre authentische, eindringliche Performance und ihr perfektes Englisch.

DIE GRÜNDUNG DER BOMBAY TALKIES

1934 hatte Himansu Rai endlich genug Kapital angespart, um sich seinen ersehnten Traum, die Gründung einer eigenen Filmproduktionsfirma, zu erfüllen. Da durch die Herrschaft der Nazis die Zusammenarbeit mit Europa zunehmend schwieriger wurde und der Kontakt bald völlig abgeschnitten war, kam seine Firmengründung der „*Bombay Talkies*" gerade zur richtigen Zeit. Er versuchte nun, sich auf den indischen Filmmarkt zu konzentrieren. 1934 war auch das Jahr, in dem Franz Osten wieder nach Indien zurückkehrte.

Die *Bombay Talkies-Studios* wurden gebaut und mit dem besten deutschen technischen Equipment ausgestattet, deutsche Techniker und Kameramänner schulten ihre indischen Kollegen. Jedes Jahr wurden Kandidaten von indischen Universitäten für die verschiedenen Arbeitsbereiche der *Bombay Talkies* angeworben, ausgewählt und ausgebildet. Der technische Aufbau, der Studiobetrieb und auch der Filmstil der *Bombay Talkies* wurden geprägt von Franz Osten, Filmarchitekt Karl Graf von Spreti und Kameramann Josef Wirsching. *Bombay Talkies* beschäftigte 400 Mitarbeiter. Kastentabus gab es nicht, keiner drückte sich vor niederen Arbeiten, auch aßen alle gemeinsam. Aus dieser Schule sind später indische Berühmtheiten wie die Schauspieler und Regisseure Raj Kapoor (Klappenjunge), Ashok Kumar (Laborassistent), Dilip Kumar (Schauspieler) und K. A. Abbas (Drehbuchautor) hervorgegangen.

Bombay Talkies wurde das führende indische Produktionsstudio der 30er Jahre und war von Anfang an auf kommerziellen Erfolg ausgerichtet. In nur vier Jahren – von 1935 bis 1939 – drehte Franz Osten sechzehn Spielfilme. Devika Rani, Himansus Frau, spielte davon in zwölf Filmen die Hauptrolle und wurde zum weiblichen indischen Filmstar der 30er Jahre. Osten bewies, dass westliche Qualität auch unter indischen Drehbedingungen zu realisieren war. Vor allem lernten die Inder von ihm, Handlungsabläufe flüssiger zu gestalten. *Bombay Talkies* Filme bestanden zu 50 Prozent aus Liebesgeschichten, zu 40 Prozent aus Songs und Tanzeinlagen und zu zehn Prozent aus technischen Spielereien. Ein Film enthielt nie mehr als zehn Lieder, bei Filmen anderer Produktionsgesellschaften war es durchaus üblich, zwanzig Lieder in die Handlung einzubauen; die Filme der *Bombay Talkies* wirkten in dieser Hinsicht eher bescheiden. Die Montage der langen Liedsequenzen stellte Franz Osten oft vor Schwierigkeiten, daher wirken seine Lösungen eher schematisch denn originell. Franz Osten hatte auf die zu verfilmenden Stoffe keinen Einfluss, seine Aufgabe war es, das Drehbuch zu verfilmen, das Himansu Rai ihm gab.

Rai wollte den Unterhaltungsfilm als Hilfsmittel zum Transport sozialkritischer Inhalte nutzen; Anfang der 30er Jahre gab es, aufgrund der Reformbestrebungen indischer Intellektueller wie Gandhi, Nehru und Tagore das Bedürfnis, die indische Gesellschaft zu erneuern. Himansu Rai war ein Verfechter dieser Reformen, und Themen wie Liebe oder Heirat eigneten sich besonders gut, um den indischen Massen Reformideen näher zu bringen. Die Filme dieser Zeit reagierten unmittelbarer und auch intensiver auf aktuelle politische Strömungen als andere indische Kunstgattungen wie das Theater oder die Literatur. Aus den „Hindifilmen" wurde der „Hindi-Social-Film." Franz Osten drehte für Himansu Rai solche „Socialfilms", thematisiert wurden die Probleme des Kastendenkens und der arrangierten Ehe, Schauplätze waren vor allem indische Dörfer, da hier die Situation besonders dramatisch war. Die indische Sozialkritik in diesen Filmen erscheint jedoch nach westlichen Maßstäben eher gedämpft; das hatte zwei Ursachen: Erstens musste Himansu Rai Rücksicht auf die Filmsponsoren nehmen, denn die Mumbaier Geschäftsleute standen den Reformen nur begrenzt offen gegenüber. Der zweite Grund war die englische koloniale Filmzensurbehörde, die Sozialkritik oft mit Anti-Kolonialismus gleichsetzte und dann rigoros u.a. mit Verhaftungen reagierte.

Der erste sozialkritische Film, den Franz Osten drehte, war 1936 „Achut Kanya" (Die Unberührbare) mit Devika Rani und Ashok Kumar, eine Themenmischung aus indischem Kastentabu und Anna Karenina-Drama. Dieser Film war ein echter Fortschritt für die Hindifilme der 30er Jahre, da über drei Jahrzehnte hinweg meist mythologische Melodramen und historische Abenteuerfilme die Leinwand beherrschten. Auch wurde der Film in der Sprache eines leicht verständlichen Alltags-Hindi-Urdu synchronisiert.

Der Film zeigt in einer Rückblende die melodramatische Liebesgeschichte zwischen der Unberührbaren Kasturi, Tochter eines Bahnschrankenwärters, und ihrem Jugendfreund Pratap, Sohn eines brahmanischen Kaufmanns. Die Freundschaft zwischen diesem Pärchen und deren Familien wird von den Dorfbewohnern nicht geduldet, sie verstößt gegen die Tradition. Sie zünden wütend das Haus des Brahmanen an. Er wird gezwungen, die Verbindung zu verbieten und seinen Sohn anderweitig zu verheiraten. Auch Kasturi wird mit einem Mann ihres Standes verheiratet. Doch ihre Liebe kennt kein Kastendenken und lebt heimlich weiter fort. Eines Tages führt sie das Schicksal bei einem Dorffest wieder zusammen. Vor Eifersucht entflammt und von Nachbarn aufgehetzt missversteht Kasturis Ehemann dieses Wiedersehen, und er entfacht einen dramatischen Kampf mit Pratap auf den Bahngleisen. Kasturi versucht, die beiden Männer von einander zu trennen, wird von einem Zug erfasst und stirbt: Ein Menschenopfer auf dem Altar der Bigotterie. Der Film war nicht nur von der Thematik her außergewöhnlich, sondern auch, weil Devika Rani als Brahmanin eine Unberührbare spielte. Ihr Aussehen im Film entsprach zwar vom eleganten Kostüm und der hellen Hautfarbe nicht der Rolle, doch das hatte den Vorteil, dass sich auf diese Weise auch orthodoxe Brahmanen mit ihr identifizieren konnten und der Film auch bei dieser Zielgruppe zum Erfolg wurde.

Im August 1939 begann Franz Osten mit den Dreharbeiten zu „Kangan" (Der Armreif), doch er konnte den Film nicht beenden: Er wurde im September 1939 mit seinem Kameramann Josef Wirsching von den Briten verhaftet und interniert, da die Nazis zwischenzeitlich London bombardiert hatten. Der Film „Kangan" wurde dann ohne Beeinträchtigung der Qualität von den indischen Kollegen zu Ende gedreht.

Nach sieben Monaten wurde Franz Osten aus Altersgründen, gemäß der Genfer Konvention, aus der Haft entlassen. 1940 kehrte er nach Deutschland zurück und arbeitete zeitweise als Leiter der Besetzungsabteilung der Bavaria Filmkunst. Franz Osten wurde als Repräsentant deutscher Filmkunst weltweit gefeiert. Er leistete einen aktiven Beitrag zur Entwicklung der indischen Filmindustrie.[23]

ZEITZEUGE ASHOK KUMAR

Ashok Kumar, der viele Jahre bei den *Bombay Talkies* gearbeitet hatte und 1996 als 62-jähriger von der indischen Filmzeitschrift Filmfare einen Preis für sein Lebenswerk erhielt, erzählt in einem Interview mit Anuradha Choudhary von diesen Jahren.[24]

Eigentlich wollte er 1935, als er nach Mumbai kam, Regisseur werden, doch Himansu Rai überredete ihn zur Schauspielerei, obwohl er gar nichts von diesem Metier hielt. Schauspieler waren in jenen Tagen nicht hoch angesehen, man wollte nichts mit ihnen zu tun haben, da die meisten von ihnen Prostituierte oder Zuhälter waren. Kumars Eltern waren ebenfalls gegen solch eine Karriere. Am Anfang arbeitete er zuerst als Laborassistent und dann als Techniker bei den *Bombay Talkies*, um die Basis des Filmemachens zu erlernen. Als 1936 der Hauptdarsteller von

„Jeevan Naiya" aus gesundheitlichen Gründen ausfiel, wollte Himansu Rai Ashok Kumar für die Rolle. Der lehnte zunächst ab, doch Rai wollte mit seiner Hilfe der Schauspielerei ein neues Gesicht und einen neuen gesellschaftlichen Status verleihen. Seine Frau Devika Rani machte mit ihrer Zusage für die weibliche Hauptrolle den Anfang, und schließlich willigte Kumar ein; Regisseur Franz Osten jedoch war von Ashok Kumar für die Rolle des Helden überhaupt nicht begeistert.

Ashok Kumar

„Er musterte mich und meinte, du wirst niemals ein Schauspieler werden, geh zurück zu deinem Jurastudium. Doch Himansu Rai vertraute mir und glaubte an mich und überredete Franz Osten, dass ich die richtige Wahl sei. Meine Eltern reagierten wütend, meine Mutter weigerte sich, mit mir zu sprechen, sie dachte, dass kein anständiges Mädchen mich danach mehr heiraten wollte. Ihre Befürchtung bewahrheitete sich zunächst – viele angesehene Familien kehrten uns den Rücken zu. Mein Vater wollte, dass ich eine andere Arbeit annehme, er hatte gute Kontakte zum Ministerium, ich hätte beispielsweise als Steuerinspektor arbeiten können. Doch Himansu Rai blieb unerbittlich, er überzeugte meinen Vater, dass ich eine brillante Zukunft im Filmgeschäft haben würde. Daraufhin ließ mich mein Vater in seiner Obhut."[25]

Der Film war erfolgreich und führte dazu, dass es nicht nur bei diesem einen Projekt blieb. Auf „Jeevan Naiya" folgte „Achut Kanya", dieser Film wurde Ashok Kumars Durchbruch und etablierte ihn als erfolgreichen Schauspieler. In einem Interview zu „Achut Kanya" erzählt er von seiner Angst vor Devika Rani, der „Drachenlady", als er zum ersten Mal mit ihr zusammen spielen sollte. Man nannte sie scherzhaft so, da sie für ihr legendäres Temperament und ihre Flüche, sowie für ihren Tabak- und Alkoholkonsum berüchtigt war.

1940 starb Himansu Rai, und Devika Rani übernahm die Leitung der *Bombay Talkies*. Sie war und blieb die einzige Frau, die jemals in Mumbai die Position einer Studiochefin erreichte. Sashadhar Mukherjee, einer der Drehbuchautoren, übernahm die Regie. Doch bald gab es Auseinandersetzungen mit Devika; sie hatte begonnen, politische Tätigkeiten zu übernehmen und immer mehr Außenstehende in die Produktion einzubeziehen. Das eingefleischte Team empfand dies als störend, es gab zunehmend Intrigen und Streitigkeiten, und viele Mitarbeiter verließen nach und nach die *Bombay Talkies*. Auch Ashok Kumar und sein Schwager Sashadhar Mukherjee verließen schweren Herzens die Studios: „Am letzten Arbeitstag, als ich einen Film schnitt, fühlte ich mich so niedergeschmettert, dass ich nicht sprechen konnte. Ich ging hinaus, um meinem Schmerz Luft zu machen, und boxte gegen die Wand. Ich schwor mir, eines Tages wieder hierher zurückzukehren, schließlich hatte hier meine Karriere begonnen. Im Jahr 1947 war es dann endlich soweit, wir kauften dann wirklich die Bombay Talkies, nachdem Devika Rani gegangen war. Das Loch in der Wand von damals war noch da, und die Situation der Bombay Talkies war ein finanzielles Desaster. Wir versuchten unser Bestes, um alles zu retten. Wir machten auch einige gute Filme wie ‚Mahal‘, ‚Mashhaal‘ oder ‚Ziddi‘, doch wir schafften es nicht, 1954 wurden die Studios geschlossen."

Obwohl die Geschichte der *Bombay Talkies*, die so glorreich begann, bald so tragisch endete, bleibt sie doch ein wichtiger markanter Meilenstein in der indischen Filmgeschichte. Den *Bombay Talkies* ist es eben auch zu verdanken, dass das indische Melodrama den Status einer privilegierten Darstellungsform erreicht hat. Dieses Genre symbolisiert die Idee einer Nationalkultur, die Ahnung einer Identität, für die das epische Melodrama die kulturelle Vorhut abgegeben hatte.

WILLY HAAS UND SEINE INDISCHE EXILZEIT

Der berühmte Publizist und Begründer der „Literarischen Welt" Willy Haas musste aufgrund seiner jüdischen Herkunft 1939 vor den Verfolgungen der Nazis aus Deutschland fliehen. Er emigrierte mit rund 2000 anderen Flüchtlingen nach Indien. Unterstützt wurden die Emigranten in Mumbai von der „Jewish Relief Association", einer Gemeinschaft von Juden, die ein paar Jahre zuvor aus Europa geflohen waren. Sie übernahmen die notwendigen, von den Briten geforderten Bürgschaften und halfen bei der Integration. Auch Jawaharlal Nehru, der indische Reformpolitiker und Mitglied des INC, zeigte großes Verständnis für die Verfolgten und leistete ihnen moralischen Beistand.

Willy Haas arbeitete während seiner achtjährigen Exilzeit als Drehbuchautor und Regisseur für die indische Filmproduktionsfirma „Bhavanani Productions" in Mumbai und trug so unbewusst zur Verbesserung der deutsch-indischen Kulturbeziehungen bei. Seine Erlebnisse und Eindrücke jener Jahre schilderte Willi Haas in einem Vortrag, den er am 10.12.1957 in Frankfurt während der Veranstaltungsreihe „Was man über Film wissen muss" hielt.[26] Anzumerken ist, dass nur sehr wenige Augenzeugenberichte von Europäern aus jener Zeit erhalten sind, bzw. von Deutschen, die mit Indern in der indischen Filmindustrie gearbeitet haben. Aus diesem Grunde sind diese Aussagen des Zeitzeugen Willy Haas besonders wichtig, da er versucht, möglichst objektiv seine Erlebnisse zu schildern:

„(…) Bhavani bestand vorerst darauf, dass ich mir einige indische Filme ansehen müsste. Im indischen Bazar von Mumbai gibt es nebeneinander vier riesenhafte Gebäude, in denen sich Kinos befinden, die den Ausmaßen des früheren UFA-Palastes in Berlin entsprechen. In Begleitung eines Schauspielers, der der etwas merkwürdigen Sekte indischer Juden angehörte, besuchte ich diese Filmtheater. Ein solches Riesenkino war ein wirkliches Chaos. Der Lärm von Frauen, Säuglingen, rauchenden Männern, jungen Leuten und ganzen Familien mit mehreren Kindern war ein unbeschreibliches Erlebnis.

Kurz bevor ich nach Indien kam, entstanden neben den mythologischen und historisch-patriotischen Filmen auch so genannte ‚soziale' Filme. Auch in diesen sozialen Filmen tauchte hier und da immer ein Gott auf, es wurden heilige Gesänge gesungen, und es wurde getanzt. In diesen Filmen kamen aber nicht nur Könige vor, sondern auch arme Leute. Hier sah ich eine Eisenbahntragödie. Der Bahnwärter hatte zu trinken begonnen, und die Familie kam immer mehr ins Elend. Die Frau versah den Dienst des Mannes, und in ihrer Verzweiflung fasste sie den Entschluss, sich mit ihren Kindern vor den nächsten Expresszug zu werfen. Der Zug kam herangedonnert, und sie lagen auf den Schienen. Als der Zug schon ganz nahe bei ihr, ja fast über ihr war, erschien im letzten Moment Gott Krischna, koloriert und mit vier Armen und zwei Köpfen versehen. Er hielt den Eisenbahnzug auf, tröstete die Frau und schickte sie mit ihren Kindern wieder nach Haus, und die arme Frau wurde gerettet. Das nannte man einen sozialen Film.

Bei jener Szene, als der Gott Krishna erschien, brach das Publikum in frenetischen Beifall aus. Es applaudierte, stampfte mit den Füßen und jubelte vor Vergnügen, weil endlich der Gott erschienen war.

Das war für mich eine völlig neue Art der Gottesverehrung. Mein Begleiter erklärte mir, dass das indische Publikum sehr religiös sei. Es liebe mythologische Motive. Er gab mir auch den Rat, in meinen Film einige mythologische Motive aufzunehmen. Auch Tänze und Gesänge müssten in diesen Film hinein, meinte er, denn ohne diese Dinge könne man keinen indischen Film produzieren. (…)

(…) So stand ich also vor der Aufgabe, Ibsens Gespenster zu verfilmen, fünf Stunden lang, mit mythologischen Episoden, indischen Tänzen und religiösen Gesängen.

In dieser Nacht hatte ich einen sehr unruhigen Schlaf, denn ich wusste wirklich nicht, wie ich ein solches Drehbuch schreiben sollte…" (…)

Willy Haas war ein offener, neugieriger Mensch, und obwohl ihm vieles fremd war und blieb und er viele Dinge nicht verstand, versuchte er dennoch, sie gedanklich nachzuvollziehen. Er versuchte, sich in die andere Kultur einzufühlen und sie nicht gleich zu verurteilen, wie dieser Auszug zeigt:

„(…) Es ist sehr schwer für uns Europäer, indische Filme zu begreifen. Ebenso fremd sind unsere Filme aber den Indern. Wenn ein Inder in eines der drei oder vier europäischen Kinos in Mumbai ging, und es gingen viele Inder auch in die europäischen Filme, so war das Gelächter und Gekicher immer riesengroß. Es war etwas ganz Unmögliches für die Inder, wenn zwei Personen verschiedenen Geschlechts sich auf der Leinwand küssten. Man sagte mir, das geschehe natürlich auch in Indien, aber man zeige so etwas nicht.

Eine Liebesszene in einem indischen Film wirkt auf uns ganz eigenartig. Das Paar singt sich eine halbe Stunde lang aus voller Kehle an, und man hat das Gefühl, nun explodieren beide schon vor Liebe. Sie berühren sich aber noch nicht einmal mit den Fingerspitzen, denn das gilt als etwas ganz Unmögliches, so dass man es nicht zeigen kann."

Willy Haas beschreibt in seinem Vortrag auch die damalige Situation und das Ansehen der Filmschauspielerinnen, die in der Anfangszeit des indischen Films aus den unteren Kasten bzw. den Freudenhäusern kamen:

„(…) Ich hatte auf der vorderen Veranda unseres kleinen Bürohauses eine Tafel mit folgender Inschrift gesehen: ‚Den Damen des Ensembles ist es verboten, sich im vorderen Teil des Hauses aufzuhalten.' Sie hatten nur im hinteren Teil des Hauses einen Raum zur Verfügung mit sehr hoch gelegenen, vergitterten Fenstern. Es war fast wie ein Kerker, in den niemand hinein blicken konnte. Vor diesem Raum befand sich an der Tür die Inschrift: ‚Herren ist das Betreten dieses Raumes verboten!' Vor einigen Jahren kamen die indischen Filmschauspielerinnen fast nur aus der Tänzerinnen-/Prostituiertenkaste. Damals gab es ‚Kamatipuraht:', die Liebesstadt. In 29 Straßen wohnten zehntausende von Mädchen. Bhavani zeigte mir, dass einige Mädchen der Komparserie die kleinen eintätowierten Schönheitsflecken auf den Wangen hatten, das Abzeichen der Prostituiertenkaste. Die angebrachten Verbotsschilder hatten also ihre Berechtigung. Im Studio unterhielt ich mich oft mit der sehr hübschen Hauptdarstellerin. Wir versuchten, uns zu verständigen, denn ich sprach damals keine zehn Wörter Hindustani und sie keine zehn Wörter Englisch. Eines Tages stellte mich der Dramaturg der Bhavnani Produktion, ein unsympathischer Kerl, wegen meiner Unterhaltung mit dieser Hauptdarstellerin zur Rede. Er fragte mich inquisitorisch, ob ich denn nicht wisse, dass diese Frau in Kolkata hinter den Gittern gesessen habe? Hinter den Gittern saßen im Bazar nur die Prostituierten. Da ich mich zu diesem Vorwurf gleichgültig verhielt, wurde der Dramaturg sehr aufgebracht, und er brachte seine moralische Entrüstung deutlich zum Ausdruck. Dieser Mann hat mich später nie mehr gegrüßt und auch nie mehr ein Wort mit mir gesprochen. Die so genannte ‚bessere Gesellschaft‘ Mumbais war noch ganz im prüdesten Viktorianismus stecken geblieben, wenigstens äußerlich."(…).

Nach Kriegsende kehrte Willy Haas 1947 wieder nach Europa zurück und arbeitete in London als Publizist für den „Central Europe Observer". 1948 zog er nach Hamburg, wo er als Kritiker für die Zeitung „Die Welt" bis zu seinem Tod 1973 tätig war.

MUSIK, GESANG UND TANZ –
DAS HERZ DES INDISCHEN FILMS

„Unsere süßesten Lieder sind jene, die von den traurigsten Gedanken erzählen." Geeta Dutt

DIE BEDEUTUNG DER MUSIK

Wilde Duftmischungen aus Räucherstäbchen, Gewürzen und Gebratenem umhüllen die Nase des Indienreisenden. Auch die Ohren kommen auf ihre Kosten, vorbeiwehende schrille Musikfetzen und dichte Klangwolken gehören zu den markantesten Eindrücken dieses Landes. Zuckersüße hohe Frauenstimmen begleiten die Busfahrten, und rasant galoppierende Tabla-Klänge untermalen die Spaziergänge über den Basar. Plärrende Megaphone zwischen Ladenschildern und auf Fahrrad-Rikschas werben für die neusten Filmsongs. Bis an die Schmerzgrenze wird dabei oft der Pegel hochgejagt, um gegen die anderen vielfältigen Töne anzuspielen. In Indien ist Musik ein essentieller Bestandteil des Lebens. Schon der Start ins Leben beginnt mit Musik, das Neugeborene wird sozusagen mit den Klängen des *dholak* (Trommel) getauft. Das Kind wächst mit Musik auf, überall hört es Volkslieder und religiöse Lieder, jede Zeremonie, jedes Fest wird instrumental begleitet. Auch im Alltag wird es den Milchmann, den Wäscher oder die Frauen auf den Reisfeldern bei ihrer Arbeit singen hören. Man wacht mit Musik auf und schläft mit Musik ein. So ist es nicht verwunderlich, dass die Handlung in den indischen Filmen vor allem mit Musik, Gesang und Tanzeinlagen durchsetzt ist. Dem westlichen Zuschauer erscheinen die indischen Mainstreamfilme meist zu kitschig, die Darstellung der Emotionen zu übertrieben, doch für indische Zuschauer entsprechen sie deren Grundverständnis von Ästhetik.

Ob ein Film in Indien gut anlaufen wird oder nicht, hängt vom Staraufgebot und vor allem von seiner Musik ab. Die Songs entstehen bereits lange vor den Dreharbeiten, und drei Monate vor Filmstart beginnt die Musikoffensive. Die Produzenten lassen eine enorme Werbekampagne anlaufen, in allen Fernsehkanälen werden täglich aufwändige Videoclips der heißesten Gesangs- und Tanzsequenzen gezeigt, und Radiostationen spielen stündlich die neuesten Hits. 200 Millionen eigens dafür produzierte Musikkassetten sollen die neuen Kinohits unterstützen. Investoren, Produzenten, Verleiher und Stars warten bangend während der letzten Wochen bis zur Premiere auf die Reaktion des Publikums.

Das Ohr entscheidet in Indien, ob der Film ein Hit oder ein Flop wird. Die Geschichte des Films ist oft bald vergessen, aber die Songs leben weiter im Gedächtnis und im Herzen der Zuschauer. Von 800 Filmen haben fast 700 ähnliche Filmmuster, doch die Musik zeigt fast immer wieder neue Energie. Eine negative Bewertung der Filmmusik wäre katastrophal, und der Film käme je nach Verleih entweder nur für ein paar Tage oder überhaupt nicht in die Kinos. Normalerweise werden etwa 200 Kopien an die Kinos in den Großstädten freigegeben – falls in der ersten Woche die Spielstätten gut besucht werden, verlängert man die Vorführungen auf zwei und mehr Wochen.

Melodiös, originell, einfach und leicht nach zu singen sollen die folkloristischen Lieder sein. Die Zuschauer tolerieren Wiederholungen von Filmplots und akzeptieren stereotype Charakterdarstellungen, doch Einfallslosigkeit in den Gesangs- und Tanzsequenzen verzeihen sie nicht. Kein Song eines Filmes kann noch mal für einen anderen Film benutzt werden. Jeder Filmsong ist somit im indischen Film ein Unikat. Es gibt nur Querverweise von einem Lied zu anderen Liedern, das nennt man *Antarkshari*, ein musikalisches Refrainspiel aus Nordindien. Es ist äußerst beliebt, nicht nur als Zeitvertreib in den Bussen und Zügen, sondern auch in Quizshows oder gar in den Filmen selbst. Bei Antarkshari spielen zwei Spieler gegeneinander: Einer beginnt zwei *mukhra* (Refrainzeilen) aus einem Filmsong zu singen, der andere Spieler wartet gespannt auf das letzte Wort, dann greift er den letzten Buchstaben dieses Wortes auf und stimmt damit einen neuen Song an. Da circa 100.000 solcher Filmsongs geschrieben wurden und der durchschnittliche Inder etwa 2000 Lieder kennt, kann er aus einem reichen Repertoire an Melodien und Versen schöpfen.

Javed Akhtar erzählt in einem Interview, dass dieser Brauch des Auswendiglernens von Filmsongs in den 50er Jahren angefangen habe. Zu jener Zeit waren Grammophone und Platten für den indischen Durchschnittsbürger schwer erhältlich. Seinen Lieblingssong konnte man nur hören, wenn man ins Kino oder ins Restaurant ging oder Radio hörte. Aus diesem Grunde bemühten sich viele, die Lieder auswendig zu lernen.[27]

FILMMUSIKKOMPOSITION UND PRODUKTION

Bevor in Indien mit den Dreharbeiten für einen Film begonnen wird, müssen Musik und Songtexte feststehen. Der Produzent sucht sich einen Komponisten und einen Songtexter und erzählt ihnen grob die Geschichte des Films. Dann teilt er ihnen mit, von welcher Art der erste Song sein soll und welche Funktion er innerhalb der Geschichte hat. Dieser Song muss schnell fertig gestellt und im Tonstudio aufgezeichnet werden, da meist bereits einen Monat später mit den Dreharbeiten zu dieser Gesangsszene begonnen wird.

Nach der Einweisung durch den Produzenten gehen Komponisten und Songtexter verschieden vor: Entweder wird zunächst der Text ohne eine musikalische Vorlage geschrieben und dann dem musikalischen Leiter überreicht, der dazu die Musik komponiert, oder der Komponist kreiert zunächst mehrere verschiedene Melodien und spielt sie dem Texter vor. Gemeinsam wählen sie dann eine Melodie aus, und der Songtexter schreibt die Worte zu der Melodie. Gulzar, Sameer, Anand Bakhshi und Javed Akhtar gehören in der Bollywood-Filmindustrie zu den besten Songtextern, sie haben über die Jahre hinweg die meisten Auszeichnungen für ihre Liedtexte erhalten.

KOMPONISTEN

Songtexter und Starkomponisten arbeiten oft gleichzeitig an 100 Filmsongs: Seit einem Musikerstreik in den 70er Jahren, der zu einem Mangel an verfügbaren Songmaterial führte, werden die Noten auf Vorrat geschrieben. Einer der damals besten Musikkomponisten war der Bengale S. D. Burmann, der auch die Musik für „Jaal" (1952) und „Taxi Driver"(1954) komponierte. Weitere nennenswerte Komponisten sind Naushad, Nadeem Shravam und C. Ramachandra. Letzterer war nicht nur Komponist, sondern auch Sänger, er brachte frischen Wind in die Filmmusik, indem er westliche und lateinamerikanische Musikstile wie Rumba und Samba in die indische Musik integrierte. Besonders in den 50/60er Jahren hatten Komponisten einen großen Einfluss in der Öffentlichkeit und in der Filmbranche, sie waren nicht nur angesehener als die Filmemacher, sondern bekamen auch ein höheres Gehalt. In den 70er und 80er Jahren erlebte die Filmmusik eine Krise und die Qualität sank. Action- und Gewaltfilme, die keine besonderen Musikkompositionen benötigten, waren verstärkt angesagt. Viele etablierte Filmkomponisten starben in dieser Zeit. Eine neue Generation von Komponisten

Das Komponisten-Trio Shankar, Loy und Ehsaan.

begann sich Ende der 80er Jahre zu formieren, als die „Teenager-Lovestorys" in Mode kamen. Repräsentanten dieser neuen Generation sind Anu Malik, das Team Shankar, Loy, Ehsaan und A. R. Rahmann.

Anu Malik schaffte 1993 seinen Durchbruch mit der Musik für den Film „Baazigar". Er ist der erste Hindifilm-Komponist, dessen Musik in einem Hollywoodfilm auftaucht, sein Stück „Chamma Chamma" aus dem Film „China Gate" (1998) wurde von Baz Luhrmann für den Film „Moulin Rouge" neu aufgenommen. Das Team Shankar, Loy, Ehsaan erhielt für „Dil Chahta Hai" (2001) eine Auszeichnung. Ihre Musik ist frisch und mitreißend. Der derzeit talentierteste und berühmteste Musikkomponist ist der erst 36-jährige A. R. Rahmann. Schon sein Vater war ein bekannter Künstler und förderte Rahmanns Talent. Bereits im Alter von acht Jahren stand Rahmann auf der Bühne und gab Konzerte. Ehe er jedoch Komponist wurde, arbeitete er in Indien als Keyboardspie-

A. R. Rahmann

ler. Seine Kollegen sagen über Rahmann, dass er Musik „lebt" und ein enormes Talent und Wissen besitzt. Er hat seinen ganz eigenwilligen Stil, seine Musik klingt nach einer Mischung aus mittlerem Osten und indischer Folkloremusik. Die Zusammensetzung der Instrumente ist meistens nicht sehr indisch, dafür sind es aber die Melodien. Auch die Auswahl seiner PlaybacksängerInnen ist für indische Verhältnisse eher ungewöhnlich. Viele seiner Songs werden von unbekannten SängerInnen gesungen, die danach wieder in der Versenkung verschwinden. Er glaubt, dass „neue" Stimmen besser für „neue" Songs geeignet seien, da sich ansonsten die Songs mit „alt" bekannten Stimmen eher „alt" anhören würden. Ausgezeichnet wurde er für die Filmmusik von „Roja" (1993), „Bombay" (1995), „Dil Se" (1998), „Pukar" (1999), „Taal"(1999) und „Zubeida" (2001). In Europa wurde er mit der Musik für das Musical „Bombay Dreams" von Andrew Lloyd Webber bekannt. Rahmann steht für eine neue Ära in der indischen Filmmusik und inspiriert auch die Choreografen zu außergewöhnlich guten Tanzschöpfungen. Rahmann ist jedoch nicht nur Komponist, sondern auch Sänger, seine Konzerte sind immer ausverkauft.

Er hat in den letzen zehn Jahren über 100 Millionen CDs verkauft, etwa soviel wie Madonna und Britney Spears zusammen. Und 1999 war er sogar in Deutschland zu sehen und zu hören, er sang zusammen mit Michael Jackson ein selbst komponiertes Duett im Münchner Olympiastadion, das live in 30 Länder übertragen wurde. Er genießt in Indien Popstar-Status.

Die Wichtigkeit der Filmkomponisten zeigt sich ebenfalls auf den Filmplakaten, wo sie alleinig neben den Namen des Regisseurs und des Produzenten angekündigt werden. Die Namen anderer Filmteammitarbeiter werden nicht erwähnt, und die Gesichter der Schauspieler auf den Plakaten sind jedem Inder bekannt, so dass sie nicht mehr erwähnenswert sind.

Indien hat trotz der Fremdeinflüsse der britischen Kolonisation nie seine kulturelle Vielfalt verloren. Die Filmmusik wurde in Indien zunehmend zu einem vereinenden Faktor zwischen den verschiedenen Regionen. Sie war dem Publikum vertraut und half, Sprachbarrieren zu überwinden.

Immer häufiger werden verschiedene Musikstile, Instrumente und Rhythmen der Regionen miteinander verbunden. Schnelle, kräftige Bhangrarhythmen aus dem Punjab wechseln sich mit wehmütigen bengalischen Volksweisen ab. Durch die Kombination und zunehmende Anzahl von verschiedenen Zupf- und Schlaginstrumenten wie Sitar, Sarod, Sarangi, Dholak, Tablas und auch westlichen Instrumenten wie Violine und Keyboard ergaben sich mehr und mehr Klangfarben. Durch diese Fusion hören sich die Songs und die Musik in den Filmen heutzutage anders an als in den 40er und 50er Jahren.

Filmmusik reflektiert die Interaktion zwischen Tradition und Moderne, Stadt und Land sowie nationaler Identität und dem Westen. Hindifilmmusik trägt auch zur kulturellen Integration der verschiedenen regionalen Musikrichtungen bei und

sorgt für einen gegenseitigen sozialen Austausch. Die traditionelle indische Volks-
musik beeinflusste das Hindikino, doch dieser Prozess erfolgte auch in umgekehr-
ter Richtung. Auf indischen Hochzeitsfeiern ist es heutzutage Trend, neben der
traditionellen Musik auch Bollywoodschlager zu spielen.

ENTSTEHUNG UND AUFBAU DER SONGSEQUENZEN

Ein Bollywoodfilm hat meist fünf bis acht Songsequenzen, die jeweils zwischen
sechs und zehn Minuten dauern. Wenn es mehr Gesangseinlagen sind, wird der
Film als Musical angekündigt. Für jede Situation, in der gesungen wird, müssen
sich der Songschreiber und der Komponist jedes Mal wieder etwas Neues einfallen
lassen.

Jeder Song, egal ob es ein „Liebeslied", ein „Hochzeitslied" oder einfach ein
„trauriges Lied" ist, muss frisch und anders klingen. Gleichfalls müssen die Lieder
auf die Charaktere der Protagonisten zugeschnitten sein, da jede Figur ihr indivi-
duelles Temperament und ihren persönlichen Wortschatz besitzt. Ein Held singt
anders als ein Schurke, ein Playboy anders als ein Romantiker. Erfolgreiche Songs
zu schreiben, ist in Indien daher eine wahre Kunst. Es muss jede Menge beachtet
werden. In einem Lied soll alles Wichtige wie im Telegrammstil in acht bis zehn
Zeilen gesagt werden. Die Wörter sollten zudem im gewissen Maße literarisch und
dennoch leicht verständlich sein. Auch sollten die Wörter musikalisch klingen,
Töne sollen Bilder im Kopf entstehen lassen. In den meisten Filmsongs gibt es ein
mukhra (Refrainzeile) und zwei bis drei *antaras* (Strophen).

Das Schwierigste für einen Songschreiber, meint Javed Akhtar, sei es, metrisch
zu den Rhythmen der Musik zu schreiben. Man muss die Stimmung der Melodie
verstehen, ihre Kurven und Konturen, die Wörter müssen sich mühelos an die
Melodie anpassen und die Stimmung wiedergeben. Für bestimmte Melodien
braucht man starke Wörter, die auf den „Beat" passen. Der Zuhörer muss fühlen,
dass dieses Wort genau auf diese Note passt.[28]

Eine Musiknummer im Film kann nie isoliert gesehen werden, sie steht immer
in Beziehung mit der vorangegangenen und der darauf folgenden. Den Liedern
kommen in narrativer Hinsicht verschiedene Aufgaben und Bedeutungen zu. Es
gibt Lieder, die eine Handlung weiter aufbauen und ein Stück vorantreiben oder
als Wendepunkt dienen. Beispielsweise erscheint nach dem Song die Figur auf
einmal in einem anderen Licht oder sie beginnt, sich anders zu verhalten. Daneben
sollen Gefühle wie Liebe, Eifersucht, Hass oder auch Erotik, die vorher in der Ge-

schichte nur angedeutet wurden, verdeutlicht werden. Andere Gesangseinlagen stellen dagegen eine Zusammenfassung des vorherigen Geschehens dar, sie lassen nochmals alles Revue passieren und bereiten auf das Kommende vor. Es gibt auch so genannte „mitch-match-songs", die mit besonders schönen ausdrucksstarken Bildern ausgestattet sind und lediglich als Verschnaufpause dienen, ohne die Handlung zu unterbrechen. Die Funktionen der einzelnen Gesangssequenzen werden in der Regel miteinander kombiniert, wobei entweder alleine, im Duett oder mit einem Tanzensemble gesungen wird.

Die Gestaltung und Montage der jeweiligen Gesangssequenzen erfolgt folgendermaßen: Bei den Lovesongs ist es üblich, das Ort- und Zeitgefühl aufzuheben und das Liebespaar durch ein Raum-Zeit-Vakuum reisen zu lassen. Es zählt nur noch das subjektive Empfinden der Protagonisten, das jenseits aller materiellen Begrenzungen liegt. Im ersten Bild singen sie auf einer grünen Bergwiese, dann laufen sie durch den Sand einer Wüstenlandschaft, und schließlich liegen sie ineinander verschlungen in den Wellen des Meeres.

Ebenso gibt es Gesangseinlagen, die nicht den vorherigen Handlungsort wechseln, der Song entwickelt sich am Handlungsort selber und wird nahtlos integriert. Bei diesen Songs erfolgt plötzlich eine Verdichtung des Schauplatzes mit einer oder mehreren Personen und Geschehnissen. Es wird das Wunschdenken der Figur projiziert, die sich plötzlich ganz intensiv nach bestimmten Menschen sehnt. Entweder ist dieser Mensch tragisch ums Leben gekommen, und die Figur sieht ihn plötzlich lebendig vor sich, tanzt und singt mit ihm. Oder man hat sich im Streit getrennt und träumt von der Versöhnung. Beim letzteren Fall wird die moralische Gesinnung der Figur durch den Song unterstützt und trägt dazu bei, dass sie sich weiter um die Aussöhnung bemüht.

Die meisten Filme ohne Gesangseinlagen waren in Indien ein Misserfolg. Beispiele für Filme, die zwar eine gute Story hatten, jedoch keine Songeinlagen, waren „Naujawan" (1937) von den Wadia Brüdern und „Muma" (1954) von Abbas. Die Zuschauer waren so enttäuscht, dass sie ihr Eintrittsgeld wieder zurück haben wollten. Der einzige Film, der es schaffte, auch ohne Lieder in Indien ein Hit zu werden, war der Suspense-Thriller „Kanoon" (1960) von B. R. Chopra. Dieser Film hat deswegen auch nur eine Länge von zweieinhalb Stunden. Dass B. R. Chopra ein großer Fan des Hollywood- „Film noir"-Genres war, merkt man diesem Film an. Es geht um ein Kapitalverbrechen, Intrigen, falsche Verdächtigungen und eine spannende Gerichtsszene, die mit beeindruckenden Kran-, Dolly- und Trolleyaufnahmen inszeniert wurde. Trotz seines Erfolgs fanden sich keine weiteren Nachahmer, und die obligatorischen Song- und Tanzszenen blieben die Regel.

PLAYBACKSÄNGER/INNEN

Jedem Zuschauer, der einen indischen Film sieht, wird stellenweise die enorme Lautstärke auffallen. Die Darsteller schreien stellenweise mehr, als dass sie sprechen. Dieser Trend stammt aus der Anfangszeit des Tonfilms, als die Tontechnik noch sehr einfach war und man wirklich schreien musste, um nachher noch etwas von den Dialogen zu hören. Komischerweise hat sich diese Tendenz bis heute erhalten. Noch bis Mitte der 40er Jahre wurden Lieder live während des Drehs von den Schauspielern gesungen. Da Nebengeräusche sich sehr störend auf die Tonaufnahmen auswirkten, durften sich weder die Schauspieler noch die Kamera viel bewegen. Die Gesangsszenen aus den Filmen dieser Zeit wirken recht amüsant, da man den Schauspielern ihre Mühe anmerkt, nicht den vorgesehenen Bildrahmen zu verlassen. Es wurde ein Mikrofon fixiert, die Musiker saßen hinter der Kamera, und der Schauspieler konnte sich kaum bewegen, da er fürchten musste, dass die Tonbalance zwischen den Musikern und seiner Stimme aus dem Gleichgewicht geriet. Die Einstellungen dieser Zeit wirken daher recht statisch. Ende der 30er Jahre kam allmählich die Playbacktechnik auf – zunächst nur bei den Dar-

Indiens wohl populärste Playbacksängerin Lata Mangeshkar.

stellern. Der Song wurde vorher im Studio aufgenommen und dem Darsteller dann beim Dreh vorgespielt. Viele Schauspieler jener Tage hatten zwar gute Stimmen, jedoch meist keine Gesangsausbildung. Bekannte singende Schauspieler der 30er Jahre waren Durga Khote, Zubeida, K. L. Saigal, Surendra, Nurjehan und Suraiya. Es war jedes Mal ein Drahtseilakt, sich auf Gesang und Schauspiel gleichzeitig zu konzentrieren, auch hatten die Schauspieler Angst, dass ihre Stimme im falschen Moment versagen würde.

Ab 1935 gab es zwar schon vereinzelt PlaybacksängerInnen, doch der große Trend setzte erst in den 50er Jahren ein. Viele „Singing Stars" verschwanden dann von der Leinwand. Neue Darsteller waren gefragt, die genau lippensynchron arbeiten konnten. Dieses Verfahren ermöglichte dann Schauspielern wie Raj Kapoor, Dilip Kumar, Meena Kumari und Nargis, ihre Karriere aufzubauen.

Dem Publikum wurde diese Änderung anfangs nicht bekannt gegeben. Weder in der Zeitung noch im Filmabspann wurden die Namen der Playbackkünstler angekündigt. Auch auf den Schallplatten erschien nur der Name des Akteurs und nicht der des Playbackkünstlers.

Besonders Lata Mangeshkar, die Ikone der weiblichen Playbacksänger, setzte sich für die Anerkennung ihres Berufstandes ein – nachdem die Hörer des Radiosender „All India" wissen wollten, wer das Lied „Aayega aanewala" sang. Der Chef des Radiosenders rief den Produzenten an, und Lata durfte die verkürzte Version des Liedes singen. Lata erreichte daraufhin, dass der nächste und auch die darauf folgenden Filme ihren Namen im Abspann erwähnten. Raj Kapoors Film „Barsaat" (1949) war der erste Film, der ihre Arbeit in dieser Hinsicht würdigte.

Die PlaybacksängerInnen hatten, ehe sie zum Film kamen, eine jahrelange Ausbildung im klassisch-indischen traditionellen Gesang absolviert. Der Gesangspart des Helden, der Heldin oder des Vamps wurde immer von bestimmten SängerInnen übernommen. Der Heldin wurde eine klare hohe Stimme zugeordnet, die meist über das Hohe C hinausging, die Stimme des Vamps klang eher tief und rauchig, um ihren weltlichen Charakter hervorzuheben.

Der Gesang der 30er und 40er Jahre war geprägt vom halbklassisch indischen Stil, in dem die Nasallaute und das Vibrato besonders betont wurden. Von den 50er Jahren bis heute wurde dann die reine, klare Stimme von Lata Mangeshkar das absolute Vorbild. Sie hat inzwischen 30.000 Lieder in 20 verschiedenen Sprachen gesungen und ist im Guinessbuch der Rekorde zu finden. Ihre Stimme umfasst vier Oktaven. Sie und ihre Schwester Asha wurden schon als Kinder von ihrem Vater im klassischen Gesang trainiert. Lata ist die gefragteste und respektierteste Künstlerin nicht nur in der Filmbranche, sondern in ganz Indien und Asien. Sie erhielt die höchste Auszeichnung „Bharat Ratna" (Star von Indien).

Es gibt keinen Song, den zu singen sie nicht in der Lage wäre. Viele Schauspielerinnen glauben, dass ihr Film nur ein Hit wurde, weil Lata für sie sang. Sie verkörpert nicht nur gesanglich vergeistigte Liebe und Jungfräulichkeit der Heldin, sondern sie lebt sie auch. Lata, die inzwischen um die 80 Jahre alt sein dürfte, ist bis heute unverheiratet. Ihr Kultstatus führte dazu, dass es viele so genannte „Lata-Klone" gab. Playbacksängerinnen wie Saman Kalyanpur, Anuradha Pandwal oder Sunidhi Chauhan versuchten, sie zu imitieren, da sie ansonsten keine Chance für sich im Business sahen.

Erst mit dem Film „Saaz" (1996) wurde Latas heiliger Status berührt, Sai Paranjpyes Stimme und Interpretation löste einen enormen Erfolg beim Publikum aus. Sie eröffnete damit nun auch anderen Playbacksängerinnen die Möglichkeit, nicht als Kopie von Lata agieren zu müssen. Derzeitige erfolgreiche Playbacksängerinnen neben Lata sind Alisha Chinnai, Hema Sardesani, Sujata Trivedi und Latas Schwester Asha-Bhosle Burmann. Im Gegensatz zu ihrer Schwester war Asha zweimal verheiratet, u.a. mit dem berühmten Musikdirektor R. D. Burmann, nun ist sie verwitwet. Asha Bhosle-Burmann singt wie ihre Schwester Lata Playback, doch übernimmt sie in den Filmen den Gesangspart der weltlichen und verruchten Frauenfiguren. Ihre Stimme

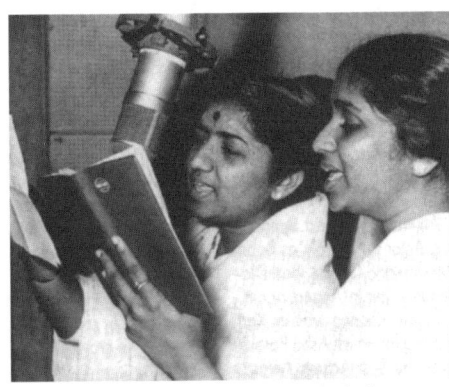

Lata und Asha bei gemeinsamen Aufnahmen.

hat genau den gewissen Sex-Appeal, den man für diese Figuren braucht. Asha erkennt man an ihren „Bazari"-Eigenschaften, sie atmet häufig, fügt englische Wörter oder jazzartige Phrasen wie „za za za zu zuuuu" hinzu. Besonders bekannt wurde sie mit dem Lied „Monika my Darling" aus dem Film „Caravan" (1972), in dem sie den Gesangspart der Schauspielerin Helen übernahm, die die Rolle des Vamps darstellte.

Einige der berühmtesten und beliebtesten männlichen Playbacksänger waren Mohammed Rafi, Mukesh, Talat Mahmood und Kishore Kumar. Letzterer begann populär zu werden, als das indische Publikum sich auch für musikalische Elemente und Musikrichtungen aus dem Westen öffnete. Sie alle sangen den Löwenanteil der damaligen Filmsongs und eroberten die Herzen Millionen indischer Frauen. Mukesh sang beispielsweise für die damaligen Helden Raj Kapoor und Dilip Kumar und hauchte ihren Figuren Seele ein. Als er 1976 während eines Konzerts mit Lata Mangeshkar starb, meinte Raj Kapoor: „Meine Seele ist gestorben".[29] Derzeitig erfolgreichste Playbacksänger sind Udit Narayan, Sukhwindera Singh und Kumar Sanu, die in den letzten Jahren von der indischen Filmzeitschrift „Filmfare" mit dem Titel „Best Playbacksinger" ausgezeichnet wurden und die Gesangparts für Shah Rukh Khan singen.

Viele der PlaybacksängerInnen verstehen zwar viel von Musik, haben jedoch Schwierigkeiten mit der Aussprache und der Betonung der Sprache, in der sie singen müssen, da es oft nicht ihre Muttersprache ist. Wenn das Gesangsstück sehr schwer ist, wird den PlaybacksängerInnen zunächst eine Kassette geschickt, mit der sie dann üben können. Die Songtexter erklären ihnen die Worte des Liedes, die sie dann aufschreiben, und der Komponist informiert sie über den Charakter des Helden und des Songs. Mit dem Harmonium wird dann der Song einstudiert.

Playbacksängerinnen beklagen, dass heutzutage oft weder Musiker noch männliche Sänger für die Duette in den Tonstudios anwesend sind – die Gesangparts werden aus zeitlichen Gründen getrennt aufgenommen. Die Aufnahme darf höchstens zwei Stunden dauern, und man darf sich keine Fehler erlauben. Was nicht sehr einfach ist, da sie nicht nur die Gesangstechnik und die Aussprache beherrschen müssen, sondern auch ein gewisses schauspielerisches Talent gefragt ist. Je nach Figur erfolgen stimmliche und musikalische Anpassungen, beispielsweise hängt die Aussprache von der ethnischen, sozialen und religiösen Zugehörigkeit ab, je nachdem, ob die Figur einen Hindu, Sikh oder Muslim darstellt, der aus dem Punjab oder aus Gujarat stammen und der Ober-, Mittel- oder Unterschicht angehören kann.

Meist werden den Stars immer wieder dieselben Playbacksänger zugeordnet. Derzeit angesehenste Playbacksängerinnen sind Sunidhi Chauhan, Kavita Krishnamurthy und Alka Yagnik. Sie singen die Parts für Kajol, Rani Mukherji und Karisma Kapoor.

Es gibt aber auch Stars, die ihre Solos selber singen, wie Amitabh Bachchan, der von den 70er Jahren an bis heute keine Playbacksänger für sich singen lässt, und auch Aamir Khan hat in seinem Film „Lagaan" (2001) die Gesangseinlagen selber übernommen.

Der Gesang und die Musik waren bislang ein wichtiger Teil des Filmdramas, sie hatten die gleiche Gewichtung wie eine Filmszene. Nach Ansicht Javed Akhtars verlieren sie heute jedoch zunehmend an Bedeutung. MTV und Channel V steuern ihren Teil dazu bei. Javed Akhtar meint, dass wir in einer Wegwerf-Gesellschaft leben, in der Musik nur noch konsumiert und schnell uninteressant wird. Der Grund dafür liegt auch an der zunehmend seichten Musik, deren Qualität bei der Massenproduktion oft auf der Strecke bleibt. Doch auch wenn gute Musik kreiert wird, verliert sie bald an Beachtung, da sie keine Zeit hat, wirklich „einzusickern". Und wenn keine Zeit zur Reflexion bleibt, vergisst man die Musik.[30]

DIE TANZSEQUENZEN

Tanzszenen gehören wie die Musik und der Gesang zur Formel eines indischen Mainstreamfilms. Doch im Gegensatz zu den Songs und der Musik sind die Tanznummern weniger in die Hauptgeschichte integriert. Um die wahre Bedeutung der Tanzszenen in den Filmen zu verstehen, ist es notwendig, etwas über die Tradition des indischen Tanzes zu wissen.

Im alten Indien wurde einst der Tanz als heilige Kunst angesehen. Zeugen dieser Zeit sind die Darstellungen Shivas, des Hindugottes, der als männlicher

Tanzszene aus „Pyar Ishq Aur Mohhabat" (2000).

Tänzer mit einem Fuß in der Luft und mit einem Feuerring dargestellt wird. Der Tanz war ursprünglich Bestandteil religiöser Zeremonien, und Tänzer genossen ein hohes Ansehen. Diese klassischen indischen Tänze wurden nicht nur in den Tempeln, sondern auch im Sanskrittheater aufgeführt. Die Tänzer zelebrierten Geschichten aus den klassischen Epen Ramayana und Mahabharata und aus Volkslegenden. Jede einzelne Handbewegung, jeder Gesichtsausdruck eines Tanzes wurde genau festgelegt und besaß eine eigene Bedeutung. Die Tänzer wollten Stimmungen und Gefühle erzeugen. Ihr höchstes Ziel war die spirituelle Vereinigung mit dem Kosmos.[31] In der indischen Antike war es üblich, junge Mädchen mit einzelnen Gottheiten zu vermählen. Als *Devadasis*, Gottesdienerinnen, wohnten sie im Tempel, zelebrierten Opferrituale und tanzten zu Ehren der Tempelgottheit. Sie lebten ebenso wie die Brahmanenpriester von den Spenden der Gläubigen. Bis Mitte des 16. Jahrhunderts hatten die Devadasis einen hohen gesellschaftlichen Status und waren von gesellschaftlichen Beschränkungen, die normalen Frauen sonst auferlegt wurden, befreit. Sie konnten sich frei bewegen, und auch Nebenverdienste wurden ihnen nicht verwehrt. Unter moslemischer Herrschaft aber degenerierte der Brauch. Der Niedergang vieler Hindutempel zwang die Tänzerinnen, gegen Bezahlung in den Häusern der Feudalherren aufzutreten. Geschäftemacher nutzten die Devadasi-Tradition und boten junge Mädchen als Mätressen an. Der Tempeltanz bekam den schalen Beigeschmack der Prostitution und geriet in Verruf. Aus Devadasis wurden Dasis, Prostituierte und Sklavinnen.

Deshalb spielten bis in die 70er und 80er Jahre nur „gefallene Frauen" wie Kurtisanen, Vamps, Prostituierte oder das Kabarettgirl die erotischen Tanzparts in den Filmen. Schauspielerinnen wie Helen, Cuckoo, Meena Kumari, Vyjayantimala, Sharmila Tagore und Rekha starteten ihre Karriere als Kurtisanenfiguren.

Die Filmindustrie hat jedoch im Laufe der Zeit den Tanz von seinem einstigen

Tanzszene aus „Shakti" (2000).

niedrigen Status befreit und ihm zu neuem Ansehen und Ruhm verholfen. „Chandralekha" (1948) von S. S. Wasan war der erste spektakuläre Tanzfilm, der zu einer Änderung in der Filmproduktion führte und den Tanzszenen zu mehr Gewichtung innerhalb und außerhalb der Filme verhalf. Heute erlernen so manche Töchter aus gutem Hause vor der Eheschließung ein wenig Tanz, damit sie sich hübsch bewegen. Viele der heutigen Schauspielerinnen, wie Madhurit Dixit und Rekha, waren ehemals Tänzerinnen, die jahrelang eine klassische Tanzausbildung genossen hatten, ehe sie zum Film kamen. Tänzerinnen können in Indien nicht von ihren Gagen leben, die Situation ist sehr schwierig, da es zu viele von ihnen gibt. In Südindien, woher die meisten Tänzerinnen kommen, ist der Markt übersättigt, deshalb versuchen viele ihr Glück in der Filmindustrie.

Tanz und Gesang gelten im indischen populären Film als selbstverständliche Gestaltungsmittel, die die gewünschte Emotionalität bei den Zuschauern verstärken. Sie ermöglichen durch Mitsingen und Mitwippen eine direkte Beteiligung. Der Aufwand für eine Produktion von Song-Tanznummern ist nicht nur organisatorisch, sondern auch finanziell enorm hoch.

CHOREOGRAPHIE UND CHOREOGRAPHEN

Zuerst erarbeiten Komponisten und Songschreiber die musikalische Grundlage für die Choreographie. Diese wird dann dem Choreographen, auch „dance-master" genannt, übergeben. Zu dieser Zeit ist das Drehbuch oft noch gar nicht fertig. Lediglich die Charaktere der Protagonisten stehen schon fest, ist der Held eher ein Playboy, bekommt er andere Tanzschritte zugeteilt als der schüchterne Jüngling. Wichtig hierfür ist die Kenntnis der tänzerischen Fähigkeit des Darstellers, die in die Choreographie einbezogen werden. Falls ein Schauspieler überhaupt kein Talent zum Tanzen besitzt, wie Ashok Kumar, der Held des 1943 gedrehten Films „Kismet", muss ein Double eingesetzt wird.

Nachdem die Choreographie feststeht, proben die „dance-master" mit den Tänzern selbst oder mit so genannten „standins". Die Choreographen bestimmen nicht nur über

Tanzszene aus „Dil To Pagal Hai" (1997) mit Shah Rukh Khan (l.) und Madhurit Dixit (r.).

die Tänzer, sondern ebenso über die Kostüme und das Make-up, was in Absprache mit dem Artdirector geschieht. Sie dirigieren auch die Kameraarbeit bei den Tanzszenen und entscheiden, wann eine Zeitlupe oder ein optischer Trick eingesetzt werden soll. Bekannte Tanzmeister, die Diskostil, Breakdance und Jazz in den 70er und 80er Jahren eingeführt haben, waren Master Kamal, Amitabh Bachchans bevorzugter Tanzmeister, und Vijay, der Preise für die Filme „Karz" (1980) und „Qurbani" (1980) gewann. Obwohl die Filmindustrie von Männern beherrscht wird, haben einige Choreographinnen sich einen respektablen Platz erobern können. Saroj Khan schaffte es, in „Azaad" (1955), „Hero" (1983) oder „Tezaab" (1988), Männern das Gefühl für Erotik und Verführung zu vermitteln. Farah Khan, die zu den derzeitigen Topgrößen der Filmindustrie zählt und mit allen Stars des Hindikinos zusammengearbeitet hat, schaffte ihren Durchbruch mit dem Film „Dil Se" (1998), als sie für Mani Ratnam die Tanzszene „Chaiya Chaiya" im offenen Waggon eines fahrenden Zuges mit Shah Rukh Khan und 30 Tänzern inszenierte. Farah Khan bekam das besondere Recht, den Schnitt der Tanzszenen zu überwachen.

Die Inspiration für die Choreographie holen sich die Meister aus verschiedenen Quellen wie den klassischen indischen Tänzen, z.B. dem Bharatnatyam, dem Kuchipudi oder dem Kathak, und auch aus lateinamerikanischen und westlichen Tänzen wie Salsa, Samba, Ballett oder Flamenco. Wichtig ist die richtige Kombination und Einbindung. Berühmte Dancemaster haben ihren eigenen unverkennbaren Stil und die Vorliebe für bestimmte Bewegungen. Die größten Unterschiede zwischen den Tanzszenen bestehen zwischen Paarszenen und Gruppenszenen sowie zwischen Studio- und Außenaufnahmen. Die Studioaufnahmen ermöglichen eine komplexere Gestaltung der Choreographie und mehr Kamerabewegungen und Beleuchtungseffekte.

Mit den Jahren des Hindi-Kinos haben sich bestimmte Filmtanzstile entwickelt, die ein Hybrid aus allen denkbaren Formen sind. Begabteste Tänzer der heutigen Bollywoodfilme sind Shah Rukh Khan, Hritek Roshan und Govinda. Beste Tänzerinnen sind derzeit Rani Mukherjee, Kajol, Aishwarya Rai und Madhurit Dixit. Einige dieser Schauspielerinnen haben entweder eine Ausbildung in klassisch-indischem Tanz oder zumindest Kurse darin absolviert. Ihre Performance wird durch die Tanzeinlagen noch verstärkt.

Bei der Inszenierung ist es wichtig, dass die Schritte von den Zuschauern einfach nachgemacht werden können und nicht zu viele westliche Elemente enthalten sind. In den Tanzszenen sollen, wie auch in den Gesangseinlagen, alle Gefühle ausgedrückt werden, die vorher nur angedeutet worden sind.

BEDEUTUNG DER „SEXY SONGS" UND DER EROTISCHEN TÄNZE

Was man nicht wagt, in den Dialogen auszusprechen oder in der Handlung zu zeigen, wird mit Liedern gesagt, vor allem, was die Erotik angeht. Erotische Songs und vulgäre Tanzbewegungen sorgen für die audiovisuelle Auslebung von sexuellen Phantasien, wie das anzügliche berühmte Lied in dem Film „Khalnayak" (1993): „Choli ke peeche kya hai?" (Was verbirgt sich in der Bluse?), das besonders das indische männliche Publikum anheizte. Das Kino bietet dem indischen Zuschauer in dieser Hinsicht die Möglichkeit einer Art Ersatzbefriedigung an, vor allen Dingen in den Filmen, in denen neben den obligatorischen „wet-sari"-Szenen, in denen die Heldin einen nassen Sari trägt, immer mehr nackte Haut gezeigt wird oder Augen und Lippen in Großeinstellungen besonders betont werden. In „Kabhi Khushi Kabhie Gham" (2001) oder in „Andaaz" (2003) sieht man die Protagonistinnen in sehr knappen Miniröcken und in hautengen Leggings umhertanzen. Der Umgang mit Erotik hat sich aber nur in der Filmbranche verändert und tendiert mehr zum Stil der westlichen Zivilisation. Indische Produzenten versuchen auf diese Weise, mehr Besucher in die Kinos zu locken.

Indiens Kultur ist geteilt zwischen persönlichen Vorstellungen und gesellschaftlichem Verhaltenskodex. Die Produzenten wollen diesen Zwiespalt mit der oben beschriebenen Art von Szenen überbrücken. In der Gesellschaft sind Sexualität und Erotik noch immer ein Tabuthema, wie der nächste Abschnitt zeigt.

EROTIK UND SEXUALITÄT IN INDIEN

Aufgrund der immensen Bevölkerungszahl herrscht in Indiens Großstädten eine absolute Raumnot. Hektisch und gedrängt geht es in den Metropolen zu, Bahnsteige und Böden sind immer voll von Wartenden, Schlafenden und Pendlern. Kein Fleck Boden, keine Mauernische bleibt ungenutzt. Mehr als ein Viertel der indischen Gesamtbevölkerung, rund 250 Millionen Menschen, lebt heute in den aus allen Nähten platzenden Metropolen. Ein Ende ist nicht abzusehen, im Gegenteil, die Anzahl soll sich in den nächsten Jahren noch um 20 Millionen Einwohner pro Metropole erhöhen. Mit etwa 6.000 Menschen pro Quadratkilometer erreichen die einwohnerreichsten Städte auch ohne Wolkenkratzer internationale Spitzenwerte. Die meist vielköpfigen Familien müssen sich ein bis zwei Räume teilen, pro Kopf stehen jedem oft weniger als drei Quadratmeter Wohnfläche zur Verfügung. Einsame Schäferstündchen, wie wir sie im Westen kennen, sind in Indien für die Mehrheit der Bevölkerung aus Platzmangel nicht möglich. Wer kann schon mit seiner Frau wilden, hemmungslosen Sex haben, wenn die Schwiegereltern oder die Kinder im selben Raum oder im Nebenraum schlafen?

Szene aus „Taal" (1999).

Der Internetartikel „Es gibt keinen Sex in Indien"[32] einer Leserin schildert die Situation und die strengen Moralregeln, die in Südindien herrschen: „Ich lernte, dass es keinen Sex in Südindien gibt, weder in der Provinz, die Tamil Nadu genannt wird, noch in der Hauptstadt Chennai. Als Beispiel gibt es in südindischen Filmen keine Kussszenen (außer in den sündhaften westlichen Filmen wie The Sound Of Music oder West Side Story (...).

Es gibt keine Nachtclubs, keine Casinos mit Dance-Shows und angeblich keine Prostitution. Es gibt keine Playboymagazine oder schmutzigen Bücher. Jedes Anzeichen von körperlicher Zuneigung zwischen Mann und Frau ist verboten auf der Straße. Es gibt keine nackten oder halbnackten Frauen. In der Tat wird Badekleidung, die man ansonsten an jedem Strand in den USA sehen kann, nicht gebilligt. Trotz der Millionen Menschen, die auf den Straßen leben, ist absolut nichts Sexuelles erkennbar. Und ich wundere mich, wie jede Familie sechs Kinder bekommen konnte. (…) Mit ein Grund für diese strengen Moralkodi ist, dass es keine Privatsphäre in Indien gibt. Selbst in einem Hotelzimmer oder einem Appartment hat niemand wirklich seine Ruhe. Alles, was du tust, wird beobachtet. Und wenn jemand nicht mag, was du tust, sind sie begierig darauf, dich am Weiterzumachen zu hindern, egal wo du bist."

Es ist jedoch nicht nur die Raumnot, die die Menschen daran hindert, ihre Sexualität frei auszuleben, sondern vor allem das gesellschaftliche Reglement der indischen Kultur.

Vorbei sind die Zeiten des Kamasutra, des ältesten Lehrbuchs der erotischen Literatur, in denen das Ausleben von Erotik noch als anzustrebendes Lebensziel galt. Im alten Indien wurde neben dem *Dharma* (das Gute) und dem *Artha* (das Nützliche) noch das *Kama* (das Angenehme) als Möglichkeit gesehen, sein Bewusstsein zu erhöhen und zu erweitern. Erotik wurde mit dem Aspekt der Selbst-

Szene aus „Darr" (1993)

beherrschung in Verbindung gebracht und als Lebenskunst betrachtet. Das Kamasutra, das etwa 400 n. Chr. entstand und von Mallanaga Vatsyayana geschrieben wurde, betrachtete Erotik auf einer sachlichen Ebene. Es ging um die unterschiedliche Sexualität von Frau und Mann, um die Kunst der Verführung, um Gedanken zur Brautwerbung und Hochzeit und um die Situation von Ehefrauen und Prostituierten. Um 1000 n. Chr. begann in Indien ein rigoroser Brahmanismus einzusetzen, vergleichbar mit unserer Zeit des Mittelalters, in der Sexualität als etwas Schmutziges gebrandmarkt wurde, das nur notwendig war, um die Menschheit nicht aussterben zu lassen. Die Rolle der Frau wurde aufgeteilt in „Geschätzte Mutter", „Gefürchtete Hure" und „Ritual-Partnerin". Die Prüderie in Indien wurde im Zuge der britischen Kolonisierung mit dem Einfluss der Kirche und dem Viktorianismus noch weiter verstärkt und bis heute nicht abgeschüttelt. Bei einer solch kollektiven Betrachtungsweise in Bezug auf die Frau ist es unvermeidlich, dass das Schicksal der Sexualität auch innerhalb der Ehe unter keinem guten Stern steht.

Die körperliche Liebe gerät zur schandhaften Angelegenheit, zur schnellen Begierde mit wenig Liebe und Leidenschaft. Die Missbilligung der Erotik im Eheleben prägt das Verhalten bis heute. Der berühmte indische Therapeut Sudhir Kakar aus Delhi schildert in seinem Buch „Intime Beziehungen" seine Praxiserfahrungen und Beobachtungen, die er in Indiens Gesellschaft dazu gemacht hat: „Die riesige Anzahl von Frauen aus der Mittel- und Oberschicht, die sich wegen ihrer sexuellen Nöte in Psychotherapie begeben, ist unübersehbar. Es gibt aber auch direkte Hinweise darauf, dass das sexuelle Unglück in den untersten Kasten weit verbreitet ist, obwohl die Oberschicht immer geglaubt hat, diese müssten sich nicht an den restriktiven Sittenkodex ihrer Kultur halten. (…) Interviews mit niedrigkastigen Frauen aus einem Armenviertel Delhis haben gezeigt, dass deren Sexualität eher von Feindseligkeit und Gleichgültigkeit geprägt ist als von Zuneigung und Zärtlichkeit. Die meisten Frauen schilderten den Geschlechtsverkehr als einen heimlichen, in einem engen, überfüllten Raum vollzogenen Akt, der nur wenige Minuten dauert und der jegliche körperliche und emotionale Zärtlichkeit vermissen lässt. Die meisten Frauen empfinden ihn als schmerzhaft oder widerlich, oder beides zusammen. Der Geschlechtsakt ist etwas, das sie – oft aus Furcht vor Schlägen – über sich ergehen lassen. Keine der Frauen legt dabei die Kleider ab, weil das als beschämend gilt. Auch weniger verbitterte Frauen, die sich noch nach körperlicher Zärtlichkeit sehnen, empfinden den Akt an sich als ein Vorrecht und ein Bedürfnis des Mannes: „ Admi bolna chahta hai" (Der Mann will sprechen)."[33]

Auch von dem, was nach der Hochzeit abläuft, haben der Inder und die Inderin nicht immer genaue Vorstellungen. Voreheliche Sexualität ist im Allgemeinen verpönt, lediglich die Unter- und die Oberschicht der Bevölkerung in den Metropolen zeigen Ansätze eines freieren Lebenswandels.

DIE BEDEUTUNG DER KÜSSE

Nur wenige Schulen und Eltern klären ihre Kinder auf. Sex wird tabuisiert. Dass diese herrschende Unwissenheit natürlich auch abwegige Gedanken und Vorstellungen mit sich bringt, ist durchaus kein Wunder, beispielsweise war am 7. Juni 2003 in der indischen Zeitung „Hindustan Times" folgendes zu lesen: „Ich bin eine Schülerin aus der achten Klasse. Ich möchte wissen, ob ein Mädchen nach einem Kuss schwanger werden kann. Ich möchte auch gerne wissen, wie ein Mädchen oder eine Frau schwanger wird. Ich kann meinen Eltern nicht solche Fragen stellen. Bitte lassen sie es mich wissen."

Das Mädchen kam nicht von ungefähr auf die Idee, dass man durch Küssen schwanger werden könne, in Indien wird der Kuss mit dem Geschlechtsakt gleichgesetzt, er ist etwas rein Sexuelles und nicht, wie bei uns, ein Zeichen der Zuneigung, das nicht sehr viel mehr bedeutet als ein Händeschütteln. Aus diesem Grunde bedeutet, sich in der Öffentlichkeit zu küssen, öffentlich Sex zu haben.

Auf der indischen Internetseite www.ananova.com war ein Artikel über die Gruppe „Lovers Organisation for Voluntary Exhibition" aus Kolkata zu lesen, die in Parkanlagen „love zones" (Liebeszonen) für romantische Stelldicheins reservieren lassen möchte. Sie möchte endlich die Möglichkeit schaffen, sich in Ruhe und ohne Angst treffen zu können, ohne gleich mit Repressalien seitens der Polzei rechnen zu müssen. Selbst das unschuldige Händchenhalten eines Liebespaares kann schon zur Verhaftung wegen öffentlichen Ärgernisses führen.

Dass der Kuss in Indien etwas ganz Besonderes ist, zeigt auch der Artikel „Wie soll man küssen?" auf der indischen Internetseite www.seasonsindia.com, in dem eine Gebrauchsanleitung für das richtige Küssen gegeben wird: „Das Erste, was beim Küssen zu beachten ist, ist, sich zu entspannen. Denke an nichts außer an den Kuss, den du gibst. Oder noch besser, denke einfach an gar nichts. Erlaube dir, dich völlig sicher zu fühlen bei dem, was du tust. Das macht den großen Unterschied. Küsse, als ob es nichts gäbe, was du lieber tun würdest, als gerade hier mit deinem Liebhaber zu sein und ihn zu küssen. Etwas anderes, das viele Leute vergessen, ist der Gebrauch der Hände. Benutze sie an Stellen wie dem Rücken, den Schultern und den Armen. Eine andere tolle Stelle ist der Nacken, mit einer leichten Massage zum Kopf hin. Sei romantisch, küssen ist eins der romantischsten Dinge, die man tun kann. Tu so, als sei es das erste Mal, dass du diese Person küsst. Probier etwas Neues aus: Lass die Augen offen, küsse das Gesicht des Partners an einer anderen Stelle als den Lippen. Leichte Küsse entlang der Stirn sind perfekt. Bring ein bisschen Abwechslung hinein, gib auch kurze Küsse zwischen den langen Küssen, und beende einen Kuss immer mit einem kleinen Schlusskuss."

In Indien ist bei Liebespaaren neben dem normalen Kuss, der so genannte „Eskimo-Kuss" üblich: Anstatt sich zu küssen, reibt und presst man die Nasen aneinander. Dass in den letzten Jahren in den indischen Filmen verstärkt Kussszenen gezeigt werden, hängt mit dem westlichen Einfluss – u.a. durch das Fernsehen – zusammen.

Der Internetartikel „TV Porn – America's Biggest Export to India" des amerikanischen Schriftstellers Andrew Robinson vom 06.07.96 schildert diesen Einfluss und den Konflikt, der sich daraus in der indischen Gesellschaft ergibt:

„Vishakapatnam, India – Eine Stadt mit 900.000 Einwohnern an der Ostküste.

Ich sitze zusammen mit meinen Nachbarn, die der indischen Mittelschicht angehören, beim Fernsehen. Mein Gastgeber ist ein Mann mittleren Alters, er trägt ein Dhoti, seine Frau und seine drei Töchter tragen Saris. Ich frage ihn, ob er den Fernsehkanal wechseln könnte. Das nächste Programm zeigt zwei amerikanische Frauen, die sich in einem Schlammbad wild bekämpfen, wobei die eine von ihnen einen löchrigen Lycra-Badeanzug trägt und die andere ein gold-silbriges Trikot, das besonders ihre beiden Hinterbacken betont. ‚Ist dies ein populärer Sport in ihrem Land?‘, fragt mich mein Gastgeber grinsend. Die jüngste Tochter wählt einen anderen Kanal. Click. Drei Frauen in Bikinis, bewaffnet mit Rettungsbojen rennen über den Strand. Click. Donahue fragt: ‚Wann hast du deine Tochter angerufen und ihr verboten, weiterhin ihren Freund zu treffen?‘ Click. Madonna spielt mit ihren Fingern an sich selbst herum.

Noch vor drei Jahren existierte von all dem, was man hier sieht, nichts in der indischen Fernsehlandschaft, in einem vor allem familienorientierten Land, wo Kussszenen auf der Leinwand schon als Pornografie gelten und das Zeigen von Zuneigung in der Öffentlichkeit missbilligt wird. Importierte Hollywoodfilme (weitgehend zensiert) und grelle öffentliche Anzeigen ließen schon damals bei den Indern das Bild vom sexuell hyperaktiven Amerikaner entstehen. Doch nun, bei der reichlichen Auswahl von Fernseh- und Satellitenprogrammen, an die selbst der ärmste indische Haushalt angeschlossen ist, verbreitet sich dieses Klischee noch weiter und wird profaner als jemals zuvor. ‚Was denken nur die jungen Männer?‘ fragt mich die Hausfrau Vijaya Laxmi zu der neuen Generation von TV-Satellitenzuschauern. ‚Hier bin ich mit meinen 40 Jahren und kann mir nicht diese Bilder mit dem gefährlichen, ungesunden Ungleichgewicht der Yang-Energie anschauen, die sich in Terroristenmassakern, faschistischer fundamentalistischer Politik und Gewalt gegen Frauen manifestiert‘ (…)“.

Die amerikanische Fernsehserie „Baywatch“ wurde 1996 in Indien zur populärsten Fernsehsendung mit der höchsten Zuschauerrate. Angelockt von den hohen Einschaltquoten und eifrig darauf bedacht, mit dem schnell wachsenden Markt der Privatsender konkurrieren zu können, entschied sich der indische staatliche Sender „Doordarshan“, die Serie Baywatch in den verschiedenen indischen Regionalsprachen zu synchronisieren. Ein Verfahren, das normalerweise nur für qualitativ hochwertige nationale Programme reserviert ist. Der Telugu sprechende Computeringenieur Surendranath Talla, der viele Jahre in den USA gelebt hatte, meinte dazu: „Die meisten Dialoge der Serie werden nicht zu übersetzen sein, Sätze wie ‚die Freundin meines Vaters‘ würden in Telugu einfach absurd klingen. Da gibt es keine Vorstellung und keinen Ausdruck für solch einen Sachverhalt. Aber was macht das schon? Für die indische Bevölkerung, die das sehen wird, ist diese Serie nur eine weitere verrückte Mischung aus nackten afrikanischen Körpern eines National Geographic Specials und einigen Karnevalshows."

So ist es nicht verwunderlich, dass die Inder ein ziemlich verzerrtes Bild von der westlichen Zivilisation bekommen. Studentinnen vergleichen die sexuellen Belästigungen, die sich auf den Straßen der Städte zutragen, mit dem Durchqueren eines Minenfeldes.

Aufgrund der Tabuisierung und Unterdrückung der Sexualität einerseits und des Einflusses der freizügigen westlichen Welt andererseits blühen in Indien ganz besonders der "red-light-district" und die Pornobranche. Obwohl gesellschaftlich nicht akzeptiert, ist es vollkommen normal, den Geschlechtsakt von *randi* (Nutten) zu erkaufen. Eine ganze Armee von Prostituierten steht den Männern in gigantischen weitläufigen Zonen Mumbais, Kolkatas und Delhis zu Diensten. In der Nähe von Karwar an der indischen Westküste gibt es das Dorf Premnagar (Stadt der Liebe), das nur aus Bordellen besteht.

Pornovideos und -magazine sind zwar öffentlich verboten, doch sie werden überall in Indien unter dem Ladentisch verkauft. Die Auswahlmöglichkeit von erotischen Filmen hat sich zur Freude der indischen User durch das Satellitenfernsehen noch vergrößert. Um mit den vielen Kabel- und Satellitenkanälen auch in dieser Hinsicht auf dem Markt konkurrieren zu können, hat der Chefzensor der indischen Filmindustrie 2002 sogar vorgeschlagen, die Pornofilmindustrie des Landes zu legalisieren und ihr zu erlauben, Hardcorefilme in dafür vorgesehenen Kinos zu zeigen. In den meisten indischen Großstädten gibt es Kinos, die bislang illegal in den so genannten "morning sessions" solche Filme zeigen. Mr. Anand, Vorstand des "Central Board of Film Certification" (CBFC) meint: "Pornos werden überall heimlich im Land gezeigt, und die beste Methode, um gegen diesen Ansturm von ‚blue movies' anzukämpfen, ist es, sie öffentlich mit legalen Lizenzen in den Kinos zu zeigen. Es gibt eine große Nachfrage nach solchen Filmen in Indien, und wir Zensoren können die Pornografie nicht für immer unter Verschluss halten. Indem wir solche Spielstätten etablieren, bieten wir den Menschen, die so etwas sehen möchten, einen Ausweg an. Das Ganze kann jedoch nur geschehen, wenn es eine Gesetzesänderung gibt."

Eine weitere Auseinandersetzung mit diesem Thema erfolgte in dem Internetartikel (11.01.00) von Radhika Kumar. Sie fragte die Leser, ob "Artfilme" einen schlechten Einfluss auf die indische Gesellschaft ausüben.

„Nacktheit, Sex, Prostitution, Transvestiten, Lesben, extreme Gewalt, Blut, schlechte Sprache (…) die Liste könnte so weitergehen. Dies sind nur einige kontroverse Elemente, die heutzutage die Hindi-Artfilme vergiften. Die Hysterie begann 1994, als der Film „Bandit Queen" in Indien wegen der vulgären Sprache, den brutalen Sex- und Gewaltszenen und vor allem der zur Schau gestellten Nacktheit verboten wurde. Seitdem wurden weiterhin viele dieser Artfilme uraufgeführt und haben die ältere und prüdere Generation geschockt. Der Film ‚The Cloud Door' von Mani Kaul kam kurz nach ‚Bandit Queen' in die Kinos und erhielt die gleiche lodernde Antwort wie sein Vorgänger. Diese beiden Filme setzten den Samen für diese Filmindustrie.

Nach dem Ruhm von ‚The Cloud Door' in Indien und in Deutschland und dem Hitstatus des berüchtigten ‚Bandit Queen' begannen die Filmemacher, sich auf das große Geheimnis zum Erfolg einzuschießen – der Artfilm von Basu Bhatchariyahs ‚AASTA' (1997) mit Rekha, Om Puri und Honey Irani wurde ein Hit in Indien. Wahrscheinlich lag das an seiner vulgären Handlung, in der eine verheiratete Frau sich prostituiert, da ihr Mann impotent ist (Rekha wurde für die

Rheka und Om Puri in „AASTA" (1997).

Szene berühmt, da sie erstmals einen weiblichen Orgasmus zeigte, ohne ihren Sari zu lüften; als sie kam, trällerte sie im hohen C los). Wir haben alle von der heißen Sexszene zwischen Rekha und Om Puri gehört. Dann kam Deepa Mehtas Film ‚Fire', der von zwei Frauen handelt, die die lesbische Liebe entdecken und ausleben, und danach der Gewaltfilm ‚Maachis' von Gulzar, der von der Lebenschronik eines Sikhterroristen handelt.

Der letzte Artfilm, der in dieser Richtung veröffentlicht wurde, war ‚Kamasutra' von Mira Nair. Auch Bollywood-Filmemacher und -schauspieler versuchen heutzutage, in dieser Hinsicht ihre Grenzen auszuloten. Ein Beispiel für unzensiertes Material war der Film ‚Karan Arjun' von Rakesh Roshan, in dem Shah Rukh Khan während eines Songs seinen Kopf unter Kajols Kleid schiebt. Ein anderes Beispiel ist Dev Anands ‚Gangster', in dem der Busen des Mädchens während der Vergewaltigungsszene zur Schau gestellt wird. Auch Pornofilme schießen in Indien aus dem Boden. (…) Sind die Art-Filme dafür verantwortlich oder bricht Indien aus seiner Prüderie – herbeigeführt von sexueller Anspannung – aus? Entscheiden Sie!"

DIE FIGUREN UND STARS
DER BOLLYWOODFILME

DIE HELDEN

Die Helden in den Filmen sind nach verschiedenen Charakteren aus den indischen Epen und den persischen Liebesgeschichten modelliert. Entweder sind sie physisch stark wie Bhim, romantische Liebhaber wie Krishna oder perfekte Ehemänner und Kämpfer wie Lord Ram.

Sie zeichnen sich durch besondere Tugenden wie Treue, Ehrlichkeit, Selbstlosigkeit und moralische Gesinnung aus. Wichtigstes Ziel des Helden war und ist die Vereinigung mit der Heldin und die Bekämpfung des Bösen.

Vergleicht man Hollywoodhelden mit Bollywoodhelden, kommt man zu der Einsicht, dass indische Helden allesamt Muttersöhnchen sind. Im Westen wäre diese Kennzeichnung eine schreckliche Beleidigung, in Indien jedoch nicht. Egal, ob sie den Romeo oder den Actionheld spielen, stets sind sie mit ihrer Mutter verbunden, deren Glück ist das Glück des Helden. Im Gegensatz zu den einsamen, ruppigen Hollywoodhelden Kevin Costner oder Clint Eastwood wirken die Helden der Bollywoodfilme auf den westlichen Zuschauer eher verweichlicht. Hollywood-Helden sind verschwiegen und kämpfen lieber gegen Dämonen, als über Gefühle zu reden, Weinen betrachten sie als weiblichen Zeitvertreib. Die Bollywoodhelden brechen alle Regeln in Bezug auf das amerikanische Selbstverständnis von Männlichkeit. Sie stammen meist aus geordneten Familienverhältnissen, trinken im Gegensatz zu ihren amerikanischen Kollegen keinen Alkohol und sind emotional offen und leidenschaftlich.

Ihre Gefühle teilen sie offenherzig in den atemberaubenden Versen der Songtexte mit: „Deine Liebe haucht diesem leblosen Herzen Leben ein." Sie weinen herzzerreißend, wenn ihnen danach ist, auch in aller Öffentlichkeit, ohne sich dafür zu schämen. Ihre Männlichkeit stellen sie für das weibliche Publikum mit verführerischen Netzhemden, ärmellosen Westen und schwarzen Lederhosen zur Schau.

Die indischen Zuschauer legen im Gegensatz zum westlichen Publikum großen Wert darauf, dass der Held seine Gefühle offenlegt. Die Helden sollen weinen, sollen ihre Freude, ihre Verzweiflung und ihren Schmerz zeigen, man will wissen, wie weh es ihnen tut, ansonsten fühlen sich die Inder betrogen. Das Happy End ist in Bollywoodfilmen nur ein wirklich glückliches Ende, wenn die Eltern des Helden zufrieden sind. Im Gegensatz zur westlichen Gesellschaft, die auf Individualismus und Unabhängigkeit aufgebaut ist, legt die traditionelle indische Gesellschaft großen Wert auf die Wünsche und Bedürfnisse der Familie und der Eltern. So ist es ganz natürlich, dass der ideale indische Held ganz andere Eigenschaften und Verhaltensweisen an den Tag legt als der westliche Held. Der Grad der Männlichkeit wird einzig von der Biologie bestimmt, und nicht davon, ob er weint oder „cool" ist.

Seit den 90er Jahren ist der romantische Held neben dem Antihelden in den Filmen stark vertreten. Die romantischen Helden sind greifbar und menschlich, verletzlich und gefühlvoll. Sie zeigen, dass man nicht in jedem Aspekt des Lebens heldenhaft sein muss. Ab den 90er Jahren verschwand in vielen Filmen ebenfalls die klare Rollenaufteilung zwischen dem Helden und seinem Antagonisten, dem Bösewicht. Die Antihelden sind sympathische, böse Typen, mit denen sich das Publikum immer noch identifizieren kann.

Antihelden

Antihelden gibt es in Bollywood in mehreren Varianten, jedes Jahrzehnt hat seine eigenen neuen Antihelden hervorgebracht. Hier einige Vertreter:

a) Der tragische, introvertierte Held Devdas in dem gleichnamigen Film (1935), der sich in den Alkohol flüchtet und am Ende Selbstmord begeht, da er die Geliebte aufgrund gesellschaftlicher Konventionen nicht heiraten darf.

b) Der Antiheld namens Shekhar in dem Film „Kismet" (1943), der auf die schiefe Bahn gerät und zum Einbrecher wird, da ihm das Schicksal in der Kindheit übel mitgespielt hat.

c) In dem Film „Awara" (1951) stellt die Figur Raj einen ähnlichen Antihelden dar, der sich an seinem Vater rächen will, da dieser ihn und seine Mutter im Stich gelassen hat.

d) Der neue Typus von Antiheld „The angry young man", der Anfang der 70er Jahre auftauchte und über zwei Dekaden hinweg den neuen Volkshelden Vijay repräsentierte.

Die kulturelle Parallele des gut-schlechten Helden findet sich im Mythos von

Karan im Mahabharata wieder, der von seiner Mutter verstoßen wird und zum gefürchtetsten Krieger wird, der selbst seine Brüder nicht verschonen möchte.

Das, was alle Antihelden der Bollywoodfilme miteinander verbindet, sind ihre tragischen Kindheitserlebnisse. Entweder wurden die Eltern getötet oder sie verloren sie oder sie wurden von ihrer Familie verstoßen. Sie sind eine Mischung aus positiven-negativen Helden. Je nach dem, unter welchen äußeren Umständen sie sich gerade befinden, verhalten sie sich tugendhaft oder kriminell. Am Ende werden sie jedoch immer durch die Liebe einer Frau zum Guten bekehrt.

Seit ein paar Jahren ist in einigen Bollywoodfilmen wieder eine neue Art Antiheld entstanden. So genannte indische Godfatherfilme nach dem Modell der Filme von Martin Scorsese zeigen einen ganz neuen eigenen Typus von Helden.

Alle Antihelden in Filmen wie „Satya" (1998) und „Company" (2002) sind Gangster, die keine moralischen Bedenken haben, schlechte Dinge zu tun. Während ihre Vorgänger in Filmen wie „Baazi", „Jaal", „Shri 420" und „Deewar" ihre kriminellen Taten bedauerten und ihre Bestrafung akzeptierten, kennt die neue Generation der Antihelden keine Reue. Sie kommen aus armen Verhältnissen und nehmen sich mit Gewalt und ohne Skrupel, was sie wollen. Sie wischen sich die blutigen Hände am T-Shirt des Opfers ab, reißen Witze über den Toten und gehen nach der Tat mit ihren Kumpanen in die nächste Bar. Man kann sagen, dass eine Verschmelzung zwischen Antiheld und einstigem Bösewicht stattgefunden hat.

Die Bösewichte

Um den wahren Mut des Helden zu zeigen, muss ihm ein besonders teuflischer Bösewicht gegenübergestellt werden. Jedes Jahrzehnt hatte nicht nur seine jeweiligen Helden, sondern auch seine Bösewichte. In den 20er Jahren waren es böse Dämonen wie Ravan, der zehnköpfige Dämon aus dem Ramayana.

In den 30er Jahren folgten menschliche Dämonen wie arrogante Landbesitzer und Feudalherren. Diese Bösewichte waren immer klassisch stilvoll mit Anzug und Hut bekleidet und rauchten dazu dicke Zigarren. Ihre Bedrohung brachten sie mit dem Hochziehen einer Augenbraue und mit ihrer gefährlich raunenden Stimme zum Ausdruck.

Die Schurken der 40er und 50er Jahre waren die Industriellen und Kapitalisten. Ihre Darstellung war stark von den Gangstern der Hollywood „Film-Noir"-Thriller beeinflusst. Sie trugen westliche Hüte und Anzüge und waren nebenbei Schmuggler oder Nachtclubbesitzer.

In den 70er und 80er Jahren waren Gangster, Polizeibeamte, Terroristen, Waffenhändler und Psychopathen die Bösewichte. Diese Jahre waren die großartigste Zeit für die Bösewichte der Hindifilme. Sie waren die eigentlichen Helden des Films und die amüsantesten Charaktere. Leicht erkennbar an ihrem dämonischen Lachen, buschigen Augenbrauen, lüsternen Blicken, offenen Hemden und schneeweißen Schuhe. Aufgrund dieses auffälligen Aussehens konnten sie von der Polizei sofort verhaftet werden. Sie besaßen alle schlechten westlichen Eigenschaften und Verhaltensweisen, die man sich nur vorstellen konnte, sie rauchten wie die Schlote, tranken Whisky und umgaben sich mit „heißen Miezen". Der Bösewicht war viel facettenreicher als der Held, seine Persönlichkeit strahlte von vorne herein Gewaltbereitschaft aus, er verfügte über eine furchterregende Stimme und eine Körpersprache, die fähig war, Leute erschauern zu lassen. Er tat all die Dinge, die das Publikum sich nicht traute. Durch ihn konnten die dunklen Seiten der Seele gefahrlos ausgelebt werden. Der Höhepunkt des Films war immer der Endkampf zwischen Held und Bösewicht. Der Bösewicht war nicht nur essentieller Charakter für Actionfilme, sondern auch für Liebesgeschichten, die nach dem Romeo-Julia-Muster aufgebaut waren. Er war der nicht beachtete Verehrer, der eifersüchtige Freund des Helden oder der despotische Vater, der seine Tochter schon dem Jugendfreund versprochen hatte. Einfallsreich ersannen sie sich Übeltaten, um das Paar an seinem Glück zu hindern. Entweder ließen sie die Braut entführen, verletzten den Gegner oder setzten Gerüchte in die Welt.

Das Bild des Helden und des Schurken ist in den 90er Jahren teilweise unklar geworden, man hat sich an den Westen angenähert und verteufelt nicht mehr alles. Man hat keine klaren Vorstellungen mehr, was ein Held bzw. ein Schurke tut und was nicht, was tugendhaft oder lasterhaft ist, da die Gesellschaft sich am Kreuzweg sozialpolitischer Wertesysteme befindet.

Nebenfiguren

Der Polizeiinspektor ist eine weitere Nebenfigur, die in vielen Hindifilmen zu finden ist. Erkennbar am Schnurrbart, seiner sportlichen, khakifarbenen Uniform und seinem Schlagstock. Er möchte von seinen Mitmenschen immer mit „Police Inspector Saheb" angesprochen werden, was seine Autorität unterstreichen soll. Er ist kompetent, aber nicht sehr clever, aus diesem Grunde ist es am Ende nicht er, sondern der Held, der den Bösewicht stellt.

Der Witzbold der Hindifilme ist die plumpeste und unbeholfenste Figur und wird eigentlich immer nur von Männern gespielt. Er lebt entweder mit dem Helden oder der Heldin im Haus als Angestellter oder wohnt zumindest in ihrer Nachbarschaft. Meist ist er recht hässlich und verbringt seine Zeit mit dummen Sprüchen und Witzen. Das beste Beispiel ist Johnny Lever. Dieser große Entertainer gilt als der indische Jerry Lewis. Er taucht in beinahe jedem Bollywoodfilm auf. Egal ob es sich dabei um ein Drama, eine Komödie oder einen Kriegsfilm handelt, immer gibt es eine Johnny Lever Komik-Szene. Sein Markenzeichen sind wildes lautes Geschrei und das Aufreissen der Augen.

DIE HELDINNEN – (DEVDAS)

Die Heldinnen des indischen Films haben in den vergangenen Jahrzehnten ebenfalls einen Charakterwandel durchlaufen. Von den 20er bis zu den 60er Jahren wurden sie meist als treue, opferbereite Ehefrauen, tugendhafte Mädchen und sittsame Schwiegertöchter dargestellt. Sie sollten dem weiblichen Publikum als Vorbild dienen. Modell für dieses Ideal stand Sita aus dem Ramayana, die diese absolute Tugend verkörperte. Man sah in ihr keine Abwertung der Frau, sondern im Gegenteil eine Aufwertung. Es sollten „typisch" weibliche Qualitäten wie Leidensbereitschaft und Treue gezeigt werden. Mitte der 30er Jahre gab es progressive Filmemacher, die die konventionelle Rolle der Heldin sowie gewisse indische Traditionen in Frage stellten. Einige Schauspielerinnen dieser Filme stammten aus progressiv denkenden Elternhäusern und hatten eine schulische Ausbildung oder einen akademischen Abschluß. Diese gebildeten, aufgeklärten Frauen spielten nun in Filmen, die vorsichtig-kritisch das Kastenwesen oder die arrangierte Heirat beleuchteten. Frauen wurden nicht nur als willenlose Opfer gezeigt, sondern als mutige Frauen, die versuchten, den Status quo zu verändern, es aber alleine nicht schafften und am Ende scheiterten.

Die Prostituierte

Eine der Kontrahentinnen der Heldin jener Zeit war die Figur der Prostituierten, der so genannten Devdasa – der gefallenen Frau, die sich meist als Tänzerin und Mätresse ihren Lebensunterhalt verdiente. Gespielt wurden diese Frauen von Darstellerinnen, die wirklich Prostituierte waren oder aus anderen niederen Kasten stammten. Ihre Aufgabe bestand darin, den Helden zu verführen, ihn sexuell hörig zu machen und von seiner Heldin zu trennen, was ihnen aber natürlich nicht gelang.

In den 30er Jahren änderte sich jedoch nicht nur die Figur der Heldin, sondern auch die der Prostituierten. Aufgrund von politischen und sozialen Reformbewegungen begannen einige Filmemacher, diese Devdasa-Figuren mit einem sozialkritischen Ansatz zu zeigen. Die Nöte, Sorgen und Probleme dieser Frauen wurden thematisiert. Eine besonders beliebte Figur, die während dieser Zeit entstand, war *„Die Prostituierte mit dem goldenen Herzen"*, die aufgrund tragischer, schicksalhafter Umstände diesen Beruf ausüben musste. Sie war Vertraute und manchmal sogar heimliche Geliebte des Helden. Bei ihr schüttete er sein Herz aus, sie verstand ihn aufgrund ihrer Lebenserfahrungen besser als die wohlbehütete Heldin. Doch trotz ihres guten Charakters gab es für die Prostituierte keinen Weg zurück in die Gesellschaft. Sie blieb eine Gebrandmarkte. Am Ende eines Films widmete sie sich entweder spirituellen Dingen oder sie beging Selbstmord. In fast allen Filmen der 30er Jahre war es das Ziel der Heldin wie auch der Prostituierten, den Helden zu bekommen.

Die Kurtisane

Die Kurtisane (Variante der Prostituiertenfigur „mit dem goldenen Herzen") war eine andere beliebte Frauenfigur in den Filmklassikern. Im Gegensatz zur Figur der Prostituierten lebte sie gegen ihren Willen in einem anrüchigen Ambiente, hinter ihr stand immer eine traurige Geschichte. Entweder wurde sie entführt und zur Prostitution gezwungen oder sie war elternlos und musste sich auf diese Weise ihr Geld verdienen. Sie tanzte meist als Kabarettgirl und Animierdame in den Etablissements. In manchen Filmen bleibt die Kurtisane jedoch jeder Logik zum Trotz und wie durch ein Wunder

Rheka als Kurtisane Umrao Jaan im gleichnamigen Film (1981).

Jungfrau, sie scheint von einer höheren Macht beschützt zu werden, kein Mann schafft es, sie zu entehren. Mit ihrer körperlichen Reinheit soll ihre reine Gesinnung symbolisiert werden.

Der Vamp

Der Vamp, die femme fatale, war die Fortsetzung der Prostituiertenfigur der 20er Jahre. Die Herkunft des Vamp war in den Filmen oft ungewiss. Der Zuschauer erfuhr nicht, wer ihre Eltern waren, oft lebte sie bei Verwandten. Eine andere Variante war, dass ihre Eltern arm waren, kein Verhältnis zu ihr hatten, sie ignorierten oder sogar hassten. Die Figur des Vamps wollte aus dem Elend entfliehen und reich werden. Ihr Charakter war schlecht, sie wollte nur Zwietracht stiften, war ohne Herz und ohne Moral, eine sozial Ausgegrenzte. Sie rauchte Zigaretten, sie trank Whisky und war nicht an Heirat und Kindern interessiert. Sie war sexuell freizügig, flirtete mit allen Männern und lebte oft mit einem Schurken aus selbstsüchtigen Interessen zusammen. Sie verkörperte die Inderin mit westlichem Einfluss, erkennbar an figurbetonter, aufreizender Kleidung und lasterhaftem Verhalten. Selbstsüchtig, materialistisch und unmoralisch schlug sie sich durchs Leben. Sie interessierte sich weder für Familie noch für Traditionen. Oft arbeitete sie als Revuetänzerin in einer anrüchigen Spelunke. Ihre Aufgabe in den Filmen bestand darin, die männlichen Kinozuschauer erotisch anzuheizen. Sie war das Objekt, auf das alle sexuellen Phantasien projiziert werden konnten. Zu ihren verführerischen Tanzeinlagen sang sie alle erotischen Lieder des Films. Auf diese Weise wurde das gesellschaftliche indische Wertesystem nicht verletzt – die Heldin als Sexualobjekt darzustellen, galt damals als ein Tabu. Am Ende der Filme nahm die Vampfigur immer ein bitteres Ende. Entweder wurde sie vergewaltigt und umgebracht oder von der Kugel getroffen, die eigentlich für den Helden bestimmt war. Der Vamp glich eher einer Karikatur als einer wirklichen Frau, aber dennoch zeigte sie mehr unterschiedliche Facetten als die eindimensionale Persönlichkeit der Heldin.

Böse Schwieger- und Stiefmütter

Andere negative Frauenfiguren, die eine Antithese zur Heldin bildeten, waren beispielsweise die bösen, keifenden, tyrannisierenden Schwiegermütter, Schwägerinnen und Stiefmütter. Sie machten das Leben der Heldin zur Hölle und verlangten von ihr unsägliche Geduld und Opferbereitschaft. Meist versuchten Schwägerin und Schwiegermutter, den Ehemann aufzuhetzen, indem sie Gerüchte in Umlauf setzen. Am Ende jedoch erwartete die Heldin nach all dem erduldeten Leid immer der verdiente Lohn – ihre Widersacherinnen sahen ihr Unrecht ein und baten um Vergebung.

FRAUENFIGUREN IM WANDEL – DIE VERSCHMELZUNG

Mitte der 70er Jahre vollzog sich langsam eine Wandlung in Indien, die Flowerpowerbewegung schwappte teilweise ins Land hinein. Die neue Heldin war nun eine Mischung aus Vamp und Heldin, ein sogenanntes „good-bad girl". In Filmen wie „Hare Rama Hare Krishna" ist die Heldin ein Hippie, der Pott raucht, und in „Chetna Charita" ist die Heldin eine leichtes Mädchen. Die Heldinnen waren modern westlich gekleidet und tanzten noch verführerischer als ihre Vamp-Vorgängerinnen. Um am Ende aber den Helden zu bekommen und vom Publikum als Heldin akzeptiert zu werden, war ein vorheriger Gesinnungswandel notwendig. Die neue Heldin war für den Helden kein fremdartiges, launisches Wesen mehr. Sie war klug und lässig und nicht mehr so leicht zu schockieren, er fühlte sich bei ihr wohl und konnte mit ihr wie mit seinen Kumpel sprechen.

Aufgrund des Imagewechsels der Heldin bekam die Vampfigur im Laufe der 80er Jahre immer weniger Auftritte in den Filmen, in den 90er Jahren ist sie fast vollständig von der Leinwand verschwunden.

Diese klassische klare Rollenzuweisung der weiblichen Charaktere endete wie die der männlichen Kollegen in den 90ern. Heutzutage gibt es kaum noch so eindeutige Typisierungen wie Heldin und Vamp, Heldin und Kurtisane. Man könnte sagen, dass die Heldinnen sich die anderen Rollen einverleibt haben. Früher konnte beispielsweise eine Revuetänzerin keine Heldin sein, heute schon. Ebenso kann sie mit negativen Charakterzügen ausgestattet sein, einzig wichtig ist, dass sie am Ende des Films ihre Fehler einsieht und ihr Leben zum Positiven wendet. Selbst Frauenrollen wie die hartherzige Schwiegermutter oder Schwägerin oder die Nebenbuhlerin findet man nur noch selten in den Filmen. Die Familienangehörigen benehmen sich respektvoll und freundlich, und selbst die Konkurrentin verzichtet oft großzügig auf den Helden.

Moderne negative Frauenrollen sind die selbstsüchtige Karrierefrau, die kein Interesse an Familie und ihrer Mutterrolle zeigt, oder die fordernde, gierige Geliebte, die den Helden erpresst und nie genug Luxus bekommen kann. Das traditionelle Frauenbild nach dem Vorbild Sitas ist für die heutige Generation des neuen Jahrtausends zwar veraltet und nicht mehr gefragt, man weiß aber auch nicht genau, was oder wie die neue Frau sein soll. Was für eine Freiheit darf ihr zugestanden werden, wo sind die Grenzen?

Javed Akthar, einer der bekanntesten indischen Drehbuchautoren, meint dazu, dass er heutzutage Frauencharaktere anders als noch vor einigen Jahren darstellen würde, nämlich: reifer, selbstständiger und freier. Durch den Einfluss des Fernsehens und neuer Technologien (Computer und Internet) würde sich die Gesellschaft langsam verändern: immer mehr Frauen werden berufstätig, finanziell unabhängiger und damit selbstbewusster.[34]

Dieses neue, realistischere Frauenbild, das Javed Akhtar dabei vorschwebt, wurde bereits in einigen indischen TV-Serien wie „Tara und Saans" (eine Ally Mc Beal-Variante) aufgegriffen. In diesen Serien werden moderne, erfolgreiche, berufstätige Großstadtfrauen mit einer liberalen Einstellung gezeigt.

Tara Sinta, eine dieser Serienschauspielerinnen, ist der Ansicht, dass seit Ende der 90er Jahre immer mehr Regisseure und Produzenten der kommerziellen Filmindustrie dazu neigen, Frauen in erfolgreichen Positionen zu zeigen, Frauen, die etwas zu Stande bringen, Individuen und nicht nur Typen. Es gibt auch inzwischen Bollywoodfilme, in denen rebellierende traditionelle Ehefrauen dargestellt werden, wie in, „Kabhi Khushi Kabhie Gham" (2001) oder in „Shakti" (2002). Es sind mutige Frauen, die ein eigenes Unrechtsbewusstsein besitzen und für ihre Rechte und die Rechte anderer eintreten. Sie heben ihre Männer vom Podest herunter, leisten ihnen Widerrede. Solche Szenen wären vor einigen Jahren gar nicht denkbar gewesen.

Regisseure wie Prakesh, Shyam Benegal, Manesh Bhatt und Vinay Shukla sind die Repräsentanten dieser neuen so genannten Grenzfilme, die ein realistischeres und facettenreicheres Frauenbild präsentieren.

Ein einheitliches, klares Frauenbild gibt es in Indiens Kinowelt nicht mehr. Zwar werden noch viele Klischees und Stereotypen gezeigt, aber auch Beispiele für realitätsnahe Frauenfiguren. Indiens Gesellschaft und Indiens Frauen sind noch auf der Identitätssuche, befinden sich in einer Umbruchphase.

DIE FANS UND IHRE STARS

In Indien werden Stars weitaus mehr verehrt als in Europa und in Hollywood. Sie sind präsenter und greifbarer als die westlichen Stars. Ihre Adresse und Telefonnummer stehen sogar regulär in Telefonbüchern und manchen Touristenreiseführern, so, als ob sie bereit wären, jeden willkommen zu heißen. Ihre allgegenwärtige Präsenz zeigt sich ebenfalls auf den riesigen Filmplakaten, die zwischen Häuserwänden und auf Straßenkreuzungen aufgestellt sind, von denen einem ihre Gesichter ständig entgegen springen. In Indien werden allzu gerne die heroischen Eigenschaften der Filmfiguren auf die Stars persönlich übertragen.

Man identifiziert sich mit den Helden und Heldinnen, sie dienen als Vorbild. Ebenso wie das westliche Publikum baut das indische Kinopublikum eine enge Beziehung zum Leinwandstar auf. Männer möchten wie Amitabh Bachchan sprechen und sich bewegen oder denselben Haarschnitt tragen wie ein Hritkih Roshan oder Sharukh Khan. Junge Damen wiederum legen mehr Wert auf die Kleidung und wollen das gleiche Outfit wie Aishwarya Rai bei dem Song „Hum dil de chuke sanam" oder wie Kareena Kapoor beim College-Song in K3G.

Bollywoodfilme beeinflussen den Lebensstil und die Mode. In einigen Jahren wird man kaum noch traditionelle Kleidung sehen. Nur Touristen wollen noch Saris und Nehrujacken tragen. Die Verehrung geht sogar so weit, dass viele Schauspieler, die vor allem Tugenden und Heldentum auf der Leinwand symbolisiert haben, in politische Ämter gewählt werden. Das gibt es zwar auch in den USA, wenn man an Ronald Reagan oder Arnold Schwarzenegger denkt, doch in Indien treten diese Fälle noch gehäufter auf.

Berühmtestes Beispiel ist Amitabh Bachchan, ein Held der 70er Jahre, der 1984 in seiner Heimatstadt Allahabad mit Mehrheit zum Parlamentsmitglied

STERNE DER LEINWAND

Sieben Merkmale, an denen du erkennst, du bist in Bollywood ein Star geworden:
● Du entdeckst eine Karikatur von dir in einem Boulevardmagazin
● Menschen, die du noch nie im Leben getroffen hast, wollen plötzlich neben dir sitzen und mit dir plaudern
● Unbekannte Frauen oder Männer wollen dich heiraten
● Menschen, die dich nicht kennen, bitten dich plötzlich um Rat
● Du bist auf dem Titelbild der Filmmagazine
● Die Fans wollen deine Schuhe berühren
● Der nächste Film, in dem du dann spielen darfst, hat schon automatisch Hitqualität.
● Und wenn du erst einmal ein Star bist, werden dir Doppelrollen angeboten, dann bekommen dich die Zuschauer in zweifacher Ausführung für den gleichen Preis zu sehen. So wie Govinda in „Aankhen", Shah Rukh Khan in „Duplicate"(1998) oder Kajol in „Dushman" (1998). Wenn du Glück hast, bekommst du aber auch eine Dreifachrolle wie Amitabh Bachchan in dem Film „Mahaan"(1983), und wenn du das große Los gezogen hast, sogar eine Neunfachrolle wie Sanjeev Kumar in „Naya Din Nayi Raat" (1974).

gewählt wurde, bis er nach zweieinhalb Jahren feststellte, dass er sich doch nicht eignete. In Südindien wurde N. T. Rama Rao, ebenfalls ein berühmter Schauspieler, zum Staatschef gewählt. In religiösen Filmen kämpfte er siegreich und gerecht gegen das Böse, dies war für genügend Inder ein Grund, ihn zu wählen. Dass sie

Fiktion mit Realität verwechselt hatten, wurde ihnen bald klar, und N. T. Rama Rao verlor die nächste Wahl.

Die Figur des Helden und der Star, der diesen Helden repräsentiert, sind in Indien kaum voneinander zu trennen. Das Mainstreamkino schafft Individualität durch individuelle Schauspieler. Dilip Kumar, der Star der 40er Jahre, wird immer mit der Figur des tragischen Helden in Verbindung gebracht, Rajesh Khanna mit dem romantischen Helden der 60er Jahre und Amitabh Bachchan mit dem wüten-den jungen Rebellen der 70er Jahre.

Was für Ausmaße diese Identifikation mit den Stars in Indien annehmen kann, zeigt folgende Anekdote von Sanjay Leela Bhansali zu seinem Film „Khamoshi" (1996) aus dem Buch „Bollywood – The Indian Cinema Story" von Nasreen Kabir, in dem der Protagonist Nana Patekar einen Taubstummen spielt:

„Ich erzähle Ihnen, was ich bei meinem ersten Film Khamoshi durchmachen musste: Die Hauptfigur des Films ist ein Taubstummer, der von Nana Patekar ge-spielt wurde. Nana ist bekannt für seine feurige Vortragsweise, seine heftigen Wut-ausbrüche und Ansprachen, und ich besetzte ihn als Taubstummen, er konnte so-mit nicht sprechen… Erster Tag, erste Aufführung, ich bin im Liberty-Kino. Es ist nicht angekündigt worden, dass Nana Patekar einen Taubstummen spielt – das war mein Fehler! Der Trailer sah viel versprechend aus, und die Leute strömten ins Kino. Der Film begann, und Nana wurde gezeigt, wie er in der Gebärdensprache kommunizierte. Das Publikum in der ersten Reihe begann zu schreien: Nana! Sprich! Bitte sprich! Ich sank nur in den Sessel und dachte, mein Film würde ein Flop. Sie riefen weiter: Wir wollen dich sprechen hören, komm schon: Sprich! So, als ob Nana sie hören könnte und zu sprechen anfangen würde! Dann erscheint die Schauspielerin Seema Biswas. Sie spielt Nanas Ehefrau, und sie versuchen, das neugeborene Kind mit Zeichensprache aufzuwecken. Nana stößt Seema frustriert zur Seite, da das Kind nicht reagiert, und wird auf Seema wütend. Als er sie zu schlagen beginnt, schreit das Publikum: Phoolan Devi! – weil Seema Biswas die Rolle der Phoolan Devi in ‚Bandit Queen' gespielt hatte – Phoolan Devi, erschieß ihn! Erschieß ihn! Ich dachte, nun sei es vorbei. Mein Film ist ein völliges Desaster. Das ganze Publikum lachte, und ich saß im Liberty und weinte. Einige Tage später kam der Verleiher aus Delhi, um mir zu sagen, ‚Sir, in Delhi rannten die Zuschauer aus dem Kino. Lassen Sie doch Nana in der letzten Szene sprechen, bitte lassen Sie ihn sprechen!' Ich sagte: ‚Aber er ist doch stumm, und in der letzten Szene stirbt er, wenn er sprechen sollte, hätte es es schon vorher im Film machen sollen. Wie soll ich ihn denn am Ende sprechen lassen?' Der Verleiher berührte meine Füße und sagte, bitte gehen Sie zu den Tonstudios und fügen Sie Nana Dialoge hinzu, dann wird der Film ein Erfolg. Doch ich sagte ihm, dass ich nicht von meiner Überzeugung abweichen würde, um ihn sprechen zu lassen. Aber warum sagte der Verleiher mir das? Weil das Publikum es so wollte."[35]

In der Industrie bestimmen neben der Filmmusik die Stars den Erfolg eines Films. Viele Filmemacher haben ein Problem, ihre Filme überhaupt finanziert zu bekommen oder später von einem Verleiher vertreiben zu lassen, wenn sie nur Unbekannte anbieten können. Somit sind die Produzenten und Regisseure hilflos der Gnade der Stars ausgeliefert.

Wie kann ein Filmemacher die Gunst eines Stars für sich gewinnen? Er schickt dem Auserwählten entweder ein speziell auf ihn zugeschnittenes Drehbuch oder einen Stapel Drehbuchkopien. Gefällt dem Star die Geschichte, machen sie einen Vertrag und der Star bekommt eine bestimmte Summe im Voraus bezahlt, ca. ein Prozent des Gesamthonorars, das etwa ein bis sechs „crore von Rupees" beträgt (Maßeinheit, in der Markt- und Verkaufswert der Filme und der Stars gemessen wird: ein crore entspricht etwa 200.000 Euro). Die Vereinbarungen hängen vom Marktwert des Stars in der Boxoffice-Liste ab. Die Summe wird für das Versprechen des Stars gezahlt, dass er sich die Daten für den Dreh sowie für die Nachsynchronisation freihält. Die Stars kassieren letztendlich etwa 40 Prozent des Gesamtbudgets. Die meisten indischen Schauspieler arbeiten gleichzeitig an verschiedenen Filmen, eine Rolle wird morgens und die andere nachmittags gedreht. Die Dreharbeiten verlaufen in Mumbai recht undiszipliniert, oft kommen die Darsteller statt um 9 Uhr erst um 13.00 Uhr, dann wird eine Einstellung gedreht. Danach ist Mittagszeit und Essen angesagt. Doch die Mahlzeit ist reichlich und schwer, alle sind müde, darum wird erst um 16 Uhr weiter gedreht, und um 18 Uhr ist meist Drehschluss. Wenn nun der Star nicht weiter drehen kann, da er zu einem anderen Drehort muss, bleibt es nur bei der einen Einstellung des Drehtages. Er setzt sich ins Auto und kämpft sich nun durch den Verkehr von einem Ende Mumbais zum anderen Ende der Stadt. Den anderen Drehort erreicht er mit gravierenden Verspätungen. Völlig abgekämpft und müde kommen die Darsteller an die Sets und müssen sich nun beeilen, um nicht noch mehr kostbare Zeit zu verlieren. Als Resultat zeigen sich bei einigen Filmen mangelnde Stimmung und Lichtanschlussfehler.

Normalerweise bedarf ein Dreh ein Jahr Vorbereitungszeit. Doch trotz Verträgen und Zusicherungen kann es vorkommen, dass der Star derart in Stress und Zeitnot ist, dass er das Filmprojekt in letzter Minute absagen muss. Der Regisseur kann in diesem Moment nichts dagegen unternehmen. Ihm bleibt nichts anderes übrig, als an einem anderen Film weiter zu arbeiten. Er hat nur dann einen Schutz, wenn der Film fast fertig gedreht wäre, denn diese Filme sind rechtlich geschützt und haben Priorität vor anderen. Von 1000 produzierten Filmen kommen letztendlich nur etwa 30 Prozent auf die Leinwand.

Der Grund für die Annahme so vieler gleichzeitiger Verträge liegt an dem unsicheren Filmgeschäft. Wenn ein noch relativ unbekannter Schauspieler beispielsweise nur zwei Filme drehen würde und diese dann noch schlecht liefen, würden die Leute sagen, dass er ein Verlierer sei. Sein Marktwert schwindet, und niemand gibt ihm eine zweite Chance. So denkt er sich, dass es besser ist, gleichzeitig für zehn Filme zu unterschreiben, da die Möglichkeit, wenigstens einen Kassenschlager zu landen, sich auf diese Weise deutlich erhöht. Shashi Kapoor wurde berühmt für diese Arbeitsweise, die Krönung waren 140 Filmverträge innerhalb eines Jahres. Er wurde zum „tax star" (Steuerstar) Indiens.

Viele Stars wie Amitabh Bachchan, Shah Rukh Khan oder Aamir Khan arbeiten jedoch seriös und konzentrieren sich auf die Fertigstellung eines Projektes.

WIE WIRD MAN EIN STAR?

Jeder, der nach Bollywood kommt, will ein Star werden. Dabei machen besonders oft die Neulinge, die aus keiner der bereits ansässigen Stardynastien kommen, frustrierende Erfahrungen. Mahima Choudhary schildert in der indischen Filmzeitschrift „Stardust" (Mai 1998) recht anschaulich ihre desillusionierenden Erlebnisse. Ihr Mentor entpuppte sich im Nachhinein als Ausbeuter und Erpresser. Er akzeptierte nicht, dass sie nach einiger Zeit unabhängig werden wollte, die Angebote sollten nur über ihn laufen. Auch enthielt der Vertrag im Kleingedruckten die Klausel, dass 50 Prozent ihres Gehalts an ihn gehen sollten. Nur mit Hilfe eines guten Anwalts und über einen Gerichtsprozess schaffte sie es, sich aus dem Vertrag zu lösen. Ein ähnliches Erlebnis widerfuhr Eva, die ihren Namen in Kareena umändern ließ, da er zu britisch für das indische Publikum klang. Sie kam nach Bollywood, weil sie ein Teil von dem werden wollte, was die Leute von draußen als Paradies bezeichneten. (Interview aus Ciné Blitz März 1998)

„Alle denken, es sei dort alles sehr nett, sehr leicht und glamourös. Doch wie sich herausstellte, war es ein Dschungel voller Wölfe – in Form von Betrügern, Herzensbrechern – und Manipulationen. In den wenigsten Fällen wirst du wie ein Mensch behandelt, sie kümmern sich nicht um deine Gefühle, sie scheinen eiskalt und abgebrüht zu sein. Als ich meinen ersten Film machte, wurde ich von Kollegen direkt gefragt, mit wem ich herumgefickt hätte. Als sie mein entsetztes Gesicht sahen, blickten sie nur verständnislos, da dies etwas ganz Normales sei. Regisseure und Produzenten nutzen die Situation von Newcomern aus, sie wissen, wie verzweifelt man ist und dass man fast alles tun würde, um für sie arbeiten zu können. Viele Mädchen bestätigen diesen Eindruck. Sie kommen mit Hotpants und kurzen Shirts zu den Sets und flirten mit den Filmemachern und Produzenten. Die einzigen, die hier gut behandelt werden, sind die, deren Eltern oder Verwandte bereits in der Industrie arbeiten."

DIE SCHATTENSEITEN DES RUHMS

Für den Starruhm zahlt man einen hohen Preis. Da in Indien vor allem in der Filmindustrie das große Geld verdient wird, sind Produzenten, Regisseure und Schauspieler oft Opfer der Unterwelt und deren Schutzgelderpressungen. Die Methode funktioniert wie in anderen bekannten Ländern, in denen die Mafia herrscht. Sie geben vor, die Stars schützen zu wollen, und verlangen Geld dafür. Wenn diese nicht auf das Angebot eingehen und nicht bezahlen wollen, versucht man, sie zu töten. Die Mafia versucht so, Angst zu verbreiten, was ihr natürlich auch gelingt. Allein in Mumbai sind 2000 Polizisten damit beschäftigt, 40 Berühmtheiten der Filmbranche zu schützen.

Bollywoods Unterwelt und ihr enges Verhältnis zur Filmindustrie hat Tradition. Einnahmen aus Drogenhandel, Schmuggel und Prostitution werden in der Filmindustrie „gewaschen" und investiert. Da der Kapitalbedarf immens hoch ist und ein ständiger Konkurrenz- und Überlebenskampf herrscht, bleibt Produzenten und Filmemachern oft nichts anderes übrig, als sich dieser Gelder zu bedienen. Es heißt, dass die Hälfte der Investitionen aus dieser Quelle stammt. Doch der Kredit wird nicht umsonst vergeben, die Bosse wollen natürlich Einfluss auf die Auswahl der Schauspieler und Regisseure ausüben und den Verkauf von Filmrechten kontrollieren. Es kommt häufig zu Auseinandersetzungen, vor allem, seitdem teure Filmproduktionen gefloppt sind.

Die Filmindustrie hat schon viele Talente durch Mordanschläge verloren. Seit dem Tod von Gulsham Kumar, dem berühmten Film- und Musikproduzenten, geht die Angst um. Er wurde am 12.08.1997 im Mumbai nach einem Tempelbesuch auf offener Straße erschossen. Wer die Drahtzieher waren, weiß man nicht. Doch dass hinter den Anschlägen Verbrechersyndikate stecken, daran gibt es keine Zweifel. Viele der Stars haben Leibwächter angeheuert.

In einem Artikel in der indischen Filmzeitschrift „Filmfare" (Juni 1998) stellt die Polizei für den Begleitschutz der Stars drei Sicherheitskategorien auf: X (Minimum an Sicherheit), Y (Mittlere Sicherheit), Z (Maximum an Sicherheit). Die Sicherheitskräfte der Stars, die der Kategorie Z angehören, werden vom Staat finanziert, die beiden anderen Kategorien müssen von den Stars selbst bezahlt werden. Der Schutz hängt von der Art der Bedrohung und der Gefährdung ab. Es gibt finanzielle Erpressungen wie bei dem Regisseur Rakesh Roshan nach dem grandiosen Erfolg seines Filmdebüts „Kaho Na Pyar Hai" (2000). Dieses Ereignis zog ungebetene Gäste aus der Unterwelt an. Sie versuchten von Rakesh Roshan hohe Geldsummen zu erpressen. Als dieser darauf nicht einging, versuchte man, ihn auf offener Straße zu töten. Zwei Kugeln trafen ihn, doch er überlebte.

Des Weiteren gibt es Erpressungen, die sich um das Mitwirken bei bestimmten Filmen drehen, Govinda hatte ein solches Angebot der Unterwelt abgelehnt und bekam daraufhin Morddrohungen. Amitabh Bachchan gehört zur Z-Kategorie und wird täglich von einer schwer bewaffneten Eskorte begleitet. Shah Rukh Khan entschied sich für Kategorie X, d.h. einen bewaffneten Sicherheitsbeamten.

DIE STARS UND STARLETS VON DER STUMMFILMZEIT BIS HEUTE

Bollywood-Filmstars sind so zahlreich wie Indiens Götter, und zu verfolgen, wer wer ist und wer was tut und mit wem, ist ein wahrer Vollzeitjob. Aus diesem Grund habe ich eine gewisse Auswahl getroffen, die sich auf die prägnantesten Persönlichkeiten des indischen Mainstreams bezieht.

Die Stars der 20er und 30er Jahre

Die ersten frühen Helden der Stummfilmzeit waren **Dinshaw Billimoria** und **Master Vithal**. Beide agierten in Actionfilmen und historischen Dramen. **Dinshaw Billimoria** war der Star des Imperialstudios und spielte in Stuntfilmen wie „Wild Cat of Bombay" (1927) und „Anarkali" (1928). **Master Vithal** (? – 1969[36]) schaffte seinen Durchbruch als Actionheld mit „Ratan Manjari" (1926). Eine weitere Bollywoodlegende war **Prithviraj Kapoor** (1906 – 1972) aus Peshawar, der zuvor am Theater als Bühnenschauspieler gearbeitet hatte. Sein Debüt gab er im Stummfilm „Cinema Girl" (1926). Des Weiteren spielte er in Indiens erstem Tonfilm „Alam Ara" (1931) den alternden Raja, der von seinen beiden Frauen geplagt wird, die sich ständig streiten. Unvergesslich bleibt er jedoch in der späteren Rolle des Königs Akbar in dem Film „Mughal-e-Azam" (1960), in der er mit seinem imperialen Verhalten und seiner tiefen Stimme selbst dem echten Akbar Konkurrenz gemacht hätte. Prithviraj Kapoor war der Begründer der Kapoordynastie, die seit vier Generationen bis heute in Bollywoods Filmindustrie das Business mitbestimmt.

Die Stars der 30er und 40er Jahre

Einer der ersten Bollywood-Singing-Actor-Helden der 30er und 40er Jahre war **Kundan Lal Saigal** (1905 – 1947). Er war ursprünglich aus Punjab und zog nach Kolkata, wo er als Schreibmaschinenverkäufer arbeitete. Sein Gesangstalent wurde von B. N. Sircar entdeckt, der ihm Unterricht und einen Job am New Theatre anbot. Berühmt wurde K. L. Saigal mit der Hauptrolle und seinem wunderschönen, ergreifenden Gesang in „Devdas" (1935). Er war der erste wirkliche Superstar, nicht wegen seines Aussehens oder seiner darstellerischen Fähigkeiten, sondern aufgrund seines Gesangs. 1947 starb er im Alter von 43 Jahren.

Ein anderer Schauspieler dieser Zeit war **Ashok Kumar** (geb.1911), der die Antithese zu dem impulsiven Helden Saigal darstellt. Seine Rollen leiteten den Wechsel vom romantischen Helden zum Antihelden ein. Ashok Kumar begann als Laborassistent bei *Bombay Talkies* und wurde mehr oder weniger durch Zufall zum Schauspieler auserkoren, als der Protagonist von „Jeewan Naiya" (Das Boot des Lebens, 1936) ausfiel. Danach folgte „Achhut Kanya" (Die Unberührbare, 1936). Seine beste Rolle gab er in Gyan Mukherjees „Kismet" (Schicksal, 1943), Bollywoods erstem Blockbuster. Er spielt den Antihelden, der von seinen Eltern getrennt ist und in die Fänge der Unterwelt gerät. Dieses Rollenmodell war Vorläufer für die nachfolgenden Charaktere der 50er Jahre. Stars wie Raj Kapoor, Dev Anand oder Dilip Kumar machten den gewöhnlichen Mann von der Straße zum neuen Antihelden. Der starke, unfehlbare Supermann war nicht mehr gefragt. Realität und soziale Themen sollten reflektiert werden.

Dilip Kumar (geb.1922), der eigentlich Yusuf Khan hieß, wurde von Devika Rani entdeckt, als sie einen Ersatz für Ashok Kumar suchte.[37] Sein Debüt gab er in „Jwar Bhatta" (1944). Er war der tragische Held, der eher bereit war, die

Dilip Kumar

Liebe seiner Geliebten zu verlieren, als die Pflichterfüllung gegenüber seinen Freunden zu vernachlässigen. Dilip Kumar wurde berühmt für seine cineastische Darstellungsweise. Er wusste, wie er Filmsprache und Technik gezielt und effektiv miteinander kombinieren konnte. Er besaß Charisma, obgleich er nicht dem indischen Schönheitsideal entsprach.

Er spielte immer ähnliche Charaktere, d.h., er spezialisierte sich vorwiegend auf die Rolle des introvertierten, sensiblen, nachdenklichen Helden. Berühmt wurde er mit den Filmen „Andaaz" (Stil, 1949), mit „Devdas" (1955) und „Mughal e-Azam" (1960). Seinen letzten Auftritt gab er in „Shakti" (1982), wo er einen skrupellosen Polizisten spielte. Doch 2003 steht ein neues Filmprojekt mit dem Hochbetagten Dilip Kumar unter der Regie von Tinnu Anand an. Er soll den Vater von Manoj Bajpai spielen. Darauf darf man gespannt sein.[38]

Die Stars der 50er und 60er Jahre

Ein berühmter Star der 50er und 60er Jahre war **Raj Kapoor** (1924 – 1988), der als Schauspieler und gleichzeitig als Regisseur tätig war. Er war der Sohn des legendären Schauspielers Prithviraj Kapoor.

Raj begann seine Karriere als Klappenjunge bei *Bombay Talkies*. Seine erste Rolle spielte er bereits mit elf Jahren. Als er älter war, arbeitete er als Assistent bei Kidar

Sharma und bekam von ihm die Chance zu einer Hauptrolle in dem Film „Neel Kamal" (1947). Schon ein Jahr später gründete er mit 24 Jahren „RK-Films", seine eigene Filmgesellschaft samt Filmstudios, und drehte dort seinen ersten Film „Aag" (Feuer, 1948). Beeinflusst von Charlie Chaplin kreierte er die indische Variante des romantischen Tramps, der Verliererfigur in einer korrupten Gesellschaft. Alle Helden, die Raj Kapoor selbst spielte, sei es in „Awaara" (Der Vagabund, 1951), „Anadi" (Der Unerfahrene, 1959) oder in „Mera Naam Joker" (Mein Name ist Joker, 1970), hatten immer etwas mit ihm persönlich zu tun. In seinen Filmen verwischen die Unterschiede zwischen Realität und Kunst. Zwischen 1931 und 1966 wurden sechzehn Prozent aller Hindifilme von Mitgliedern seiner Fa-

Raj Kapoor

milie (Prithviraj, Raj, Rishi und Radhir) bestimmt. Inzwischen arbeiten 286 Familienmitglieder der Kapoor-Dynastie in der Bollywoodindustrie.

Ein weiterer Vertreter der 50er Jahre-Stars war **Dev Anand** (1923), auch „Evergreen Hero" genannt. Sein Bruder, der innovative Filmemacher Chetan Anand, ermutigte Dev, beim Film zu arbeiten. Sein Debüt gab er mit „Hum Ek Hain" (1946). Er repräsentierte den romantischen Helden und modernen Stadtmenschen der indischen Mittelklasse. Mitte der 40er Jahre hatte er zusammen mit seinem Bruder die Filmgesellschaft „Naeketan Films" gegründet, auf diese Weise konnten sie unabhängig ihre Filme produzieren. Bekannt wurde er mit „CID" (1956) und „Nan Do Gyarah" (1957). Ende der 60er Jahre führte Dev Anand selbst Regie bei den Filmen „Prem

Dev Anand

Pujari" (1970) und „Hare Rama Hare Krishna" (1972). Sein letzter Film, in dem er sowohl Regie führte als auch mit Salman Khan die Hauptrolle spielte, war „Love at Time Square" (2003), eine Dreiecksliebesgeschichte. Er plant, demnächst einen Film über die Lebensgeschichte von Nora Jones, Grammy-Gewinnerin und Tochter des berühmten Sitarspielers Pandi Ravi Shankar, zu drehen. Das Ganze wird jedoch nicht in Indien, sondern in Hollywood stattfinden.

In den 60er Jahren schwand die Beliebtheit des tragischen Helden und Antihelden, und ein neuer Held kam in Gestalt von Raj Kapoors jüngerem Bruder **Shammi Kapoor** (geb.1931), dem Rock 'n' Roller des Hindifilms, mit „Tumsa Nahin Dekha" auf die Leinwand. Er hatte schon in den 50er Jahren versucht, Karriere zu machen, doch jeder Film floppte. Schließlich änderte er sein Image und seinen Stil und hatte plötzlich Erfolg. Er war der jugendliche, energievolle, wild gestikulierende Rebell. In den Filmen, in denen er mitspielte, gab es keine grausamen Kastenkriege, keine Bösewichte und auch keine erdrückende Armut mehr. Mit dem Film „Junglee" (1961) wurde er zum Vorbild für eine ganze Generation.

Für einen Helden tanzte er schlecht, doch das störte nicht weiter. Er war sorglos und scherte sich nicht um Traditionen. Er symbolisierte den Krishna-Liebhaber aus der *Bhagavad-Gita*, den zudringlichen Held, der Frauen anmacht. Er ist immer überall in der Nähe der Heldin. Sie reagiert anfangs verärgert und widerwillig, doch er versucht mit allen Mitteln, ihre Aufmerksamkeit auf sich zu lenken, entweder mit offensiven Andeutungen oder mit Zweideutigkeiten und vielsagenden Liedern und Tänzen. Er taucht an den unmöglichsten Orten auf, um die Heldin bei ihrer täglichen Arbeit zu necken und zu überraschen. Je stärker seine Einfälle von der Heldin missbilligt werden, umso größer ist sein Spaß. Für den Krishnahelden ist es unerlässlich, dass die Frau unberührt ist und dass sie durch seine Bemühungen ihr eigenes Verlangen entdeckt. Die eiskalte Lady wird in ein ihn heiß begehrendes, wollüstiges Weib verwandelt.

Die Stars der 70er Jahre

Zwischen 1969 und 1972 wurde **Rajesh Khanna** (geb. 1942) der romantischste Held. Sein Debüt gab er mit „Aakhri Khat" (1966). Danach wurden alle seine Filme ein Boxofficehit. Filme wie „Aradhana" (1969) oder „Khamoshi" (1969) führten zu einer wahren Euphorie, er bekam 1000 Heiratsanträge von seinen Verehrerinnen, ein Brief war sogar mit Blut geschrieben. Doch sein Einfluss und Rang wurden 1973 durch eine neue und stärkere Interpretation des Antihelden Vijay in Person Amitabh Bachchans abrupt unterbrochen.

Das Phänomen Amitabh Bachchan (geb. 1942)

Amitabh Bachchan wurde als Sohn des Poeten, Autors und Shakespeare-Übersetzer Harivansh Rai Bachchan 1942 in Allahabad geboren. Nach dem Studium arbeitete er als Warenhändler in Kolkata. Doch die Arbeit befriedigte ihn nicht wirklich, und er widmete seine Freizeit dem Theaterspiel.1968 verließ er schließlich seinen gut bezahlten Job, um nach Mumbai zur Filmindustrie zu gehen. Monate des Wartens und des Kampfes folgten, auch der indische Radiosender „All India Radio" wollte ihn wegen seiner tiefen Stimme nicht nehmen. Der Stimme, die später sein Markenzeichen wurde. In dem Film „Resha Aur Shera" (1971) musste Amitabh Bachchan sogar einen Stummen darstellen. Nach einer Reihe von Flops, in denen er u.a. den Part des Bösewichts übernahm, wurde er 1970 in „Anand" zum ersten Mal wirklich bemerkt, in der Rolle des frustrierten Doktors und hilflosen Helfers. 1973 war es dann endlich soweit für Amitabh Bachchan, und zwar mit der Rolle des Polizeiinspektors Vijay in „Zanjeer".

Gesucht wurde ein Schauspieler – groß, schlank, mit intensivem Blick und guter Stimme. Amitabh Bachchan wurde mit der Figur des Vijay zum neuen, ganz eigenen Helden, mit dem man keinen anderen messen konnte. Vijay, was der „Siegreiche" bedeutet, dominierte ein ganzes Jahrzehnt die indische Kinolandschaft. François Truffaut sprach scherzend von einer „One-Man"-Industrie. Die achtzehn Filme, die auf „Zanjeer" folgten, trafen genau den Nerv der Zeit. Filme wie „Deewar" (1975), „Trishul" und „Namak Halal"(1982) reflektierten die gesellschaftlichen Ereignisse wie politische Skandale und Korruption im Justizbereich, Arbeitslosigkeit und Kriminalität.

Die Drehbuchautoren Javed Akhtar und Salim Khan schufen mit Vijay einen neuen Helden, der keine Kompromisse mehr machte und der es den Widrigkeiten des Lebens nicht erlaubte, ihn zu besiegen. Er war der geborene Einzelkämpfer, der niemanden fürchtete und der sei-

Amitabh Bachchan

ne Gegner zerstören wollte, der das Gesetz selber in die Hand nahm und sich über soziale Schranken hinwegsetzte.

Bachchans Ära kann als klare Trennungsmarke in der indischen Filmgeschichte gesehen werden. Die Filme vor und nach dieser Zeit kann man in Prä- und Post-Bachchan-Jahre einteilen. Er verkörpert eine neue Form des Helden und Liebhabers. Sein Held ist weder gut noch schlecht, er lebt am Rand der Gesellschaft und hat nur wenige Bezugspersonen. Die Beziehungen zu seinen Vertrauenspersonen sind stark und unruhig. Der Held wird rasch gewalttätig und zieht sich oft grübelnd zurück. Er ist der geborene Gesetzesbrecher, der aber von seinen eigenen Gesetzen nicht abweicht. Er ist oft Teil der Unterwelt, ohne sich jedoch an deren sadistischen Exzessen zu beteiligen. Als Liebhaber ist er nicht romantisch, sondern beherrscht und in sich gekehrt. Nach dem Motto: „In unserer Welt gibt es andere Qualen als die der Liebe und andere Glückseligkeiten als die einer zärtlichen Umarmung."

Noch niemals wurde in Indien ein Star so gefeiert wie Amitabh Bachchan. Er wird nahezu wie ein Gott verehrt. Noch heute pilgern aus ganz Indien tausende von Menschen zu seinem Haus in Juhu/ Mumbai, um am Sonntag eine Audienz bei ihm zu bekommen.

1982 erlitt Amitabh Bachchan während der Dreharbeiten bei einer Stuntszene zu „Coolie" einen lebensbedrohlichen Autounfall. Für zwei Monate lag er auf der Intensivstation und weitere sechs Monate im Breach Candy Hospital in Mumbai. Tausende von Fans kamen zum Krankenhaus und versuchten, mit Massengebeten seine Genesung zu beschleunigen, einer seiner Fans lief als Opfergabe sogar 800 km rückwärts. Die Gebete wurden erhört und Amitabh Bachchan genas wieder.

Sein Erfolg blieb nicht nur auf Indien beschränkt, in einer BBC Online-Abstimmung wurde er zusammen mit Laurence Olivier zum größten Star des Millenniums gewählt. Seit Dezember 2000 kann man ihn auch in Madame Tussauds Wachsfigurenkabinett in London bewundern.

Warum ist Amitabh Bachchan so berühmt und beliebt? Und warum beeinflusste er auch andere Heldenrollen? Die Helden der 40er, 50er und 60er Jahre waren alle tugendhaft. Sie besaßen einen passiven, kindlichen Charakter und waren ein schwaches Abbild des romantischen Helden, der das Getrenntsein und die Enttäuschung in der Liebe mit übermenschlicher Intensität erlebt. Wenn sie denn wütend und frustriert waren, richtete sich ihre Wut zuletzt gegen sie selbst und nicht gegen die Gesellschaft. Aus einem Gefühl der Hilflosigkeit flüchteten sie dann in Depressionen und Alkohol oder sie begingen Selbstmord, wie die Helden in den Filmen „Devdas" und „Pyaasa". Ihre Rebellion blieb auf sie selbst beschränkt. In der damaligen feudalen Gesellschaftsordnung fühlten sich die Menschen in Indien ausgebeutet und ungerecht behandelt. Mit dem beginnenden Kapitalismus und der fortschreitenden Industrialisierung setzte zunächst die Hoffnung auf eine Verbesserung der Lebensumstände ein, die Helden der 60er Jahre wurden positiver und optimistischer. Doch letztendlich änderte sich nicht viel im Land. Der Traum von einer besseren Zukunft zerplatzte und kreierte eine neue Art von Zynismus und Ärger bei der Bevölkerung. Die Reaktion auf die gesellschaftlichen und politischen Einflüsse war der Antiheld Vijay, den Amitabh Bachchan verkörperte. Dieser vollbrachte die Dinge, von denen Millionen Inder damals träumten, er nahm ihnen das Gefühl von Ohnmacht und Hilflosigkeit. Er kämpfte für eine bessere und menschlichere Welt.

Doch das ist nicht alleine der Grund für seinen Erfolg. Amitabh Bachchan verkörpert für die Inder physisch und charismatisch den Archetyp eines Helden. Jeder möchte ihn als Vater, Berater und Freund haben. Auch von den Stars der Filmindustrie wie Shah Rukh Khan, Hritik Roshan und Govinda hört man immer wieder, wie sehr Amitabh Bachchan ihr Vorbild ist.

Seit 34 Jahren arbeitet er in der Filmindustrie und hat um die 200 Filme gedreht. Da er sich nicht nur auf einen Rollentyp festgelegen wollte, spielte er 1977 in „Amar, Akbar und Anthony" den Part des Anthony und zeigte in dieser Rolle auch Talent für Komik. Ende der 80er Jahre konnte Amitabh Bachchan jede Rolle spielen, Antihelden, Romantiker, Tyrannen, Liebhaber, Kämpfer und komische Helden. Auch als Sprecher betätigte sich Amitabh Bachchan, beispielsweise konnten wir seine dunkle, tiefe Stimme als Erzähler in dem Filmklassiker „Lagaan" hören.

Seit 2000 ist er der Moderator von „Kaun Banega Crorepati?", der indischen Version (Wer wird Millionär?) im indischen Kanal „Star Plus". Diese Show ist ein phänomenaler Erfolg, mit Witz und Charme lockt er die Menschen von den Straßen. In den derzeitigen Filmen spielt er meistens die Charakterrolle des streng orthodoxen Vaters oder Lehrers, scherzend meint er in einem TV-Interview dazu: „Ich habe mich vom ‚Angry Young Man' zum ‚Angry Old Man' entwickelt."

Verheiratet ist Amitabh Bachchan mit der Schauspielerin Jaya Bhaduri. Sowohl sie als auch ihre beiden Kinder Abishek und Shweta arbeiten für das Bollywoodkino.

Die Stars der 80er und 90er Jahre – die neue Generation

Die 80er Jahre wurden außer von Amitabh Bachchan noch von Salman Khan und Sunny Deol geprägt, der die Auseinandersetzung mit den Bösewichten ebenfalls nicht scheute.

Salman Khan ist der erste Hindistar, der seinen gestählten Körper zum Markenzeichen erhob und zur Schau stellte. Er wurde bekannt in Filmen wie „Hum Aapke Hain Koun" (1994), „Hum Dil De Chuke Sanam" (1999), „Biwi No.1" (1999), „Chori Chori Chupke Chupke" (2001). Zur Zeit steht er einerseits wegen Verbindungen zum organisierten Verbrechen und andererseits wegen Mordverdachts in Kritik. Salman Khan fuhr laut Anklage auf dem Bürgersteig und tötete einen Passanten. Seiner Meinung nach war es ein tragischer Unfall. Das Gerichtsurteil steht noch aus.

Sunny Deol, alias Ajay Singh Deol stammt aus dem Punjab und zählt dort noch heute zu den beliebtesten Schauspielern. Er war zwar ein miserabler Tänzer, hatte dafür aber viele beeindruckende Muskeln, die er stattdessen einsetzen konnte. Er ist der geborene Macho, der für Ehrlichkeit und Gerechtigkeit steht und nie aus Mordlust tötet. Sunny Deol spielte fast nur in patriotischen Action-Epen wie „Border" (1997), „Gadar" (2001) und „Hero"(2003) mit.

Der Übergang der 80er Jahre in die romantischen 90er Jahre wurde mit einer neuen Heldenfigur, der des „Komischen Helden" eingeleitet. **Govinda**, der auch Chi Chi genannt wird, war der erste komische Held im Hindikino und gilt als der größte

Komiker Indiens. Er ist eine Mischung zwischen Jim Carrey und Robin Williams. In letzter Zeit hat er massiv zugenommen, das führte dazu, dass neben seinem Dauergrinsen nun auch sein Übergewicht sein Markenzeichen wurde. Des Weiteren trägt er in seinen Filmen sehr gerne Motorradjacken und Ohrringe aus den 80ern. Neben seinem komischen Talent besitzt er ein versiertes tänzerisches Können. Er spielt den Dörfler, der in die große Stadt kommt, um sein Glück zu machen. Nach einigen Hindernissen heiratet er eine reiche Frau und verbringt mit ihr rosige Zeiten. Seine erfolgreichsten von bisher 92 Filmen sind „Biwi no1", „Jodi no1", „Raja Baba", „Coolie no 1", und „Hero no 1". Inzwischen ist er seiner Komikereinsätze müde geworden und will nach „Ek Aur Ek Gyarah" (2003) versuchen, eine neue, interessantere Rolle zu bekommen.

Anil Kapoor, er gehört der Kapoor-Dynastie an, verkörpert den romantischen Helden. Sein Durchbruch kam mit „Virasat" (1997). Er spielt den neuen romantischen Helden mit „Allround-Talent", der als Schwiegersohn geeignet ist und dennoch genügend Sex-Appeal besitzt. Er ist der Mann, den jeder gerne als Bruder oder Freund haben will.

Einer der größten Superstars der Gegenwart ist **Shah Rukh Khan**, der nicht aus einer Familiendynastie der Filmindustrie stammt. Er hat eine Schauspielausbildung an der Akademie in Delhi gemacht und dann dort am Theater gearbeitet. Danach wechselte er über zum Fernsehen und spielte in mehreren Serien mit.

Shah Rukh Khan in „Devdas".

Anfang der 90er Jahre ging er nach Mumbai zur Filmindustrie. Seine dortige Karriere begann er als untypischer Hindifilmheld. Nach einigen anfänglichen Flops wurde die Rolle des mörderischen Psychopathen „Baazigar" (1993) mit ihm besetzt. Ein einmaliger Film in der Geschichte Bollywoods, denn zum ersten Mal bringt der Held die Heldin um. Shah Rukh Khan zählt zu den wenigen Schauspielern Bollywoods, die in den letzten zehn Jahren viele verschiedene Rollen spielen konnten.

Besonders viel Lob erntete er für die Rolle in „Devdas" (2002), da diese Figur schwierig zu spielen war und viele subtile Nuancen erforderte. Er übernahm selbst die klassische Körpersprache und Sprechweise seines Vorgängers K. L. Saigal aus den 30er Jahren. Inzwischen hat Shah Rukh Khan mit dem Regisseur Aziz Mirza und der Schauspielerin Juhi Chawla die eigene Produktionsfirma „Dreams Unlimited" gegründet.

Ein anderer in Europa bekannt gewordener Star ist **Aamir Khan**, den man in seinem von ihm produzierten Film „Lagaan" (2000) als Helden und Befreier eines indischen Dorfes bewundern konnte. Seine Familie ist ebenfalls im Filmgeschäft tätig, Vater Tahir Hussain ist Filmproduzent und sein Onkel Nasir Hussain ist Regisseur.

Aamir Khan wollte eigentlich Kricketspieler werden, machte dann seine ersten Erfahrungen als Regieassistent bei seinem Onkel. Völlig überraschend wurde er auf einmal Schauspieler, alle dachten, dass er zu schüchtern und zu introvertiert wäre. Er gab sein Debüt in dem Artfilm „Raakh"(1988) von Aditya Bhatacharya. 1988 wurde er von seinem Cousin Mansoor Khan gecastet und für den Helden in „Qayamat se Qayamat Tak" engagiert. Dieser Film wurde ein riesiger Kassenschlager, und Aamir Khan wurde über Nacht berühmt. Er gehört derzeit zu den höchstbezahlten Bollywoodstars. Für den Film „1857 – The Uprising", der 2004 in die Kinos kommt, kassierte er die horrende Summe von 80 Millionen Rupien.

Aamir Khan ist einer der wenigen Schauspieler, die ihre eigene Produktionsfirma besitzen, und hat sich damit die Möglichkeiten geschaffen, bestimmte Projekte realisieren zu können.

Weitere Stars der neuen Generation, die die Antihelden verkörpern, sind **Vivek Oberoi** und **Manoj Bajpai**. Ersterer legte mit dem Mafiafilm „Company" (2002) einen sensationellen Erfolg hin. Seine Rolle entspricht einem unkonventionellen Antihelden, der besonders ein älteres Publikum ansprechen will. Die kommerziellen Filme der letzten zehn Jahre wenden sich inhaltlich eher an ein Teenagerpublikum, das normalerweise die meisten Zuschauer ausmacht. Manoj Bajpai begeisterte mit seinem letzten Film „Road" (2002) als irrer Killer dieses ältere Publikumsklientel. Der Film hatte nicht nur in Indien, sondern auch in Amerika Erfolg. Die bedrohliche und zugleich tragische Figur mit der Geschicklichkeit eines Mathematikers spielte bereits in der ersten Woche 80 Prozent der Produktionsausgaben ein. Nur „Devdas" hatte das in den letzten Jahren geschafft.

Ein weiterer Newcomer ist **Ajay Devgan**, der Sohn des bekannten indischen Stuntman und Regisseurs Veeru Devgan. Ajay Devgan ist der Ehemann der Schauspielerin Kajol. In „Laija" (2001) spielt er den Helden Bulwa, in „The Legend of Bhaghat Singh" (2002) spielt er phänomenal die gleichnamige Figur Bhagat Singh und in „Company" (2002) ist er als Gangsterboss Malik zu bewundern.

Der Prototyp des romantischen Helden wird derzeit meistens verkörpert durch Superstar **Hrithik Roshan**, Sohn des Regisseurs und Schauspielers Rakesh Roshan. Eigentlich wollte Hritik gar kein Schauspieler werden, sondern Grafikdesign und 3D-Computeranimation in den USA studieren. Rakesh Roshan suchte für sein Filmdebüt „Kaho Na Pyar Hai" (2000) einen Helden und dachte dabei an Shah Rukh Khan, doch dieser konnte zeitlich nicht zusagen. Eines Tages saß er mit seinem Bruder, dem Musikkomponisten Rajesh Roshan, und der Drehbuchautorin Honey Irani zusammen, als Hritik zufällig ins Zimmer kam. Da betrachtete Rajesh Roshan seinen Neffen Hritik und meinte: „Warum nicht er?" Und Rakesh antwortete: „Ja warum nicht?!"

Der Film wurde mit wenig Werbung angekündigt, da er weder zwei bekannte Stars für die Hauptrollen vorweisen konnte noch einen berühmten Musikkomponisten. Wider Erwarten wurde er über Nacht ein absoluter Boxofficehit. Hritik besaß alles, was zu einem Superstar der neuen Generation gehört: Charme, Stimme, Talent, Anmut und Verletzbarkeit. Wie ein Lauffeuer verbreitete sich die Nachricht von dem neuen Superstar Hritik in den Medien, eine wahre Hritik-Manie überschwemmte das Land.

Die „bösen" Stars

Der Schauspieler **Pran Sikand** spielte in den 50er und 60er Jahren den König des absoluten Übels. Sein Name würde das Synonym für das Böse schlechthin. 25 Jahre lang gab es in ganz Nordindien keine Söhne, die den Namen Pran trugen. Die Verachtung für Pran ging sogar so weit, dass Leute, sobald sie ihn sahen, mit Steinen nach ihm warfen und ihn beschimpften (India Today, 30.11.1988).

Auch Pran wollte eigentlich kein Schauspieler werden, es ergab sich alles rein zufällig. Er war Fotograf in Lahore und traf dort den Drehbuchautor Walli Mohammed. Dieser war so von seiner Ausstrahlung begeistert, dass er ihm eine Rolle für das Punjabmovie „Yamala Jat" (1940) gab. Danach zog Pran nach Mumbai und arbeitete mit Bimal Roy und Raj Kapoor. Bekannte Filme, in denen er mitwirkte sind: „Madhumati" (1958) und „Jish Desh Mein Ganga Behti Hai" (1960). Einer der gefürchtetsten und beeindruckendsten Bösewichte der indischen Filmgeschichte war jedoch die Figur des Gabbar Singh aus „Sholay" (1975), der von **Amjad Khan** gespielt wurde. Er war eine Mischung aus mexikanischem Bandit und skrupellosem Psychopathen.

Er trug Militärstiefel, war unrasiert und hatte tabakgelbe Zähne. Das Gefährliche an ihm waren seine Unberechenbarkeit und seine Bildung. Er hatte seine eigenen Moralvorstellungen. Keiner der anderen Bösewichte war so grundlos schadenfroh, sadistisch und grausam wie Gabbar Singh. In „Sholay" ließ er Basanti (Hema Malini) auf Glasscherben tanzen, schnitt Thakur die Arme ab und erschoß drei seiner Leute beim Russisch Roulett. Mütter setzten die Figur Gabbar Singh sogar als Drohmittel ein. Wenn ihre Kinder weinten und nicht schlafen wollten, sagten sie: „Schlaf, oder Gabbar Singh wird kommen."

Ein weniger gruseliger Zeitgenosse der 70er und 80er Jahre war **Prem Chopra.** Er spielte den schleimigen, höflichen Lustmörder, vor dem sich alle Frauen in Acht nehmen mussten, sobald er sich auf der Straße zeigte. Er benutzte immer englische Phra-

Filmplakat „Sholay"

sen und imitierte James Bond. Wenn er sich vorstellte, sagte er immer: „My name is Prem, Prem Chopra" . Er rauchte, trank, fuhr schnelle Autos, war immer gut gekleidet und hatte ein Mädel an seiner Seite. Prem Chopra, der lange Karriere als Schurke gemacht hatte, erlaubte seiner Tochter nicht, diese Filme anzuschauen, er hatte Angst davor, was sie von ihm denken würde. Er erzählte, dass die Leute nichts mit ihm zu tun haben wollten, da er so grauenvolle Dinge auf der Leinwand tat.

Viele damalige Schauspieler wünschten sich, ab und an den Bösewicht spielen zu dürfen, doch einige waren dazu verdammt, es tun zu müssen. **Ranjeet**, bekannt aus „Reshma aur shera" (1971), spielte in mehr Filmen den Bösewicht als mancher Star den Helden. Inzwischen ist er dieser Rollen müde geworden und arbeitet als Regisseur. In einem Interview mit „Man's world"(Dezember 2000) sagte er: „Du wachst auf und gehst zur Arbeit, du vergewaltigst die Tochter von irgend jemandem, du beraubst jemanden, wie lange kann man solche immer gleichen Rollen wohl machen?".

Ein Bösewicht der 80er Jahre, der auch international bekannt wurde, ist **Amrish Puri.** Er spielte in Steven Spielbergs „The Temple of Doom" den Priester, der Menschenopfer darbringt. Amrish Puris Spezialitäten sind in „Mr. India" (1987) zu bewundern, wo er als geistesgestörter Terrorist Mogambo mit ausländischen Kontakten Indien mit Nuklearwaffen zerstören will. Ebenfalls berühmt wurde er für Sätze wie in dem Film „Nastik" (1983): „Give him Hamlet's poison so that he may more from being to be to not to be." oder: „Drop him into liquid oxygen, liquid won't let him live and oxygen won't let him die." Amrish Puri war eine Verschmelzung von verschiedenen Schurkenfiguren der Filmgeschichte, eine Kombination von Hind Sadhu, Mad Max und amerikanischen Science Fiction-Bösewichten.

Ein weiterer äußerst beliebter Bösewicht der 80er Jahre war **Gulshan Grover**. Er kam Anfang der 80er Jahre zur Filmindustrie nach Mumbai und spielte zwischen 1990 und 2003 in 100 Filmen den Fiesling. Er ist zu sehen in „Duplicate" (1998), „Rahul" (2001) und „Ek aur Ek Gyarah" (2003).

Andere berühmte Bösewichte der 70er und 80er Jahre waren Shakti Kapur, der in über 250 Filmen mitwirkte, Kivan Kumar und Sadashiv Amrapurka. Alle kamen ursprünglich aus der Theaterszene.

DIE STARLETS

Die Filmdiven der 20er und 30er Jahre

Anfang des 20. Jahrhunderts war es beim indischen Theater und Film üblich, dass Männer und Frauen aus den unteren Kasten, zu denen die Künstlerkreise gehörten, die Frauenfiguren spielten. Für Damen aus gutem Haus galt es damals als gesellschaftlicher Makel, sich vor fremden Männern darzustellen. Während der britischen Kolonialzeit gab es verschiedene Reformbestrebungen; eine davon war, gebildete indische Frauen aus der gesellschaftlichen Oberschicht auch für die Arbeit beim Film zu gewinnen. Erst im Verlauf der 20er Jahre erklärten sich zunehmend Frauen aus den angesehenen gesellschaftlichen Kreisen bereit, sich als Schauspielerin zu betätigen. Zunächst waren dies Frauen mit nicht hinduistischem Hintergrund. Erste Filmschauspielerinnen waren die Jüdin Ruby Meyers, die unter dem Hindunamen „Sulochana" bekannt wurde, und die Christin Glorious Gohar, die wegen ihres eleganten Stils die Herzen der Zuschauer eroberte. Beide spielten in mythologischen und sozial orientierten Filmen. Sulochana war Indiens erster weiblicher Filmstar, Mitte 20er Jahre wurde sie bekannt durch Filmhits wie „Telephone Girl" (1926) und „Anarkali" (1928).

Eine der berühmten damaligen Schauspielerinnen und Sita-Darstellerinnen neben Durga Khote war **Shobhana Samarth**. In einem Interview bei der Preisverleihung der indischen Filmzeitschrift „Filmfare" 1997 äußert sie, dass sie sich mit der „Sita-Rolle" überhaupt nicht identifizieren konnte und es ihr schwer gefallen sei, diese Figur glaubhaft zu verkörpern, da sie von diesem Frauenbild nicht überzeugt war. Vom Charakter und ihren Gewohnheiten her sei sie eher das völlige Gegenteil Sitas gewesen: aufbrausend, rebellisch und mit einer Vorliebe für Alkohol, Zigarillos und Fleisch. Doch Shobhanas Zwiespalt blieb von den Zuschauern unentdeckt. Im Gegenteil: Sie waren dermaßen von Shobhanas Darstellung überzeugt und angetan, dass sie der Figur, sobald sie auf der Leinwand erschien, Blumen zuwarfen.[39]

Eine weitere Heldin der 30er Jahre war **Mary Evans Wadia**, auch unter dem Namen „Fearless Nadia" bekannt. Die gebürtige Australierin bekam eines Tages die Gelegenheit, mit einer Ballettgruppe quer durch Indien zu tingeln, wo sie schließlich als Revuegirl bei den Wadia-Movietone-Studios in Mumbai landete. Die beiden Wadia-Brüder waren verrückt nach Western und Abenteuerfilmen. Sie entdeckten, dass Mary Evans nicht nur gut tanzen, sondern auch reiten und fechten konnte. Sie wagten das Risiko, erstmals einen Stunt-/Abenteuerfilm mit einer Frau zu drehen. Ihr Debütfilm „Hunterwali" (1935) schlug wie eine Bombe beim indischen Publikum ein. Es folgte eine Reihe von 50 Actionfilmen. Ihre Darstellung entsprach genau dem Gegenteil der gewohnten Frauenrollen. Zu ihren Spezialitäten gehörte es, auf fahrenden Zugdächern zu rennen, böse Männer zu verprügeln und sich in tosende Wasserfälle zu stürzen. Sie war eine Mischung aus Zorro, Tarzan und Robin Hood. Fearless Nadia wollte mit ihrem Verhalten indische Frauen dazu ermutigen, sich gegen Unterdrückung und Ungerechtigkeiten zu wehren.

So sagte sie in „Diamond Queen (1940):„Wenn Indien frei sein will, dann muss die indische Frau genauso frei werden"

Die Filmdiven der 40er und 50er Jahre

Die weiblichen Stars der 40er und 50er Jahre spielten klassische, konventionelle Frauenrollen, die jedoch gleichberechtigt neben dem Helden standen oder sogar in den Mittelpunkt des Films gerückt waren. Diese Schauspielerinnen blieben den indischen Zuschauern wegen ihrer authentischen und ausdrucksstarken Performance in Erinnerung. Die bedeutendsten Schauspielerinnen jener Tage waren Nargis, Meena Kumari, Nutan, Waheeda Rehmann und Madhubala. Sie schafften es, in ihrem vorgegebenen Rahmen dennoch erfolgreich progressive Ideen zu transportieren.

Militante indische Frauenfiguren haben auf das indische Publikum eher abschreckend gewirkt. Sie zeigten die Sorgen, die Sehnsucht und das Leid des Frauendaseins. Die Filme, in denen sie mitspielten, schrieben Filmgeschichte und dienen heute noch vielen Regisseuren und Cineasten als anzustrebendes Ideal.

Nargis

Nargis wurde vor allem für ihre Rolle in dem historischen Epos „Mother India" (1957) von Mehboob Khan berühmt, der in der Zeit vor und nach der indischen Unabhängigkeit spielt und den gleichen Stellenwert in der Filmgeschichte besitzt wie das Hollywood-Epos „Vom Winde verweht". Nargis wurde von ihrer Mutter schon als Kind zum Star aufgebaut, bereits mit vierzehn Jahren bekam sie ihre erste Rolle in Mehboobs Film „Taqdeer" (1944). Ihre Mutter Jaddan-Bai entstammte der Kurtisanen-Tradition (kothevali), war ausgebildet in Musik, Tanz und Schauspielerei und mit dem Regisseur Mehboob befreundet. Nargis spielte oft Rollen, in denen sie Menschen darstellen musste, die älter waren als sie selbst. Es waren außergewöhnlich starke und mutige Frauenfiguren, die sie verkörperte. Für den Film „Mother India" wurde ihr die große schauspielerische Leistung auferlegt, nacheinander die verschiedenen Lebensstadien einer Frau darzustellen, angefangen von der jungen Braut über die junge Mutter und reife Frau bis hin zur Greisin.

Nargis spielte nicht nur für den Regisseur Mehboob Khan, sie war vor allen die Protagonistin in den meisten Filmen des Regisseurs Raj Kapoor, mit dem sie eine heimliche Liebesaffäre hatte.

Meena Kumari

Meena Kumari, eine weitere bedeutende Schauspielerin jener Zeit, bekam den Ruf als „Tragedy Queen" des indischen Kinos. Eigentlich hieß sie Mahjabeen (Mondgesicht). Tatsächlich traf dieser Name auf ihre Gesichtsform zu. Schon mit sechs Jahren stand sie vor der Kamera und gab ihr Debüt in „Leather Face" (1939). Als Erwachsene stellte sie das Leid und die Pflichterfüllung indischer Mütter und Ehefrauen dar. Mit „Baiju Bawra" (1952) wurde sie zum Publikumsliebling, es folgten „Parineeta"(1953),

„Sharda" (1957) und „Dil Ek Mandir" (1963). Doch ihre besten Filme waren „Sahib Biwi Aur Ghulam" (1962), in dem sie Choti, die unglückliche Schwiegertochter spielt, die aus lauter Langeweile und Frust zur Alkoholikerin wird, und „Pakeeza" (1971), in dem sie das tragische Leben einer Prostituierte darstellt. Millionen indischer Frauen konnten sich mit Meenas Rollen identifizieren.

Weitere wichtige nennenswerte Schauspielerinnen der 50er Jahre waren Nutan, Waheeda Rehmann und Madhubala.

Nutan, ist die Tochter von Shobhana Samarth und wurde Ende der 50er Jahre mit ihren eher unkonventionellen Rollen erfolgreich. Sie hatte vom Typ her ein ähnliches Image wie Audrey Hepburn, in „Sujata" (1959) spielte sie eine Unberührbare und in „Bandini" (1963) eine Mörderin.

Waheeda Rehmann

Waheeda verkörperte die klassisch muslimische Schönheit, mysteriös und zugleich verführerisch. Für das Mumbaikino wurde sie von Guru Dutt entdeckt, als der sie zufällig in einem südindischen Telugufilm sah. Er engagierte sie für alle seine Filme wie „CID", „Pyaasa", und „Kagaz Ke Phool". Und **Madhubala,** die eigentlich Mumtaz Jehan Begum hieß, war die indische Marilyn Monroe. Sie setzte den Standard für Schönheit. In den 50er Jahren wirkte sie in über 70 Filmen mit. Ihren Durchbruch hatte sie mit der Geistergeschichte „Mahal" (1949) von Kamaal Amrohi, in der sie eine unglückliche Spukgestalt spielt. Ebenso beeindruckend ist sie in „Mughal-e-Azam" (1960,) in dem sie Anarkali, die dem Untergang geweihte Geliebte, darstellt.

Die Filmdiven der 60er und 70er Jahre

Ab Mitte der 60er Jahre begann glamouröses Aussehen wichtiger als Talent und glaubwürdige Performance zu werden, viele Stars kamen dementsprechend aus der Modewelt zur Filmindustrie. Bekannte Stars wurden **Saira Banu** (Beauty Queen) oder **Hema Malini** (Dream Girl). Während bis in die 60er Jahre Held und Heldin gleichermaßen interessante Untersuchungsobjekte für die Filmemacher darstellten, änderte sich dieses Verhältnis ab Mitte der 60er Jahre. Die Frauenrollen wurden uninteressanter, Heldinnen spielten vorwiegend romantische Nebenrollen, wohingegen der Held das Zentrum der Filme immer mehr zu beherrschen begann.

Hema Malini war die Top-Schauspiele-rin der 70er Jahre, fast jeder Film, in dem sie mitmachte, wurde ein Boxoffice-Hit. Sie war so erfolgreich, dass sie sich Dinge er-laubte, die sonst keine andere Schauspiele-rin gewagt hätte. Beispielsweise bestimmte sie, mit welchem Star sie zusammenarbei-ten wollte. Normalerweise entscheiden die Stars, mit welcher Schauspielerin an ihrer Seite sie arbeiten möchten. Sie weigerte sich, mit dem Superstar Rajesh zu spielen, und auch mit Amitabh Bachchan kam es öfters zu Auseinandersetzungen. Hema Malini war ursprünglich Tänzerin und kam aus Südindien, sie spielte keine sonderlich an-spruchsvollen Rollen, hatte jedoch eine unglaubliche Präsenz in ihren Filmen. Be-kannte Filme waren „Johnny Mera Naam",

Hema Malini

„Lal Patthar", „Seeta aur Geeta" und „Sholay".

Ein anderer weiblicher Publikumsmagnet war **Rekha**. Sie ist das uneheliche Kind der populären südindischen Tamil-Schauspielerin Gemini Ganesan und des berühmten südindischen Politikers Jeminni Ganeshan. Als Rekha Ende der 60er Jahre nach Bollywood kam, war sie plump, drall und dunkelhäutig und wurde als Schauspielerin nicht ganz ernst genommen. Mitte der 70er Jahre vollzog sie unter dem Einfluss von Amitabh Bachchan eine Metamorphose zur athletischen und mental gereiften seriösen Schauspielerin. Rekha und Amitabh Bachchan galten als das Traumpaar, sie spielten in über 20 Filmen zusammen, z.B. in „Muqaddar Ka Sikandar", „Silsila" und „Mr. Natwarlal". Ihre beste Darbietung gab Rekha in dem Film „Umrao Jaan", in dem sie eine Kurtisane spielt, die um ihre Rechte und ihr Glück kämpft.

Weitere bekannte Stars der 70er Jahre, die ein neues Heldinnenbild des „good-bad girls" einführten, waren **Zeenat Aman** und **Parveen Babi**. Sie waren die Held-innen der indischen Flowerpowerbewegung und leiteten den Imagewechsel von der tugendhaften Sitaheldin zur selbstbewussten unabhängigen Frau ein, mit der man „Pferde stehlen konnte".

Die Filmdiven der 80er Jahre bis heute

Sri Devi war die höchst bezahlte Schauspielerin der 80er Jahre und verkörperte das indische Idealbild: vollbusig, Schlafzimmerblick, Engelsgesicht und kindliche Stimme. Sie hatte mit „Nagina" (1986) und „Nigahen" (1989) Toperfolge. Meist spielte sie aber die Sexdiva. Erst in späteren Filmen wie „Chandini" (1989) und „Lamhe" (1991) spielt sie anspruchsvollere Rollen, reife Frauen, die gegen Vorurteile und für ihre Unabhängigkeit kämpfen.

Andere gefragte Stars der Gegenwart sind: **Bipasha Basu, Urmila Matondkar, Kareena Kapoor, Madhuri Dixit, Preity Zinta, Aishwarya Rai** und **Kajol Mukherjee**. Sie sind aber eher wegen ihrer grandiosen Tanzszenen bekannt als für ihr schauspielerisches Können. Die Rollen, die sie spielen, bieten ihnen wenig Raum neben dem Helden. Sie sind mehr oder weniger Dekoration für den Helden, jemand, mit dem man singt und tanzt. Verpackung neu, Inhalt alt. Das Ziel der meisten Heldinnen besteht darin, den Helden zu bekommen und ihn zu heiraten, mehr nicht.

Madhuri Dixit

Das Exmodel **Bipasha Basu** ist besonders wegen ihres raffinierten Blicks, der starke Männer zum Schmelzen bringt, bekannt. Ihr linkes Auge ist meist halb geschlossen und das rechte Auge geöffnet. So betört sie die indische Männerwelt. Kein Wunder, dass sie besonders mit „Jism" (2003), einem vor Erotik knisternden Film, Erfolg hatte.

Urmila Matondkar ist ebenfalls Exmodel, und eine begnadete Tänzerin. Deswegen wird sie vorwiegend für Tanzszenen eingesetzt. Bekannt wurde sie in dem Film „China Gate" (1998) mit der berühmten „Chamma Chamma"-Tanzsequenz. Zur Zeit kann man ihre heiße Tanzeinlage in „Company" (2002) bewundern.

Kareena Kapoor ist Karisma Kapoors jüngere Schwester und Enkelin des berühmten Raj Kapoor Sie ist erst seit dem Jahr 2000 in der Bollywoodindustrie tätig. In nur drei Jahren hat sie sich einen Platz auf den obersten Rängen erkämpft. Sie spielt meist zickige, eingebildete und sehr aufreizende Frauenfiguren. Deshalb ist sie bei Indiens weiblichem Publikum nicht so beliebt. Zu bewundern ist Kareena Kapoor in Filmen wie „Asoka" (2001), „K3G" (2001) und „Talaash" (2003).

Madhurit Dixit war Model, ehe sie zum Film kam. Sie spielt tugendhafte, gemäßigt emanzipierte Frauenfiguren. Besonders berühmt wurde sie wegen ihres tänzerischen Könnens in dem Film „Hum Aapke Hain Koun" (1994). Nach diesem Film gehörte sie 1994 zu den höchstbezahlten Schauspielerinnen Bollywoods. In den letzten Jahren ist es etwas ruhiger um sie geworden, sie widmet sich derzeit mehr ihrem Mann und ihrer Familie. Der letzte große Film, in dem sie mitspielte war „Devdas" (2002).

Preity Zinta gehört zu den charmantesten Gesichtern Bollywoods. Sie war einst Model und TV-Moderatorin. Besonders bekannt wurde sie mit Filmen wie „Mission Kashmir" (2000), „Chori Chori Chupke Chupke" (2001), „Dil Chahta Hai" (2001) und „The Hero" (2003).

Aishwarya Rai

Aishwarya Rai gehört zu den höchstbezahlten Stars der Filmindustrie. Auch sie war Schönheitsmodel und gewann 1994 die „Miss World-Wahl". 1997 trat sie dann der Bollywoodgemeinschaft bei. Man sieht, dass der Einstieg als Model eine ideale Zugangsvorausetzung für die Filmbranche ist. Anfangs wurde Aishwarya Rai nur für Tanzszenen eingesetzt, doch inzwischen hat sie auch größere Rollen bekommen. Beispielsweise spielt sie in „Devdas" an der Seite von Shah Rukh Khan. Sie ist sehr ehrgeizig und hat auch Ambitionen, in das internationale Filmgeschäft einzusteigen. Hollywood hat sie bereits als neues Bond-Girl im Auge. Und der in Hollywood lebende indische Regisseur M. Night Shyamalan hat auch schon bei ihr angeklopft. Bewundern konnten westlichen Zuschauer Aishwarya Rai bei ihrem Starauftritt in Cannes. Keine andere Schauspielerin wurde bei den Filmfestspielen so oft fotografiert und gefilmt wie sie.

Kajol Mukherjee gehört zu den beliebtesten Schauspielerinnen. Sie steht nicht nur bei Fans hoch im Kurs, sondern auch bei Kollegen. Sie versprüht eine Fröhlichkeit, die einfach ansteckend ist. Ihr Markenzeichen ist ihr spitzbübisches Lachen und ihre auffällig breite Nase. Zu bewundern war sie in Filmen wie „Dilwale Dulhania Le Jayenge" (1995) „Kuch Kuch Hota Hai" (1998) und in „K3G" (2001).

Zu den wenigen Schauspielerinnen, die die Möglichkeit bekommen haben, anspruchsvollere Rollen zu spielen, gehören Tabu, Karisma Kapoor und Shabana Azmi.

Kajol Mukherjee

Tabu war einst Supermodel und hat sich inzwischen zur angesehenen Schauspielerin gemausert. Tabu vereint Schönheit mit Talent. Sie spielt sowohl in Blockbustern als auch in Independent-Filmen mit. Sie legt großen Wert darauf, stark emanzipierte Frauenfiguren zu spielen, so wie in den Filmen „Chandni Bar" (2001) oder „Astiva" (2002).

Karisma Kapoor ist ein Megastar mit eindrucksvoller Erfolgsbilanz. Sie gehört zu den bekanntesten Gesichtern im indischen Filmbusiness. Schon im Alter von 20 Jahren war sie berühmt. Sie spielte die Protagonistin in Filmen wie „Raja Hindustani" (1996), „Fiza" (2000), „Zubeidaa" (2000) und „Shakti" (2002). Diese Filme repräsentieren nur einige wenige Beispiele, in denen Frauenfiguren im Mittelpunkt stehen, die u.a. versuchen, sich gegen das Patriarchat aufzulehnen und sich zu behaupten.

Shabhana Azmi ist Frau des Drehbuchautors und Songtexters Javed Akhtar. Sie wurde in ihrer Rolle in dem Film „Godmother" (1999) von Tausenden indischen Frauen als Vorbild gewählt, da sie mutig gegen Diskriminierung und Vorurteile kämpft. Shabana Azmi ist eine der besten indischen Schauspielerinnen. Sie hat in Kunstfilmen und in Kommerzfilmen mitgespielt. Ungeachtet ihrer 48 Jahre werden ihr höchst gehaltvolle Rollen angeboten. Sie meint, dass dies vor zehn Jahren nicht denkbar gewesen wäre. Ältere Schauspielerinnen spielten damals ausschließlich Mutterrollen, sprich asexuelle Wesen, das hat sich nun glücklicherweise geändert.

Die Vamp-Darstellerinnen

Schauspielerinnen, die den Vamppart übernahmen, waren: **Begum Para, Sheila Ramani, Shashikala, Vijayalakshmi** oder **Kuldip Kaur**. Die berühmteste Vamp-Darstellerin war jedoch **Helen Richardson**, sie regierte diesen Bereich von den 60er bis zu den 70er Jahren. Sie galt als das indische Sexsymbol der 60er Jahre. Besonders sehenswert war sie in „Sholay", als sie für den Schurken Gabbar Singh tanzte, oder in „Caravan" (1971) als die Whisky trinkende Femme Fatale.

Eine Anekdote von Archana Puran Singh, die in vielen Filmen die Vamprollen spielte, zeigt, dass die Rolle des Vamps im Laufe der Zeit sehr trivialisiert worden ist: „Eines Tages kam ein Produzent zu mir, um über eine Filmproduktion zu sprechen. Die Art, wie er mir Instruktionen gab, war im Nachhinein eher vergnüglich: Er sagte: ‚Madam, ich möchte mit Ihnen einen Film drehen, es gibt drei Szenen: eine Entführung, dann singen sie vier Lieder und dann sterben sie – sie opfern ihr Leben für den Helden' – das war es. Ich fragte, was denn die Geschichte des Films sei. Er antwortete: ‚Die Geschichte des Films? Warum soll ich sie Ihnen erzählen? Ich habe Ihnen die Rolle erklärt, O. K.?' Sie erzählen einem nicht die Geschichte. Wenn du es wirklich wissen willst, sagt man dir nur, wer der Held und wer die Heldin ist, und glaubt, man wäre beeindruckt und das würde ausreichen." (aus „Bollywood – The Indian Cinema Story" von Nasreen Munni Kabir, S. 96)

EIN BLICK HINTER DIE KULISSEN

WIE WIRD MAN REGISSEUR?

In Indien gibt es insgesamt etwa 5000 Regisseure, von denen ungefähr 300 in Bollywood arbeiten, aber nur circa 120 gelten in der offiziellen Boxoffice-Liste als erfolgreich. Zu den erfolgreichsten Regisseuren gehören Subhash Ghai, Raj Khosla, Yash Chopra, Ramesh Sippy, Aditya Chopra, Vinod Chopra, Mani Ratnam, Mahesh Bhatt, Rajkumar Santhoshi, Sanjay Leela Bhansali und Ram Gopal Varma.

Nicht jeder Regisseur hat das Glück, regelmäßig einen Auftrag zu bekommen, und vor allem dann nicht, wenn er schon ein paar Flops gelandet hat. Bis in die 80er Jahre hinein war es möglich, auch ohne ein offizielles Studium an einer Filmakademie als Regisseur bei der Filmindustrie anzufangen. Filmemacher der 40er und 50er Jahre wie Mehboob Khan, Guru Dutt und Raj Kapoor lernten ihr Handwerk als Assistenten bei Filmproduktionen. Nach ihrer Lehrzeit arbeiteten sie als Freischaffende oder gründeten sogar ihre eigenen Filmgesellschaften. Heutzutage stammen 85 Prozent der Regisseure von Filmakademien. Es gibt das „Satyajit Ray TV and Film Institute" in Kolkata, in dem vom Schnitt über Kamera, Regie und Schauspiel alles angeboten wird. Dann bietet die „National School of Drama" in Delhi Regie- und Schauspielkurse an, und schließlich gibt es noch die Filmakademie in Pune. Dieses Film und Fernsehinstitut ist Indiens erste offizielle Filmakademie. Sie wurde 1961 auf dem ehemaligen Gelände der Prabhat Company ge gründet. Der Direktor der Schule ist der ehemalige Theater- und Filmregisseur Mohan Agashe. Es werden etwa 30 Studenten pro Jahr in Regie, Kamera oder Schauspiel unterrichtet. Man kann einen Magister-, Bachelor- oder Diplomabschluss erwerben. Die Studiendauer beträgt zwischen zwei und fünf Jahren. Zuvor müssen die Bewerber jedoch an einem Auswahlverfahren teilnehmen. Wichtig dafür sind ein guter Schulabschluss, eine erfolgreiche schriftliche Aufnahmeprüfung und ein ebenso gutes Interview. Die Akademien kosten 10.000 Rupien (etwa 200 Euro) Studiengebühr im Jahr. Die Studenten, die diese Akademien besuchen, sind zwischen 18 und 22 Jahre alt und stammen meist aus der Mittelschicht. Neben dem offiziellen Studium werden auch Kurse und Lehrgänge in Kameraführung, Schnitt-technik, Regie und Schauspieltraining angeboten.

Ein Vorteil für die Studenten ist der Zugang zum Nationalen Filmarchiv, wo sie die Möglichkeit haben, Weltfilmklassiker anzuschauen. 1990 war David Dhawan einer der dortigen Studenten. Er machte seinen Abschluss in Filmschnitt, danach dauerte es etwa elf Jahre, bis er sich als Regisseur in der Industrie qualifizieren konnte. Erfolgreich wurde er vor allem mit seiner Komödie „Biwi no1" (1999).

Das Schwierigste ist, einen Finanzier für Filme zu finden. Es gibt zwar staatli-che Filmförderungen, doch deren finanzielle Mittel reichen nicht aus, um einen Film davon zu finanzieren. Ebenso ist es in Indien nicht üblich, dass Banken Kre-dite für ein Filmprojekt zur Verfügung stellen. In Bollywood werden viele Filme mit Hilfe von Kreditgebern aus der Unterwelt finanziert, die sich ein gewisses Mit-spracherecht herausnehmen, was die Rollenbesetzung und die Auswahl an Film-projekten angeht. Immer wieder kommt es zu unliebsamen, oft tödlichen Zwi-schenfällen zwischen Finanziers und Mitarbeitern der Filmindustrie. Die Produk-tionsbedingungen sind aus diesem Grund schwieriger als im Westen. Indiens Fil-memacher und Produzenten sehen eine Hoffnung und Verbesserung der Situati-on, wenn sich zukünftig, wie angekündigt, mehr ausländische Unternehmen wie Sony oder Universal finanziell beteiligen. Das würde den Einfluss der Mafia schwä-chen.

BOLLYWOOD-REGISSEURINNEN

Dass indische Regisseurinnen in der Bollywoodindustrie unterrepräsentiert sind, ist nicht verwunderlich, da generell Filmemacherinnen weltweit in dieser Branche rar sind. Fest steht, dass sich unter den 100 erfolgreichsten Bollywoodregisseuren keine einzige Frau befindet. Obwohl es 1928 bereits die erste indische Regisseurin gab, Fatima Begum, die mit „Bulbul-e-Paristan" ihr Debüt gab. In Bollywood sind es Tanuja Chandra, Shrabani Deodhar, Kalpana Lajmi, Sai Paranjpye und Aruna Raje Patil, die sich einen gewissen Namen machen konnten. Andere wie Meghna Gulzar, Pamela Rooks, Pooja Bhatt Suma Josson und Subhasini Mani Ratnam sind gerade dabei, sich einen Platz im Haifischbecken zu erkämpfen.[40]

Viele indische Filmemacherinnen sind ins Ausland gegangen, da sie dort mehr Chancen für sich sahen, ihre Projekte verwirklichen zu können, so z.B. Mira Nair (Filme: „Salaam Bombay", „Kamasutra", „Monsoon Wedding"), die lange Zeit in den USA lebte und drehte, und Deepa Metha, die nach Kanada emigrierte (Filme:

„Fire", „Earth", „Water"). Diese beiden Regisseurinnen sind in Indien erst bekannt geworden, nachdem ihnen vom westlichen Publikum Erfolg und Anerkennung entgegengebracht worden waren. Doch die Gagen und Budgets, die ihre männlichen indischen Kollegen erhalten, bleiben ihnen noch immer versagt. Die Machart ihrer Filme ist auf ein westliches Publikum zugeschnitten.

Die meisten der indischen Filmemacherinnen versuchen, sich mit Experimental-, Dokumentar- und Kunstfilmen über Wasser zu halten.

Es gibt mehrere Gründe, warum es für Frauen so schwer ist, in der kommerziellen Filmwelt Fuß zu fassen.

Allgemein herrscht die Meinung vor, dass Regisseurinnen nur Filme mit Frauenthemen, so genannte „Kükenfilme" machen, die vorwiegend ein weibliches Publikum interessieren, das nur einen kleinen Teil der Kinozuschauer ausmacht. Diese Filme würden dementsprechend nicht genügend Gewinn abwerfen. Die wenigsten Verleiher sind daran interessiert, einen Film von einer Filmemacherin zu vertreiben. Es wird auch kaum Werbung dafür gemacht. Bei den Budgetverhandlungen werden Frauen ebenfalls gegenüber ihren männlichen Kollegen benachteiligt; es heißt, sie würden das Geld verschwenden. Die indische Filmkritikerin Deepa Gahlot meint, es würde eher einem dummen Mann Geld gegeben als einer talentierten Frau, da man Frauen einfach nichts zutraut und man sie in dieser Branche nicht ernst nimmt.[41] Wenn ein Film floppt, bekommt man als Frau sehr selten und nur mit großer Überzeugungskraft eine zweite Chance, wenn im Gegenzug ein männlicher Kollege ein paar Filmniederlagen hatte, verzeiht man ihm das eher.

Ein weiteres Problem der indischen Regisseurinnen besteht darin, für ihre Filme überhaupt einen männlichen Star zu bekommen. Fast jeder der Hauptdarsteller denkt, die Regisseurinnen würden ausschließlich feministische Themen verfilmen, in denen sie nur eine die Heldin unterstützende Rolle erhielten. Deshalb haben sie meistens kein Interesse. Oft endet das Casting des Helden mit einem unbekannten, ambitionierten oder einem auf der Chartsabschussliste stehenden Schauspieler. Ansonsten bleibt nur die Auswahl zwischen gutaussehenden Models oder Popsängern. Es gibt nur wenige Stars, die den Versuch wagten, mit Regisseurinnen zu arbeiten.

Diese Regisseurinnen, die einen Star für sich vereinnahmen konnten, waren jedoch im eigentlichen Sinn keine richtigen Filmemacherinnen, sondern berühmte Stars, die sich selbst mal in dieser neuen Rolle versuchen wollten, wie die Leinwandlegende Hema Malini, die Drehbuchautorin Honey Irani oder die Choreographin Farah Khan.

Shah Rukh Khan spielte sowohl in Hema Malinis Debütfilm „Dil Ashna Hai"

(2000), als auch in Farah Khans Erstlingswerk „Main Hoon Na" (2003) mit. Amitabh Bachchan, der in seiner 35-jährigen Karriere bisher nie mit einer Regisseurin gearbeitet hatte, zeigte sich jedoch bereit, bei Honey Iranis Debüt „Armaan" (2003) mitzuspielen.

Für professionelle Filmemacherinnen ist es nahezu unmöglich, Stars wie Shah Rukh Khan, Hritik Roshan, geschweige denn Amitabh Bachchan zu bekommen. Die Situation ist ein Teufelskreis: Wenn sie keine Stars bekommen, sind sie automatisch dazu genötigt, Filme mit frauenorientierten Themen zu machen, obwohl sie ebenso gerne Filme über Männer machen würden.[42]

Aber welche Themen behandeln die indischen Regisseurinnen in ihren Filmen? Aruna Raije Patil, eine der hartnäckigsten Filmemacherinnen, die in den 70er Jahren in der Filmindustrie zu arbeiten begann, beschäftigt sich häufig mit dem Thema Sexualität bzw. weibliche Sexualität. „Rihayee" (1990) handelt von Dorffrauen, deren Männer für mehrere Monate aus beruflichen Gründen abwesend sind, und davon, wie sie in dieser Zeit u.a. mit der fehlenden Sexualität zurecht kommen. Dieser Film löste bei indischen Frauen ein riesiges Interesse aus, und Aruna Raije Patil bekam Hunderte von Briefen. Ihr Film „Khajurao" (2000) analysiert die Beziehung zwischen Frauen und Männern und zeigt, dass Sex ein Weg zu Gott ist. Inspiriert wurde sie von den alten erotischen Tempelstatuen, die aus einer Zeit stammen, in der Sex noch als etwas ganz Natürliches und sogar Spirituelles in Indien galt. Der Film erzählt vom Erbe einer vergessenen Kultur.

Tanuja Chandra ist eine weitere Filmemacherin, die sich einen gewissen Respekt in Mumbai verschaffen konnte. Vielleicht auch, weil ein Teil ihrer Familie dort schon arbeitete. Ihr Bruder Vikram Chandra ist ein bekannter Drehbuchautor und ihr Schwager Vidhu Vinod Chopra ein berühmter Regisseur. Tanuja Chandra begann nach ihrem Masterdegree in Filmregie zunächst beim Fernsehen für die Serie „Zameen Asmaan" als Regisseurin und Drehbuchautorin zu arbeiten. Dann bekam sie die Chance, als Co-Autorin für Yash Chopras Film „Dil to Pagal hai" zu schreiben, und später assistierte sie bei dem berühmten Regisseur Mahesh Bhatt.

Ihre Filme wie „Zakhm", „Dushmann", „Sangharsh", „Yeh Zindagi Ka Safar" und „Sur – The melody of Life" sind frauenorientierte Mainstreamfilme. Sie sieht es als Herausforderung an, als Frau in dieser Branche zu arbeiten. An so genannten Artfilmen hat sie kein Interesse, sie „(…) sei nun mal mit kommerziellen Hindifilmen aufgewachsen und die Kunstfilme seien ihr zu akademisch und trocken (…)". Sie möchte Filme machen, die die Leute verstehen, sie möchte sich mit den Menschen in Verbindung setzten und sich nicht über sie stellen.[43]

Ihr Film „Yeh Zindagi Ka Safar" (2002) mit Amish Patel in der Hauptrolle wurde kein Hit. Doch der Film ist interessant, da das Hauptziel der Heldin nicht die Vereinigung mit dem Helden ist, sondern die Suche nach ihren Eltern. Die Liebesgeschichte spielt hier nur eine Nebenrolle. Der Film handelt von Sarena, der Tochter eines Industriellen, die im Begriff steht, ein Popstar zu werden. Aus der Zeitung erfährt sie, dass sie adoptiert wurde. Auf der Suche nach ihren leiblichen Eltern lernt sie den Klatschreporter Jai kennen, der sich dann doch als recht menschlich und hilfsbereit erweist, als sie die bittere Wahrheit über ihre Herkunft erfährt. Sie ist das Produkt einer Vergewaltigung.

Der neuste Film, den Chandra plant, soll im Oktober 2003 in New York gedreht werden und eine Liebesgeschichte zwischen einem Moslem und einem Sikh-Mädchen behandeln, die zur Zeit des Attentats am 11. September spielt.

Kalpana Lajmi, die bei Shyam Benegal, einem der besten indischen Filmemacher, in die Lehre gegangen ist, hat als Regisseurin bereits einige Auszeichnungen gewonnen. Ihre Filme handeln von weiblichen Begierden und Wünschen, sowie von Verbrechen, die an indischen Frauen begangen werden. Ihr Debütfilm „Ek Pal" (2000) erzählt von den sexuellen Erfahrungen einer indischen Frau vor ihrer Ehe, „Daman" handelt von Vergewaltigung in der Ehe bei Frauen aus der indischen Mittelschicht, und „Kyon" ist ein zeitgenössischer Film über den Wertewandel und das Verhältnis der Generationen in der Popkultur. Ihre Filme sind kommerziell, jedoch keine Formelfilme. Die nächsten Projekte soll Themen wie „Aids", „sexuelle Unterdrückung", „vorehelicher Sex" und „Sex außerhalb der Ehe" behandeln.

Shrabani Deodhar, eine weitere Filmemacherin der Bollywoodindustrie und Ehefrau des berühmten Kameramanns Debu Deodhar, machte, ehe sie nach Mumbai kam, Artfilme und Dokumentationen. Für „Lapan Dar" und „Sarkar Nama" erhielt sie mehrere Auszeichnungen, und mit „Lekhru" gewann sie sogar in Hollywood einen Preis. Dadurch standen ihr auf einmal auch die Tore der Bollywood-Industrie offen. Dass ihr erster Hindifilm „Yeh Silsila hai Pyar Ka" (2003) ein Flop wurde, hat sie nicht davon abgehalten, den Weg des Hindifilms weiter zu gehen.

Ein weiterer Film, „Pehchan", ist ein Familiendrama, das von einem erfolgreichen Rechtsanwalt handelt, der mit seiner Schwiegertochter, ebenfalls eine gute Anwältin, einen persönlichen Wettstreit in einem Fall ausficht. Für die Zukunft hat Shrabani Deodhar sich vorgenommen, in ihren Filmen mehr realistische Themen zu bearbeiten.

Die Jüngste im Bunde der Bollywoodregisseurinnen ist Meghna Gulzar, Tochter des berühmten Regisseurs und Autors Gulzar und der wunderschönen Schauspielerin Rakeehee. Sie machte vor einigen Jahren an der Filmakademie in New York ihren Abschluss und kehrte flugs nach Mumbai zurück, um dort in elterlicher Obhut ihre Karriere zu starten. Ihr Debüt lieferte sie mit „Filhaal" (2002) mit den Schauspielern Tabu, Sushmita Sen, Sanjay Suri und Palash Sen. In dem Film geht es um zwei Paare, von denen die zwei Frauen miteinander gut befreundet sind. Als die eine der beiden ihr Kind nicht austragen kann, stellt sich die andere ihr als Leihmutter zur Verfügung. Der Film handelt von den Konflikten, die sich in einer solchen Situation zutragen können.[44]

Die indische Filmwissenschaftlerin und Filmkritikerin Deepa Gahlot hat zu den Filmen der Bollywoodregisseurinnen ein zwiespältiges Verhältnis. Sie meint, dass die meisten Geschichten der Filmemacherinnen voraussehbar seien und die Frauenfiguren oft wieder stereotyp dargestellt würden. Die Rollen sind wenig innovativ, oft ist die Mutterfigur gleichzeitig eine Hure oder die Sekretärin eine Femme Fatale. Die Regisseurinnen laufen Gefahr, ähnliche Fehler wie ihre männlichen Kollegen zu machen, d.h. Frauen oft nur als Opfer und Unterdrückte darzustellen. Deepa Gahlot würde sich interessantere Themen wünschen, die über Vergewaltigung und Unfruchtbarkeit hinaus gingen.[45]

Auch die Regisseurin Deepa Mehta, die mit ihrer Trilogie „Fire", „Earth" und „Water" im Westen bekannt wurde, wird in Indien nicht gleichermaßen als Filmemacherin geschätzt wie in Europa. Man wirft ihr vor, in all ihren Filmen ein äußerst negatives Bild von Indien darzustellen und Indiens Misere an ein westliches Publikum zu verkaufen.[46] Während des letzten Teils der Dreharbeiten zu „Water", der in Varanasi spielt und vom harten Schicksal der Witwen handelt, die sich tagtäglich dort prostituieren, wurde Deepa Mehtas Filmteam von einem aufgebrachten Mob tätlich angegriffen, und die Dreharbeiten mussten in einen anderen Teil Indiens verlegt werden.

Nur ihr Film „Earth" gewann im Jahr 2000 einen Preis bei Filmfare. Eine tief bewegende Beziehungsgeschichte zwischen zwei Männern und einer Frau während der traumatischen Monate vor der indischen Teilung. Der Film basiert auf der Novelle „The Ice Candy Man" der pakistanischen Autorin Bapsi Sidhwa.

Deepa Mehta geht mit ihrer Trilogie immer weiter in der Zeit zurück. „Fire" spielt in der heutigen Zeit in Delhi, „Earth" in den 40er Jahren in Lahore und „Water" in den 20er Jahren in Benares. Sie möchte in der Trilogie die dunkle Seite des indischen Erbes erforschen. Sie zeigt, dass indische Regisseurinnen mutiger sind, Tabuthemen anzusprechen, als ihre männlichen Kollegen und auf Ablehnung stoßen, da sie versuchen, den Status Quo zu verändern.

FILMKRITERIEN UND ZIELPUBLIKUM

Da es in Indien einen großen Unterschied hinsichtlich der Werte- und Moralvorstellungen zwischen Stadt- und Landbevölkerung und einzelnen Regionen gibt, werden dementsprechend Filme mit unterschiedlichem Inhalt produziert. Es gibt Filme, die speziell auf das Publikum Mumbais zugeschnitten sind. Dann gibt es Produktionen, die sich auf den Schwerpunkt Action eingestellt haben und für den nordindischen Teil des Landes bestimmt sind. Oder Filme, die generell für alle Metropolen hergestellt werden und zu guter Letzt vorwiegend Filme für die Kleinstädte und die Landbevölkerung. Das Filmgeschäft unterteilt somit die Filme und ihre Filmemacher in A-, B- und C- Kategorien: Zur A-Klasse zählen Filmemacher, die für die Metropolen oder fürs Ausland und die im Ausland lebenden Inder NRI (Non Residential Indians) produzieren. Unter die B-Kategorie fallen Kleinstädte, und der C-Kategorie werden Dörfer zugeordnet. Letztere sind absolute Low-Budget-Produktionen, die in sieben Tagen abgedreht werden. Auf dem indischen Land schaut man besonders gern Filme mit traditionellem und religiösem Inhalt, Actionfilme und auch harmlosere Horror- und Geisterfilme. Die Zuschauer haben, was das Staraufgebot angeht, keine große Erwartungshaltung, da die meisten Schauspieler, die in diesen Filmen mitwirken, unbekannt sind. Kassenknüller werden auf dem Land viel später als in den Metropolen gezeigt. Wenn die Filme dort auch erfolgreich sind, dann hat man wirklich den Geschmack der Massen getroffen.

Ehe ein Film gedreht wird, muss natürlich zuerst die Handlung für das Drehbuch feststehen – auch in Indien ist das so, trotz anders lautender Gerüchte.

DREHBÜCHER, DREHBUCHAUTOREN
UND DIALOGSCHREIBER

In Indien ist das Drehbuch nach den Richtlinien der viktorianischen Skriptstruktur aufgebaut, das erkennt man daran, dass es auch heute noch in der Mitte des Films eine Unterbrechung gibt. Wichtig für den Drehbuchautor ist es, einen interessanten Intervallpunkt (Unterbrechung) zu finden, von dem aus sich die Geschichte zurückspinnen lässt. Nachdem man den ersten Teil des Drehbuchs geschrieben hat, wird der zweite Teil in Angriff genommen. Von der Basislinie des Skripts aus werden dann die Nebenhandlungen kreiert.

In Indien gibt es im Drehbuchbereich zwei Berufsgruppen: Zum einen die Drehbuchautoren und zum anderen die Dialogschreiber. Der Grund für diese Unterscheidung ist, dass die meisten Drehbuchautoren, die fürs Kino arbeiten, aus Bengalen und Südindien kommen. Diese Schreiber wissen zwar alles Wesentliche über das Hindi-Urdu-Kino, doch beherrschen sie diese Sprachen nicht genügend, um gute Dialoge schreiben zu können. So schreiben sie nur das Gerüst des Drehbuchs, die Dialoge werden dann von einem Hindi- oder Urdu-Autor verfasst.

In den Mainstreamfilmen gibt es ungefähr zehn Masterplots, d.h. Geschichten, die immer wieder auf der gleichen Handlungsgrundlage beruhen. Beliebte Themen sind z.B. „Lost & Found" (Verloren und wiedergefunden). Zwei oder mehrere Geschwister werden vom Schicksal als kleine Kinder oder Babys getrennt, wachsen in verschiedenen Haushalten auf und treffen sich als Erwachsene „zufällig" wieder. Filmbeispiele hierfür wären „Amar, Akbar, Anthony", „Waqt" oder „Naseb".

Besonders beliebt sind gleichfalls die „Love Triangle-Geschichten" (Dreiecks-Liebesgeschichten), in denen zwei Männer um eine Frau oder zwei Frauen um einen Mann buhlen, („Kuch Kuch Hota Hai", „Silsila", „Sangam" und „Pyar Ishq Aur Mohabbat").

Auch gerne gesehen werden Filme, die „Rache" als Schwerpunktthema haben. Meist wird ein Familienmitglied auf tragische Weise umgebracht und der Überlebende richtet sein ganzes Leben darauf aus, sich an dem Schuldigen zu rächen. Als Beispiel wären die meisten Amitabh Bachchan-Filme der 70er Jahre zu nennen, „Zanjeer", „Sholay" oder neuere Filme wie „Baazigar" und „Bandit Queen".

Ein weiteres häufig auftauchendes Thema ist „Verbotene Liebe". Zwei Verliebte, die verschiedene religiöse oder gesellschaftliche Hintergründe haben, wollen hei-

DAS EINMALEINS DER BOLLYWOODFILME

1. Zwei Brüder werden in ihrer Kindheit getrennt und wachsen jeweils auf verschiedenen Seiten des Gesetzes auf. Der Gesetzesbrecher wendet sich gegen Ende der guten Seite zu und bringt den wahren Bösewicht zur Strecke. Vor der glücklichen Wiedervereinigung mit seiner Familie werden ihm alle Sünden vergeben (nur möglich, wenn er eine Heldin hat, siehe Regel 2).

2. Wenn die Anzahl der Helden nicht mit der Anzahl der Heldinnen übereinstimmt, wird der überschüssige Held bzw. die überschüssige Heldin entweder sterben oder dem Roten Kreuz beitreten und vor dem Ende des Films in die Schweiz fliegen.

3. Wenn es zwei Helden gibt, werden sie in den letzten fünf Minuten wild miteinander kämpfen (zehn Minuten, wenn es Brüder sind).

4. Jede Gerichtsszene hat Dialoge wie „Einspruch, mein Herr". Wenn es der Held oder sein Anwalt sagt, wird der Einspruch abgelehnt, ansonsten wird ihm stattgegeben.

5. Die Schwester des Helden heiratet meist den besten Freund des Helden, andernfalls wird sie vom Bösewicht in den ersten 20 Minuten vergewaltigt und begeht danach Selbstmord.

6. Bei einer Jagd wird der Held immer den

raten, doch dieser Liebe stehen immer die Eltern oder andere Neider im Wege (wie in „Devdas", „Mughul-e-Azam", „Bobby", „Dilwale Dulhaniya Le Jayenge" und „Mohabbatein".) Es gibt auch Filme, die religiöse Konflikte thematisieren, vorwiegend Auseinandersetzungen zwischen Moslems und Hindus oder Moslems und Sikhs, („Fiza", „Mission Kashmir", „Bombay" und „Gadar").

Der Strang der Haupthandlung wird von menschlichen Regungen wie Liebe, Hass, Eifersucht und Neugier inspiriert, die auch schon in den Hinduepen thematisiert wurden. Die Masterplots basieren auf den neun Rasas und auf der arabischen Tradition des Geschichten Erzählens. Um Erfolg zu haben, muss ein Hindifilm sich auch durch gute Dialoge auszeichnen. Das kommt daher, dass Inder sehr großen Wert auf das Gesprochene legen und dass das Kino vom traditionellen Theater beeinflusst wurde. Die Zuschauer erinnern sich an die Dialoge und können sie meistens mit Leichtigkeit rezitieren. Für den indischen Film spielt neben dem visuellen der auditive Teil eine besonders ausschlaggebende Rolle.

Im indischen Kino sind oft lange Dialoge üblich, die voller Metaphern sind. Figuren beschreiben ausführlich ihre Gefühle und gehen dabei bis ins kleinste Detail, dies stammt noch aus der Theaterzeit. Doch einige Drehbuchautoren wie Javed Akhtar und sein Kollege Salim Khan mögen die Dialoge lieber nur mit kurzen und bündigen Erklärungen. Sie finden es besser, Gefühle zu zeigen, statt über sie zu reden, da man so der Fantasie des Publikums mehr freien Raum lässt. Viele Hindifilme sind ihnen zu plakativ und zu theatralisch.[47]

Bösewicht überholen, sogar wenn er nur mit einem Ochsenkarren oder zu Fuß unterwegs ist.

7. Wenn der Held auf den Bösewicht feuert, wird er ihn nie verfehlen bzw. ihm werden nie die Kugeln ausgehen. Wenn aber umgekehrt der Schurke auf den Helden schießt, wird er ihn immer verfehlen (es sei denn, der Held muss sterben, wenn es nach Regel 2 geht).

8. Jede Kampfszene sollte in der Nähe von aufgestapelten Töpfen, Glasflaschen oder Fässern stattfinden, die dann in Stücke gehen.

9. Jeder Film, der das „Lost & Found" zweier Brüder zum Thema hat, enthält einen Song der (a) von den Brüdern gesungen wird, (b) von ihrer blinden Mutter (sie muss blind sein, da sie am Ende, dem tränenreichen Höhepunkt des Films, wieder ihr Augenlicht zurückbekommt), oder (c) von dem Familienhund/der Katze.

10. Den Polizeiinspektor (wenn er nicht vom Helden gespielt wird) gibt es in zwei Kategorien: (a) gewissenhaft ehrlich, wahrscheinlich Vater des Helden, der vom Bösewicht getötet wird, (b) ehrlich, aber immer dem Anti-Helden nachjagend (Regel 1), oft ist die Tochter des Inspektors in diesen tragischerweise verliebt, (c) der korrupte Inspektor (gewöhnlich der wirkliche Schurke), der am Höhepunkt des Films vom Helden außer Gefecht gesetzt wird.[48]

AUSGEWÄHLTE FILMKLASSIKER VON DEN 40ER JAHREN BIS HEUTE

Was nun die Auswahl an Bollywoodfilmen für dieses Buch angeht, hatte ich die Qual der Wahl. Meine Intention ist es jedoch, dem Neuling erst einmal einen kleinen Einstieg in die Welt der Bollywoodfilme zu verschaffen, und ich habe deswegen die Filme nach folgenden Kriterien ausgesucht: Welche Bedeutung und welchen Einfluss haben sie für die indische Filmgeschichte und wo kann ich mir die Filme eventuell anschauen? Viele Filme der 20er und 30er Jahre kann man entweder überhaupt nicht oder nur selten zu sehen bekommen, aus diesem Grunde habe ich mit meiner Auswahl bei den 40er Jahren begonnen.

DIE 40ER JAHRE

Kismet (Schicksal, 1943)

Regie und Drehbuch: Gyan Mukjeree
Darsteller: Mumtaz Shanti, Ashok Kumar, Shah Nawaz, Moti, Kanu Rao, Kumari Kamala u.a.

„Kismet" ist einer der ersten Megahits des indischen Kinos. Er war so erfolgreich, dass er in Kolkatas Chitra-Theater drei Jahre und acht Monate lief. Er basiert auf der Geschichte des tamilischen Films „Valibar Sangam" (1938) von A. N. Kalayanasunaram Iyen. Der tamilische Regisseur hatte 1938 in Mumbai eine Veranstaltung zum jährlichen Sree Rama Navami-Fest im Lokal Sabha besucht und dort die vierjährige Kathaktänzerin „Baby Kamala" entdeckt, die eine Attraktion des Programms darstellte. Er war so sehr von ihrem Talent und ihrer Ausstrahlung fasziniert, dass er ihr in seinem Film „Valibar Sangam" eine Tanzrolle anbot. Auch in Gyan Mukherjees Film „Kismet" bekam Kumari Kamala später eine kleine Nebenrolle.

„Kismet" ist der erste Film, der das „Lost and Found"-Motiv einführte. Er handelt von einer Familie, die unter widrigen Umständen vom Schicksal getrennt und am Ende natürlich wieder vereint wird. Nach der indischen Teilung 1947 kam dieses Thema oft in den Hindifilmen vor. Der Film ist eine schöne Mischung aus realistischen und komischen Ereignissen und Situationen. Ashok Kumars großartige Performance gilt an Indiens Schauspielschulen heute als Vorführmodell.

Ein ehemaliger Theaterbesitzer leidet unter Schuldgefühlen, da er seine Tochter von Kindheit an mit Tanzunterricht und Auftritten so lange gequält hatte, bis sie eines Tages zusammenbrach und erlahmte. Verarmt lebten beide von der Gnade des neuen Theaterbesitzers. Es folgt eine Reihe von Ereignissen, ein Taschendieb erweist dem Vater Hilfe und verliebt sich in dessen Tochter, er stiehlt die Halskette der Frau des neuen Theaterbesitzers, entkommt knapp der Polizei und entdeckt am Ende, dass er der lang vermisste Sohn dieses neuen Theaterbesitzers ist, der als kleines Kind auf dramatische Weise den elterlichen Haushalt verlassen musste. Gyan Mukherjee, der nach Devika Rani die Bombay Talkies übernahm, war in den 40er Jahren erfolgreich und galt als intellektueller Filmemacher. Er war mit dem Schauspieler und Regisseur Guru Dutt befreundet und übte einen großen Einfluss auf ihn aus, Guru Dutts Film „Kaghaz Ke Phool" spielt auf das Leben und die Lebensumstände Gyan Mukherjees an, der in den 50er Jahren keinen Erfolg mehr mit seinen Filmen „Sangram" (1950), „Shamsher" (1953) oder „Sardar" (1955) hatte.[49]

Mahal (Das Herrenhaus, 1949)

Regie und Drehbuch: Kamal Amrohi
Darsteller: Ashok Kumar, Madhubala, Kumar, Vijayalakshmi, Kanu Roy u.a.

„Mahal" ist Kamal Amrohis Debütfilm und zählt zu den absoluten Hindiklassikern. Er ist eine wunderbare, interessante Mischung aus Psychodrama und Schauergeschichte, die mit dem Thema Besessenheit und Reinkarnation spielt. „Mahal" ist Indiens erster Spielfilm, der solche Horrorelemente enthält.

Schon nach dem Vorspann spürt man, dass es spannend wird, eine männliche Stimme aus dem Off erzählt düster: „Es geschah vor 30 Jahren in einer regnerischen, stürmischen Nacht nur zwei Meilen von dem Bahnhof bei Naini entfernt, an den Ufern des Jamuna stand das große Herrenhaus ‚Sangam Bhavan', das vor vielen Jahrzehnten verlassen wurde. Es wird erzählt, dass in stürmischen Nächten während des Monsuns, wenn es heftig regnet, ein Boot auf dem Jamuna Richtung

Filmplakat „Mahal"

Herrenhaus gerudert wird, aber es kentert in der Strommitte und ein Wehklagen ertönt von dem Herrenhaus. Die Leute haben Angst vor diesem Ort. Sie bezeichnen ihn als unheimlich. Aber im Innern des verlassenen Herrenhauses lebt noch ein alter Gärtner."

Ein junger Mann betritt das stille Haus, nur der Wind pfeift durchs Gemäuer. Der alte Gärtner trifft den neuen Hausbesitzer, nimmt ihn beiseite und beginnt, während er die Kerzen entzündet, die Geschichte des vorherigen Hausbesitzers zu erzählen, der vor 45 Jahren hier ein Liebesnest für sich und seine geheime Geliebte errichtet hatte. Sie wohnte in dem Haus und wartete jede Nacht auf ihn. Er blieb bis zum frühen Morgen und verschwand dann wieder. So ging das über eine lange Zeit, bis er eines Nachts ertrank. Die Geliebte hörte ihn noch rufen, dass sie geduldig auf ihn warten solle, er würde irgendwann zurückkommen. Sie wartete vergebens. Eines Tages fand man auch ihren Körper ertrunken am Ufer. Der Gärtner teilt Shankar mit, dass er der erste Besucher seit jenem Ereignis ist, der dieses Haus betritt. Tief beeindruckt meint Shankar, er wolle die unvollendete Geschichte beenden. Als er zum Schlafraum geht, fällt hinter ihm plötzlich ein Bild herunter. Er dreht sich um und ist entsetzt, als er auf dem Porträt sein eigenes Gesicht entdeckt. Er fragt sich: „Bin ich die Reinkarnation?" Es ist zwei Uhr morgens und auf einmal erklingt eine Frauenstimme: „Er kommt, er kommt, der bestimmt ist zu kommen, wird kommen."

Shankar ist überzeugt: Er ist die Inkarnation des ehemaligen Besitzers, und die Liebe hat ihn wieder zu diesem Ort hingezogen.

Der Film ist besonders sehenswert wegen der beeindruckenden expressionistischen Schwarz-Weiß-Bilder des deutschen Kameramanns Josef Wirsching, der mit diesem Film eine glanzvolle Kameraarbeit leistete. Im Mittelpunkt stehen die Hinduthemen Reinkarnation und Karma. Shankar, der neue Hausbesitzer, weist in seinem letzten Gespräch mit Kamini, seiner Geliebten, nochmals auf diese zentralen Themen hin: „(...) Wie oft bin ich schon geboren worden, wie oft bin ich schon für die Liebe gestorben? Ich weiß nicht. So sterbe ich eben ein weiteres Mal, es wird wieder eine neue Lebenszeit geben. Meine Leidenschaft, mein Durst, deine Tränen der Liebe werden mich wieder hierher ziehen. (...)".

Kamal Amrohi etablierte sich mit diesem Film als Regisseur und erhielt aus ganz Indien unzählige Briefe mit Lobpreisungen.

Weitere empfehlenswerte Filme der 40er Jahre sind „Barsaat" (1949), eine dramatische Liebesgeschichte über zwei Pärchen, von Raj Kapoor und „Andaaz" (1949) von Mehboob Khan, der erste Hindifilm, der mit der Psychologie der Gefühle spielt und qualitativ vergleichbar ist mit Melodramen von Ernst Lubitsch und Douglas Sirk.

Die 50er Jahre

Awara (Der Vagabund, 1951)

Regie: Raj Kapoor
Darsteller: Raj Kapoor, Nargis, Prithviraj Kapoor, Leela Chitnis, K.N. Singh u.a.

„Awara" ist der indische Film, der in den 50er Jahren im Ausland nicht nur am bekanntesten wurde, sondern auch am erfolgreichsten war. Er war in arabischen Ländern, Russland, China und in Europa zu sehen und wurde u. a. in Englisch,

Türkisch, Persisch, Arabisch und Russisch untertitelt. „Awara" ist weltweit ein Symbol der Hoffnung für die einfachen Menschen. Aus diesem Grund wurde dieser Film auch so erfolgreich, und er läuft sogar heute noch in manchen indischen Kinos. Es ist eine brillant inszenierte Geschichte, in der alles perfekt ist vom Schnitt bis zur Musik.

Der Autor K. A. Abbas und der Journalist V. P. Sathe hatten die Geschichte geschrieben, die sie

Nargis in „Awara"

eigentlich Mehboob Khan zur Verfilmung geben wollten, doch Raj Kapoor kam diesem zuvor und kaufte ihnen die Geschichte ab.

Die Figur des Vagabunden Raju soll ein Tribut an Charlie Chaplin sein, von dessen Tramp-Figur Raj Kapoor fasziniert war. Er bewunderte die Einfachheit dieses kleinen Mannes und seine Lebensfreude, die er trotz seiner Armut an den Tag legte. Der Vagabund Raju ist ähnlich konstruiert wie Chaplins Tramp-Figur. Hauptthema des Films ist jedoch die Diskussion, ob Kriminalität vererbt wird oder ob die Umstände und die Erziehung daran schuld sind, dass ein Mensch auf die schiefe Bahn gerät.

In der Eröffnungssequenz, die in einem Gerichtssaal spielt, werden im Rückblick die Ereignisse erzählt, die dazu führten, dass der Vagabund Raju nun als Vatermörder auf der Anklagebank sitzt: Richter Ragunath heiratet gegen die soziale Konvention die Witwe Leela. Eines Tages wird diese von Jaaga, einem Banditen, entführt, der sich an dem Richter rächen möchte, da dieser ihn zu Unrecht verurteilt hat. Als der Bandit erfährt, dass Leela schwanger ist, schickt er sie nach vier Tagen wieder zurück nach Hause. Doch der Richter glaubt nicht, dass das Ungeborene sein Kind ist, da Leela vorher nichts von der Schwangerschaft hat verlauten lassen. Er fällt dem Klatsch zum Opfer und wirft seine Frau aus dem Haus. In dieser Szene spielt Raj Kapoor auf den Ramayana-Mythos an, in dem Sita von Ravan entführt worden ist und Rama ihr nicht glaubt, dass Ravan sie nicht berührt habe und sie die Feuerprobe als Beweis für ihre Reinheit bestehen muss. Als Leela aus der Tür geworfen wird, singt sie: „Du schickst die tugendhafte Sita weg, du schickst sie ins Exil, warum öffnen sich nicht Erde und Himmel, um zu protestieren? Sie gebiert bald darauf auf einer Straße Mumbais ihren Sohn Raju und versucht, ihn trotz der widrigen Umstände so gut es geht, groß zu ziehen. Jaaga findet die Frau mit dem Kind und wird Rajus Mentor. Der erfährt während all dieser Jahre nichts von der Vergangenheit seiner Eltern. Während auf der einen Seite Leela sich bemüht, ihrem Sohn eine Schulausbildung zu ermöglichen, und sich wünscht, er solle einmal Richter oder Rechtsanwalt werden, hat Jaaga ganz andere Pläne mit Raju. Er soll einmal ein großer erfolgreicher Gauner werden. Auf diese Weise will Jaaga es dem Richter heimzahlen, da dieser glaubt, dass Kriminalität angeboren sei. Während seiner Schulzeit lernt Raju Rita, ein Mädchen aus gutem Haus, kennen und freundet sich mit ihr an. Doch ihr Vater und der Richter Ragunath, die miteinander befreundet sind, unterbinden diese Freundschaft wegen der Kastenunterschiede.

Als Raju eines Tages erfährt, dass Jaaga mitschuldig an der Misere seiner Mutter und seiner Kindheit ist, tötet er ihn und versucht, seinen Vater ebenfalls zu töten.

Rita, die inzwischen eine erfolgreiche Anwältin geworden ist, liebt Raju und verteidigt ihn während des Prozesses. Sie versucht nun, den Richter davon zu überzeugen, dass Raju wirklich sein Sohn ist und dass er daran mitschuldig ist, dass aus Raju ein Dieb geworden ist. Der Richter verleugnet zunächst seine Vaterschaft, obwohl sein Sohn ihm äußerst ähnlich sieht. Doch am Ende sieht er ein, dass dies die Wahrheit ist und er einen großen Fehler begangen hat. Vater und Sohn versöhnen sich zwar, doch Raju muss seine Gefängnisstrafe von drei Jahren trotzdem abbüßen.

Besondere Höhepunkte des Films sind unter anderem Nargis im Badeanzug, eine sehr freizügige Szene für die damalige Zeit, und die neunminütige „Traumsequenz von Himmel und Hölle".

Weitere empfehlenswerte Filme Raj Kapoors sind: „Shri 420"(1955), „Sangam" (1964), „Mera Naam Joker" (1970) und „Bobby" (1973).

Raj Kapoor starb 1988, sein Tod markiert das Ende einer kreativen und individuellen Ära des Filmemachens.

Devdas (1955)

Regie: Bimal Roy
Darsteller: Dilip Kumar, Suchitra Sen und Vyjayanthimala u.a.

Die Geschichte „Devdas", die auf der gleichnamigen Novelle des bengalischen Schriftstellers Sarat Chandra Chatterji basiert, wurde in fast jeder Dekade in gleicher oder ähnlicher Version immer wieder verfilmt. Die erste Version von „Devdas" entstand 1928 (Regie: Naresh Mitra), das erste Remake inszenierte P. C. Barua 1935, die dritte Fassung übernahm 1955 Baruas Kameramann, der spätere Regisseur Bimol Roy. Die letzte aktuelle Interpretation von Sanjay Leela Bhansali erschien 2001.

Szene aus der „Devdas"-Verfilmung von 1955.

„Devdas" ist ein Schlüsselstoff sowohl im Bollywoodkino als auch in Indiens Geschichte. Das Thema der unerreichbaren Liebe in „Devdas" scheint in Indien zeitlos zu sein. Aus diesem Grund hat es immer wieder verschiedene Variationen und Remakes gegeben. Auch der Schauspieler und Regisseur Guru Dutt hat in seinen Filmen „Pyaasa" (1957), „Kaagaz Ke Phool" (1959) und „Sahib Biwi Aur Ghulam" (1962) immer wieder dieses Thema aufgegriffen.

Devdas, Sohn des reichen Zamindar und sensibler Poet, will seine große Nachbarschafts- und Kindheitsliebe Paro heiraten. Doch Paro gehört einer niedrigeren Kaste an und kommt daher für ihn nicht in Frage. Sie soll mit einem alten reichen Witwer verheiratet werden. Nachts kommt Paro heimlich zu Devdas' Haus und bittet ihn, vor der Hochzeit mit ihr durchzubrennen, doch Devdas kann sich nicht dazu überwinden, zu stark sind die Fesseln der Tradition und die Angst vor den Älteren. Nach Paros Hochzeit wird Devdas nach Kolkata geschickt, wo er sich bald mit der

Kurtisane Chandramukhi anfreundet. Doch sie kann seine einstige Liebe Paro nicht ersetzten. Aus Verzweiflung und Frust fällt er in tiefe Depression und wendet sich dem Alkohol zu. Eines Tages beschließt er, in sein Dorf zurückzukehren und nach Paro zu schauen. Nach vielen Jahren treffen sie sich endlich wieder, nun möchte er seinerseits mit ihr fliehen. Doch es ist zu spät, Paro hat sich mit ihrem Schicksal abgefunden und macht sich nun Sorgen um Devdas Alkoholkonsum. Ziellos fährt Devdas mit dem Zug umher, er kann sich mit der Realität nicht arrangieren. Verzweifelt und ohne jegliche Hoffnung beschließt er, seinem Leben ein Ende zu setzen, und stirbt vor Paros Haus. Als sie hört, dass Devdas vor ihrer Tür liegt, versucht sie, aus dem Haus zu laufen, doch ihre Familie hindert sie daran, zu ihm zu gelangen, und verschließt das Tor.

Diese tragische Liebesgeschichte berührte und berührt noch immer Millionen Inder, Devdas Qual ist ihre eigene Qual in einer Gesellschaft, in der persönliches Glück keinen Platz hat. Devdas ist ein Mann, der unfähig ist, sich zu behaupten und gegen das etablierte System anzukämpfen, er ist gefangen in seinen Traditionen und steht zwischen zwei Frauen, von denen eine sozial akzeptiert, aber nicht erreichbar, und die andere erreichbar, aber gesellschaftlich nicht akzeptiert ist.

Tief verwurzelt ist in der Geschichte Devdas die alte Mythe, dass wahre Liebe unerreichbar und unerfüllbar ist und dass Leiden einem Heil und Ehre gibt. Schmerz wird glorifiziert, Sterilität und Masochismus werden zur Tugend transformiert. Devdas zeigt auch den Glauben der Hindus an das Karma, eine freie Wahl haben wir nur scheinbar, letztendlich bestimmt das Schicksal unser Leben.

Bimal Roy geht bei der Darstellung dieser Geschichte sehr sparsam mit den gesprochenen Worten um, und lässt die Bilder für sich sprechen. Besonders beeindruckend ist die Szene, in der Devdas aus Kolkata zurückkehrt, um nach Paro zu schauen. Die Nacht bricht heran, und Paro hört seine Schritte. Schüchtern zieht sie sich aus dem Hofraum zurück und rennt die Stufen zu ihrem Raum hinauf. Als sie ihre Lampe anzündet, fällt der Lichtschein auf ihr Gesicht. Dann gleitet die Kamera langsam zu Devdas, der ihr in den Raum gefolgt ist. Plötzlich sehen sie sich als Erwachsene wieder, und es herrscht Stille.

Bimal Roy, der aus Ostbengalen, dem heutigen Bangladesch, stammte, begann seine Karriere in den 30er Jahren als Kameraassistent am New Theatre in Kolkata. Dann arbeitete er dort als Kameramann und schließlich 1945 mit „Humrahi" als Regisseur. Er vermischte Neorealismus mit dem populären Kino. Dabei reflektierte er in seinen Filmen stets soziale Aspekte der indischen Gesellschaft.

Weitere wichtige Filme, für die er bekannt wurde, waren „Do Bigha Zameen" (1953), der Kassenschlager „Madhumati" (1958), „Sujata"(1959) und „Bandini"

(1963). Bimal Roy führte auch Literaturverfilmungen in Indien ein. Er war der einzige Hindi-Regisseur, der elf Filmauszeichnungen gewann. 1966 starb er an Lungenkrebs.

Pyaasa (Der Durstige, 1957)

Regie: Guru Dutt
Darsteller: Guru Dutt, Waheeda Rehmann,
Mala Sinha, Johnny Walker Rehmann u.a.

„Pyaasa" ist nicht nur ein Hindi-Filmklassiker, sondern gleichzeitig Guru Dutts Debüt, Meisterwerk und Lieblingsfilm. Der Film spiegelt die Desillusion, das Leid und den Zynismus wider, die auf die anfängliche Euphorie der indischen Unabhängigkeit folgten. „Pyaasa" bedeutet Durst und meint den Durst des Dichters nach Antworten, nach Anerkennung, nach Liebe, nach Verständnis, nach spiritueller Erfüllung und nach Erlösung.

Vijay, der sensible Dichter, fühlt sich als Fremder in einer Gesellschaft, in der nur noch materielle Dinge zu zählen scheinen. Sein eigener Bruder verkauft seine Gedichte als Altpapier, als er sich weigert, mit einem gewöhnlichen Job zum Unterhalt der Familie beizutragen.

Entsetzt flüchtet Vijay aus dem elterlichen Haus und beginnt, auf den Straßen Kolkatas zu

Filmplakat „Pyaasa"

leben, verzweifelt auf der Suche nach seinen Manuskripten. Als er durch die Stadt streift, hört er eine Frau seine Gedichte singen. Es ist Gulab, eine Hure, mit der er sich anfreundet. Eines Tages trifft er seine ehemalige Liebe Meena wieder, die inzwischen mit dem erfolgreichen Verleger Ghosh verheiratet ist, dessen Reichtum sie mehr anzog als die Liebe eines um die Existenz kämpfenden Poeten. Nachdem er auf einer Party von Meena beleidigt wird, er seinen Job verliert und seine Mutter stirbt, verliert er sich in Alkohol und Depressionen.

Eines Tages beschließt er, sein Leben zu beenden. Auf seinem Weg schenkt er einem Bettler seinen Mantel. Dieser ertappt Vijay dann beim Selbstmordversuch.

Er rettet ihm das Leben, stirbt jedoch selbst bei der Rettung. Die Zeitung verkündet Vijays Tod, nachdem man seinen Mantel bei dem toten Bettler entdeckt hat. Die Hure Gulab nimmt ihre ganzen Ersparnisse, um seine Gedichte bei dem Verleger Gosh zu veröffentlichen. Im Krankenhaus erfährt Vijay vom Erfolg seines Buches. Als er aus dem Krankenhaus entlassen wird und Zeugen für seine Identität sucht, um seinen Anspruch als Autor geltend zu machen, weigern sich seine Brüder und der Verleger, ihn zu identifizieren. Sie wollen den Gewinn unter sich aufteilen und lassen Vijay in die Psychiatrie einweisen. Nur mit Hilfe eines alten Freundes kann er entkommen. Ein Verleger, der einst sein Buch zurückwies, sich aber nun Profit davon verspricht, steht ihm bei und bezeugt seine Identität. Als er endlich die Anerkennung der Gesellschaft erhält, nach der er sich so lange gesehnt hat, will er sie nicht mehr. Verbittert und angewidert von der Käuflichkeit der Leute wendet er dieser Gesellschaft den Rücken zu und beschließt, mit Gulab fortzugehen.

„Pyaasa" ist der erste von insgesamt vier Filmen, die sich mit dem Thema der Künstler in einer kommerziellen Welt auseinandersetzten. Es ist ein sehr persönlicher Film. Man hat den Eindruck, dass Guru Dutt und Vijay ein und dieselbe Person sind. Der Poet, ein Außenseiter, der versucht, seinen Platz in der Gesellschaft zu finden. Und der Regisseur, ein Außenseiter der Bollywoodfilmindustrie, der versucht, den Formelfilmen einen individuellen Stempel aufzudrücken. Trotz der Einhaltung der Konventionen hat Guru Dutt es tatsächlich geschafft, einen außergewöhnlichen Film zu machen. Musik und Songs sind sorgsam und effektvoll eingesetzt, packende Bilder mit Chiaroscuro-Effekt zeigen eine ganz besondere Ästhetik und Atmosphäre. Die Seele von „Pyaasa" liegt jedoch in der Lyrik, die auf Sahir Ludhianvis zynischen, bitteren Gedichten beruhen. Dessen Worte geben Guru Dutts eigene Weltsicht und Erfahrungen wider. Vijay sieht die Menschen, wie sie mit Armut, Krankheit und Tod ringen oder nur nach dem Geld streben. Guru Dutts Filme sind zwar beeinflusst von den französischen Film-Noir-Thrillern und von Musical-Romanzen, doch ansonsten haben seine traurigen Epen weder im westlichen Kino noch im Hindi-Kino einen Vorgänger. Der Wert seiner Filme wurde erst anerkannt, als er tot war. Er hatte es nach mehreren missglückten Selbstmordversuchen am 10.10.1964 schließlich doch geschafft, seinem Leben ein Ende zu setzen.

Guru Dutt stammte ursprünglich aus Bangalore. Als Teenager interessierte er sich für Tanz und gewann mit 17 Jahren ein Stipendium in Alamara am Uday Shankar Kultur Zentrum. Nach seiner Ausbildung ging er nach Pune und arbeitete dort bei der Prabhat Film-Company als Choreograph und Regieassistent. Als man hier keine Arbeit mehr für ihn hatte, zog er nach Mumbai und fand eine Anstellung bei dem Regisseur Gyan Mukherjee. 1951 war es soweit. Er führte zum ersten Mal Regie und zwar für den Thriller „Baazi" (1951). Andere Filme, mit denen er berühmt wurde, waren „Kaagaz Ke Phool" (1959) und „Sahib Biwi Aur Ghulam" (1962).

Mother India (Mutter Indien, 1957)

Regie und Produktion: Mehboob Khan
Darsteller: Nargis, Sunil Dutt, Raaj Kumar, Rajendra Kumar, Kanhaiyalal u.a.

Die immense Popularität von „Mother India" zeigt sich darin, dass dieser Film von seiner Premiere am 25.10.1957 bis heute immer wieder im Programm einiger indischer Kinos läuft. „Mother India", das indische Nationalepos, der auch international ein großer Erfolg war und 1958 für den Oscar als bester ausländischer Film nominiert wurde, stellt das große indische „Dharma" dar. Es ist eine Allegorie des Wiederaufbaus nach der Feudalherrschaft und der kolonialen Verwüstung. Indiens neuer Staat bestand gerade mal fünf Jahre, als dieser Film 1952 begonnen wurde, und zehn Jahre, als er 1957 beendet wurde. Es ist eine Rückschau in die Vergangenheit, die Zeit der Entbehrungen und der Opfer auf dem Weg in die Unabhängigkeit und das Ende eines Traums. „Mother India" hat daher in der indischen Filmgeschichte etwa den gleichen Stellenwert wie das amerikanische Bürgerkriegsepos „Vom Winde verweht". Für den damaligen Regierungschef Nehru war „Mother India" ein Symbol für

Filmplakat „Mother India" (Ausschnitt)

eine sich einende Nation, die aus zwei Kulturen und Religionen bestand. Sowohl Regisseur Mehboob Khan als auch die Protagonistin Nargis waren Moslems und verkörperten mit diesem Werk ein mögliches friedliches Miteinander.

Inspiriert wurde Mehboob Khan zu „Mother India" von der Machart des Hollywoodfilms „The Good Earth" (1937) von Syney A. Franklin und von der Novelle „The Mother" (1934) von Babuhai Mehta – die Lebenschronik einer namenlosen Chinesin, die ums Überleben kämpfen muss, als ihr Mann sie verlässt. Mehboob war fasziniert vom Charakter dieser starken Frau und schrieb daraufhin das Drehbuch zu „Aurat" (The Woman), das 1940 verfilmt wurde. Nach dem Erfolg von „Aurat" beschloss Mehboob Khan, das Thema zu vertiefen und die Figuren weiter auszufeilen, „Mother India" wurde ein Remake von „Aurat". Er drehte den neuen Film in der Umgebung von Billimoria in Gujarat in den Dörfern, in denen er mit seinen Eltern gelebt hatte. Der Arbeitstitel lautete zuerst „This land is mine" und wurde erst später in „Mother India" geändert. Über 30 Jahre lang hatte man in den indischen Filmen starke Patriarchen gezeigt, Monarchen, Heilige, Liebende und Beschützer der Familie, die immer mitfühlend und bestimmend waren. Solche Charaktere verschwanden nach 1947 aus dem indischen Kino, besonders als in der Nehru-Ära die Euphorie über die entstehende neue Nation das Land überschwemmte. Auf einmal wurden Frauen nicht mehr nur als schmückendes Beiwerk gesehen, sondern es entstand die Idee der Nation als Mutter. Literatur, Ölbilder und Kalender schmückten sich mit der Mutterfigur als Symbol für ihr Land. Diese Gewichtung der Mutterfigur hing mit der Identitätskrise der patriarchalischen Gesellschaft zusammen. Die indischen Männer fühlten sich frustriert und ohnmächtig in der Zeit der Fremdherrschaft, und auch nach der Unabhängigkeit, als Korruption und Kriminalität Politik und Gesellschaft beherrschten, sah man sich unfähig, die Situation zu meistern. Die Mutterfigur war ein Symbol der Hoffnung, der Fels in der Brandung. „Mutter Indien" sollte ein nationalistisches Statement für die Stärke und Hartnäckigkeit des indischen Charakters darstellen. Nach einer Ankündigung im Radio sollte der Film eigentlich am 15.08.1957, dem Tag der Unabhängigkeit, uraufgeführt werden, doch leider schaffte man es nicht, ihn pünktlich fertig zu stellen.

Die Geschichte „Mother India" handelt vom entbehrungsreichen Leben der Protagonistin Radha. Die erste Einstellung der Sequenz zeigt das faltige Gesicht einer alten Frau, deren Haut die gleiche Farbe hat wie die Erde, auf der sie sitzt. Ihre Hände sind zerfurcht wie der trockene Schlamm, den sie sich ehrfurchtsvoll vor das Gesicht hält. Diese Szene wird von einem Chor begleitet: „All unser Leben, Mutter Erde, wir singen, um dich zu preisen. Jedes Mal, wenn wir geboren werden, geschieht dies in deinem Schoß." Die nächsten Einstellungen zeigen die Modernisierung und den Fortschritt des Landes, Kräne und Traktoren, die das Land bearbeiten, und dann Radha, die von einer Gruppe von Kongressparteimitgliedern besucht wird, die sie bitten, den neuen Kanal einzuweihen. Als ihr eine Blumengirlande umgehängt wird, erinnert sie sich an ihren Hochzeitstag, an dem sie den gleichen Kranz geschenkt bekam. Mit dieser Szene wird nun die Rückschau ihres Lebens eingeleitet. Der erste Teil des Films handelt von ihrem Familien- und Alltagsleben, der Arbeit auf dem Feld, den glücklichen Momenten mit ihrem Mann Shyama und der Geburt der Söhne. Das Schicksal ändert sich schlagartig für sie, als ihr Mann bei einem Unfall während der Feldarbeit beide Arme verliert. Aus Scham, seine Familie nicht mehr ernähren zu können, verlässt er sie. Vollkom-

Szene aus „Mother India" (1957)

men sich selbst überlassen muss Radha nun die Erziehung der Kinder Birju und Ramu sowie die Bewirtschaftung des Landes in die Hand nehmen. Nicht nur Naturkatastrophen wie Dürre und Überschwemmungen machen ihr das Leben schwer, sondern auch der ungehobelte Geldverleiher des Dorfes, Sukhilala, der sie gerne zu seiner Mätresse machen würde. Birju, der ältere Sohn, erträgt die Armut, die durch den Geldverleiher verursacht wird, nicht mehr.

Bald bricht Birju sämtliche Regeln der Dorfgemeinschaft und muss fliehen. Nachdem er sich einer Räuberbande angeschlossen hat, kehrt er zum Dorf zurück, um Rache zu nehmen. Radha versucht, ihn davon abzuhalten, indem sie ihn erschießt.

„Mother India" ist voller mythologischer, traditioneller und politischer Anspielungen und Aphorismen, die vom europäischen Publikum ohne ein gewisses Hintergrundwissen nicht verstanden werden können. In dem Film werden keine kompletten Familien gezeigt, die Figuren sind alle Waisen, Halbwaisen oder wurden adoptiert, damit möchte Mehboob an die Teilung Indiens erinnern, an die Familien, die bei der Massenflucht zwischen West- und Ostbengalen zerbrochen sind.

Radha, der Name der Protagonistin, bezieht sich auf die mythologische Radha, die Geliebte Krishnas. Der Name ihres Manns Shyama bedeutet: der dunkle Krishna. Mehboob spielt hiermit auf das Götterpaar an. Radha und Krishna lieben sich, leben aber in ewiger Trennung. Nachdem Shyama Radha verlassen hat, erleidet sie das gleiche Schicksal wie ihre Namensgenossin. Radha steht für Liebe, Kontinuität, Stabilität und Geduld. Radha verkörpert die Mutterrolle auf mehreren Ebenen:

– als Mutter und Oberhaupt ihrer Familie;

– als Mutter der Dorfgemeinschaft bewegt sie die Dorfbewohner dazu, nach der Dürre und der Überschwemmung nicht ihr Land zu verlassen. Auch hier wieder eine Anspielung auf die Teilung des Landes. Ein einmaliges Porträt des Aufhaltens eines Prozesses, der schon längst stattgefunden hat.

– als Mutter Erde (Fruchtbarkeitsgöttin): unter ihren Händen entsteht nach den Naturkatastrophen ein blühendes Land. Anspielung auf die Aufstellung des Fünf-Jahresplans (Growing Food), der nach der Hungerkatastrophe und der Misswirtschaft erstellt wurde.

– als Mutter einer entstehenden indischen Nation: Radha verkörpert indische Charaktereigenschaften, wie Stärke, Hartnäckigkeit, ungebrochenen Stolz, Moral und Gemeinschaftssinn. Ihre einzigen Waffen sind ihr Wille und ihre Körperkraft.[50]

Die 60er Jahre

Mughul-e-Azam (Der große Mogul, 1960)

Regie: K. Asif, Drehbuch: K. Asif und Aman, Dialoge: Aman, Kamal Amrohi, Ehsan Rizvi, Vajahat Mirza
Darsteller: Madhubala, Prithviraj Kapoor, Dilip Kumar, Durga Khote u.a.

Die „Mughul-e-Azam"-Liebesgeschichte basiert auf einer historisch nicht bewiesenen Legende. Den Mogulherrscher Akbar und dessen Frau Jodha gab es jedoch tatsächlich. Er war der dritte Mogulherrscher in Nordindien und regierte zwischen 1556 und 1605 das Reich. Bei ihm herrschte Religionsfreiheit. Selbst seine Frau, eine Hindu, praktizierte nach der Hochzeit ihren Glauben weiter. Akbar interessierte sich für alle Religionen und lud deshalb oft Religionsexperten ein. Er formulierte die Religionsidee „Deen Ilahi", die jeweils die besten Argumente aus allen Religionen enthielt. Seine Mogulherrschaft bescherte Indien ein goldenes Zeitalter in Kunst, Kultur und Literatur.

Durga Khote (vorn) in „Mughul-e-Azam".

„Mughul-e-Azam" gilt als der beste und mit 15 Millionen Rupien auch als der teuerste Film der 60er Jahre. K. Asif brauchte insgesamt, von der Planung bis zur Fertigstellung, 17 Jahre für diesen Film. Gründe dafür lagen u.a. in der schwierigen

Finanzierung und Durchführung des Projekts sowie im Tod des Protagonisten und Superstars Chandramohan.

Die Geschichte erzählt vom Herrscherpaar Akbar und seiner Frau Jodha, die lange Jahre auf einen Stammhalter warten. Sie gehen zu einem Guru, der ihnen helfen möchte. Eines Tages werden ihre Gebete erhört, und eine Hofdame überbringt dem König die freudige Nachricht von der baldigen Geburt eines Sohnes. Für diese freudige Botschaft darf sie sich vom König etwas wünschen. Prinz Salim, der Sohn, wird geboren und entwickelt sich mit den Jahren zu einem verzogenen Teenager. Er wird für vierzehn Jahre zum Militär geschickt. Nach seiner Rückkehr verliebt er sich auf einem Fest in die Tänzerin Anarkali. Doch der Vater kann diese

Madhubala und Prithviraj Kapoor in „Mughul-e-Azam''.

Liebe nicht dulden und befiehlt Salim, das Verhältnis zu beenden. Er lässt Anarkali einsperren. Prinz Salims Gefühle sind so stark, dass er den Kampf gegen seinen Vater aufnehmen möchte und ihn zur Konfrontation herausfordert. Akbar besiegt Salim und befiehlt, ihn zu exekutieren.

In der Originallegende wird Anarkali ebenfalls zum Tode verurteilt. Sie soll lebendig eingemauert werden. Doch der Regisseur K. Asif lässt Anarkali rechtzeitig von Salims Freund Durjan retten und in ein Versteck bringen. Als Salims Hinrichtung naht, rettet ihn Anarkali. Sie schlägt darauf Akbar einen Handel vor. Sie wolle nur eine Nacht mit ihrem Liebsten verbringen und dann freiwillig aus dem Leben scheiden. Doch sie bleibt am Leben, denn ihre Mutter ist zufälligerweise die Hofdame, die noch einen Wunsch beim König frei hat. Beide, Salim und Anarkali, verlassen das Königreich und werden nie wieder gesehen.[51]

„Mughul-e-Azam" ist deswegen so populär, weil er die Erinnerung an ein gemeinsames indisches Erbe wieder zum Leben erweckt. K. Asif, der eher ein Autodidakt im Filmemachen war, interessierte sich sehr für moslemische Legenden. Auch seine anderen Filme beschäftigen sich mit historischen Themen.

Der Song „Pyaar Kiya to darnakya" (Für die Liebe kämpfen) wurde einer der populärsten Songs des Hindifilms.

„Mughul-e-Azam" ist der erste indische Film, der schon teilweise Farben einsetzt, so auch in der berühmten Sheesh-Mahal-Sequenz (Palast der Spiegel).

K. Asif hat in den 30 Jahren seiner Laufbahn bis 1971 leider insgesamt nur vier Filme zu Stande gebracht, da die Hauptdarsteller der Filme „Phool", „Hulchul" und „Love and God" vor Drehschluss starben. Selbst sein letzter Film „Love and God" wäre unvollendet geblieben, wenn man ihn nicht zusammengeschnitten hätte.

Rajkumar Santoshi plant demnächst ein Remake des Epos mit Amitabh Bachchan als König Akbar, Shah Rukh Khan als Salim und Aishwaya Rai als Anarkali.

Waqt (Die Zeit, 1965)

Regie: Yash Chopra
Darsteller: Sunil Dutt, Raaj Kumar, Sadhana, Sharmila Tagore, Shashi Kapoor, Balraj Sani, Shashikala, Motilal, Rehman, Achala Sachdev, Madan Puri, Jeevan u.a.

„Waqt", ein Film, der zur Kategorie „Lost and found"-Melodrama gehört, porträtiert die dekadente luxuriöse Lebensweise von Mumbais Jugendlichen aus der neureichen Gesellschaftsschicht, die aufgrund von Korruption und Schwarzhandel in den 60er Jahren entstanden ist. Es war das erste Mal, dass ein Masalafilm so etwas zeigte. In späteren Filmen wurde dieser ganze Glamour als Accessoire und Statussymbol für die Bösewichte genommen. Es ist auch der erste Film, der eine gleichgroße Anzahl (jeweils drei) von Helden, Heldinnen und Bösewichten auweist. Es ist der dritte und längste Film von Yash Chopra und der Film, mit dem er sich als Regisseur in der Bollywoodindustrie etablieren konnte.

Ein Erdbeben reißt die Familie des Händlers Kedarnath auseinander. Als der Vater sich auf die Suche nach seinen Kindern macht, erfährt er, dass eines seiner Kinder im Waisenhaus von einem Aufseher körperlich misshandelt wurde. Er tötet den Vorsteher und wird zu zwanzig Jahren Gefängnis verurteilt. Während sich der erste Sohn Raja zum raffinierten Einbrecher entwickelt, findet der zweite Sohn Ravi Unterschlupf in einem reichen Haushalt und wird Rechtsanwalt. Vijay, der dritte Sohn, bleibt bei seiner Mutter und wird Chauffeur. Ihre Wege kreuzen sich, als Raja fälschlicherweise unter Mordverdacht gerät und er von Ravi, dem Rechtsanwalt, gerettet wird, der ihn bei Gericht verteidigt. Dies alles passiert, ohne dass sie wissen, dass sie Brüder sind. Am Ende begegnet sich die Familie im Gerichtssaal wieder, sie erkennen einander und schließen sich in die Arme. „Waqt" war ein großer kommerzieller Erfolg und setzte den Maßstab für weitere zukünftige Megahits.

Weitere nennenswerte Filme jener Zeit sind „Sahib Biwi Aur Ghulam" (1962) von Guru Dutt, eine Geschichte über das Leid der Ehefrau eines Feudalherren und den langsamen Verfall der aristokratischen Gesellschaft und „Guide" (1965) von Vijay Anand, der von einer recht emanzipierten Frau handelt, die Tänzerin werden möchte. Der Love-Triangle-Film „Sangam" (1964) von Raj Kapoor ist ein Film über Liebe und wahre Männerfreundschaft, zu nennen ist auch der Musical-Crime-Thriller „Jewel Thief" (1967) von Vijay Anand.

Die 70er Jahre

Die Filme der 70er Jahre wurden beeinflusst von Skandalen und Korruption in Politik und Justiz. Es herrschten allgemeine Verunsicherung und Angst – täglich erschütterten willkürliche Verhaftungen, Folterungen und Erpressungen Unschuldiger die Bevölkerung. Auf der anderen Seite wurden Strafanzeigen und Prozesse erst gar nicht aufgenommen oder verschleppt. Am Kinohorizont tauchte eine neue Heldenfigur auf: „the angry young man", verkörpert durch Amitabh Bachchan. Er alleine vermochte, das Lebensgefühl der Repression und Enttäuschung auszudrücken, das Indiens Normalbürger bewegte. Die 70er Jahre sind vorherrschend von Action- und Gewaltfilmen bestimmt. Daneben liefen aber auch romantische Filme mit den üblichen Gesangs- und Tanznummern von Regisseuren wie Manmohan Desai, Gulzar, Sai Paranjpye oder Chatterji.

Zanjeer (Das Armband, 1973)

Regie: Prakesh Mehra
Drehbuch: Salim und Javed Akhtar
Darsteller: Amitabh Bachchan, Jaya Badhuri, Pran, Aji u.a.

„Zanjeer" ist ein absoluter Klassiker, der über Nacht die indische Filmgeschichte verändert hat. Er gehört zu den wenigen Filmen, die der Filmformel nicht entsprechen, sondern diese sogar beeinflussten. Nach einer Reihe schmerzvoller Flops suchte Prakesh Mehra nach einem ausgefallenen Drehbuch. Zwei damals noch unbekannte Autoren, Salim Khan und Javed Akhtar, boten ihm das außergewöhnliche Rache-Melodram an. Ihm gefiel die Geschichte so gut, dass er das Risiko eingehen wollte und alles auf eine Karte setzte. Der Anti-Held Vijay wurde zum Vorbild für 17 weitere Charaktere, die Amitabh Bachchan in späteren Filmen spielte. Er wurde ein Held, an dem sich kein anderer messen konnte.

Vijays Vater Ranjit sitzt wegen Drogenhandels im Gefängnis. Als er entlassen wird, redet ihm der Polizeiinspektor nochmals ins Gewissen und versucht, ihm klarzumachen, dass er durch sein Verbrechen mitschuldig ist am Tod vieler unschuldiger Menschen. Als er nach Hause kommt und erfährt, dass seine kleine Tochter eben durch das Vertauschen von Medizin mit Drogen gestorben ist, beschließt er, ein ehrliches Leben zu führen. Doch sein Boss ist damit gar nicht einverstanden und lässt Ranjit und seine Frau von seinem Handlanger Teja töten. Ihr Sohn, der sechsjährige Vijay, der sich im Schrank versteckt hat, muss hilflos mit ansehen, wie seine Eltern erschossen werden. Nach der Tat nimmt der Polizeiinspektor das Waisenkind auf und zieht ihn wie einen eigenen Sohn groß. Vijay plagen jede Nacht dieselben Albträume: Er sieht immer ein weißes Pferd, auf dem ein schwarz verhüllter Reiter sitzt. Es ist die vage Erinnerung an das Emblem der Armkette, die der Mörder trug.

Vijay tritt in die Fußstapfen seines Ziehvaters und wird ein übereifriger Polizist, der jede Missetat als persönlichen Angriff betrachtet und jeden Täter als persönlichen Feind. In den schwarzen Listen sucht er nach dem unbekannten Mörder seiner Eltern. Er findet keine Ruhe und keinen Frieden, bis er weiß, wer diese Tat begangen und ihn seiner Kindheit beraubt hat.

Der erste Teil des Films zeigt, wie Vijay versucht, Ordnung in der Stadt zu schaffen und Kriminalität und Korruption auszurotten. Dabei gewinnt er zwei echte Freunde: Die Messerschleiferin Mala, die wie Vijay zur Waise geworden ist, und Shekar Khan mit feuerrotem Bart und ebensolchen Haaren, der einen Stadtteil regiert und eine Glücksspielspelunke betreibt. Nach einem mutigen Kampf, den er gegen Vijay verliert, gibt er die illegalen Glücksspiele auf.

Vijay wird für die Unterwelt langsam unbequem und verliert durch eine Intrige seinen Job als Polizist. Doch seine Suche und sein Kampf gehen weiter. Am Ende findet er Teja, den Mörder seiner Eltern, der inzwischen Oberboss geworden ist. Gemeinsam mit seinen Freunden schafft Vijay es, sich zu rächen und sich von seinem Trauma zu befreien.

Es ist nicht allein Vijays persönlicher Kampf, der auf der Leinwand ausgefochten wird, es ist der Kampf der indischen Gesellschaft, den er austrägt. Er leidet nicht nur wegen der Dinge, die ihm persönlich angetan worden sind, er leidet ebenso am Weltschmerz.

Als Mala ihn bittet, sich nicht weiter in Gefahr zu begeben und lieber ein Zuhause mit ihr aufzubauen, erträgt er diese Idylle nicht. Er kann nicht in Frieden leben und so tun, als ginge ihn die Welt draußen nichts an. Er kann das Leben nicht genießen, wenn er weiß, dass vor seinem Haus Menschen leiden und sterben.

Er will helfen, das Übel zu bekämpfen und somit seinen Teil dazu beitragen, dass die Welt eine Bessere wird. Vijay verkörpert für die indische Gesellschaft den Retter, den neuen Helden: unbestechlich, ehrlich, charakterstark und mit dem Mut und dem Kampfgeist eines Tigers. Shekar Khan sagt im Film an einer Stelle, dass man Vijay respektieren soll, denn er sei ein Tiger, von dem es in diesem Lande nur noch wenige gibt. Vijay glaubt nicht nur an die Werte, von denen er spricht, er handelt nach ihnen. Das ist es, was diese Figur so anziehend und authentisch macht. Besonders in einer Gesellschaft, in der ein Werteverfall eingetreten war, Arbeitslosigkeit herrschte und das Leben zu einem einzigen Überlebenskampf wurde. Vijay nimmt das Gesetz selbst in die Hand, da die Polizei desinteressiert und machtlos zu sein scheint und teilweise korrupt ist.

Amitabh Bachchan verkörpert die Figur Vijay perfekt: frustriert, verzweifelt, ein Außenseiter auf der Suche nach Identität, nach außen hin ruhig, doch innerlich ein Vulkan, der jeden Moment auszubrechen droht, ein Lebensgefühl, mit dem sich die Inder sehr gut identifizieren konnten. Amitabh Bachchan ist untrennbar verbunden mit diesem Typus, den er 30 Jahre lang in verschiedenen Filmen immer wieder verkörperte.

Sholay (Die Flammen der Sonne, 1975)

Regie Ramesh Sippy
Darsteller: Dharmendra, Sanjeev Kumar, Amitabh Bachchan, Hema Malini, Jaya Bachchan, Amjad Khan u.a.

Wenn man noch nie einen Hindifilm gesehen hat, so sollte man unbedingt „Sholay" anschauen, er wird von den Indern als der perfekteste Hindifilm gesehen, der jemals gemacht wurde. Er ist Indiens erster 70mm-Film in Stereoton und eine Art „Spaghetti-Currywestern".

Inspiriert wurde „Sholay" von Akira Kurosawas Epos „Die sieben Samurai" und von dem American-Italo-Western „Die glorreichen Sieben".

Kurioserweise wurde „Sholay" von der indischen Presse zunächst als Flop bezeichnet, da die Besucherzahlen in der ersten Woche nach der Premiere nicht den Erwartungen entsprachen. Man überlegte schon, ob man ihn aus dem Programm nehmen sollte, doch die Drehbuchautoren Salim und Javed waren dagegen und meinten, man solle dem Film noch eine Woche Zeit geben. Und tatsächlich: Ihre Zuversicht wurde belohnt. Nach und nach strömten die Zuschauer in die Kinos. Nach einem Monat war „Sholay" auf dem Besucherhöhepunkt, und nach einem

Jahr füllte er immer noch die Kinohäuser. In Mumbai lief „Sholay" in einem Kino sogar fünf Jahre lang und wurde dafür ins Guinessbuch der Rekorde aufgenommen. Viele Besucher konnten bald alle Lieder und Dialoge auswendig.

„Sholay" ist der Film, der am häufigsten von den indischen Filmwissenschaftlern analysiert wurde. Sie versuchten, dem Geheimnis seines Erfolgs auf die Spur zu kommen.

Was ist nun das Magische dieses Films? Große, unvergessliche, individuell gezeichnete Charaktere, ausgefeilte Dialoge, atemberaubende Landschaftsaufnahmen von der zerklüfteten Felslandschaft in Ranganaram, eine abwechslungsreiche Mischung aus Actionszenen, Romanzen, komischen und tragischen Elementen, zwei Kabarettnummern und natürlich eine fantastische Musik und mitreißende traditionelle Tanzeinlagen.

In mehreren Rückblickszenen erzählt der ehemalige Polizeibeamte und Kastenoberste (Thakur) Baldev Singh zwei angeheuerten Ganoven seine Lebensgeschichte.

Ein Dorf in Nordindien wird von einer Gruppe Banditen terrorisiert. Baldev geht dagegen vor und lässt den berüchtigten Bandenchef Gabbir Singh festnehmen. Doch der bricht bald aus der Haft aus und kehrt in das Dorf zurück, um sich zu rächen. Er metzelt Baldevs Familie, außer Baldev selbst und dessen Schwiegertochter, die gerade nicht anwesend sind, bis zum jüngsten Kind nieder. Wutentbrannt sucht Baldev darauf den Bandenchef, um ihn zu bestrafen, wird aber von diesem gefangen genommen. Statt seinen Feind zu töten, hackt Gabbar ihm beide Arme mit einem Schwert ab. Baldev sinnt nach Vergeltung. Da er jedoch ohne Arme hilflos ist und auch seinen Posten als Polizist verloren hat, verbrüdert er sich mit den zwei kleinen Ganoven Veeru und Jaidev. Sie sollen die Banditen töten und Gabbar Singh lebend ausliefern. Die beiden „Helden" freunden sich mit den Dorfbewohnern an und betrachten den Job mehr und mehr als persönliche Sache. Natürlich verlieben sie sich auch, Veeru verguckt sich in Basanti, eine Pferde-Rikschafahrerin, und Jaidev in Baldevs verwitwete Schwiegertochter Radha.

Das große Finale des Films ist das Zusammentreffen zwischen Baldev und Gabbar Singh, der von ihm mit nägelbehauenen Schuhen malträtiert wird.

Der Film besitzt viele beeindruckende Momente und ausdrucksstarke Bilder, beispielsweise das grausame Gemetzel an der Familie, das an Szenen aus „Spiel mir das Lied vom Tod" erinnert, oder Gabbars Sadismus, als er Basanti zwingt, auf Glasscherben zu tanzen, um ihren Geliebten vor dem Tod zu retten, oder das farbenprächtige Holifest, in dem der Himmel und das Land in ein Meer von Farben getaucht werden. Unvergesslich auch der raue Charme Dharmendras, das Grübeln von Amitabh Bachchan, das fatalistische Schweigen Jayas Bachchans, die ohne Unterlass quasselnde Hema Malini, die Ehrlichkeit und Entschlusskraft Sanjeevs Kumars und der wilde böse Blick Amjad Khans.

Die Figur Gabbar Singh wurde dank der ausdrucksstarken Performance von Amjad Khan und der spannenden Inszenierung Sippys zum populärsten Bösewicht Indiens.

Er wird erst nach vielen Szenen gezeigt, doch ehe man sein Gesicht sieht, hört man seine Schritte und sieht seine Stiefel, mit denen er ruhelos auf dem Felsen vor seinen Kumpanen hin- und herläuft. Gabbar hält sich für so mächtig wie Gott, er ist die Inkarnation des Bösen, mit einem dämonischen Lachen, bleckenden Zäh-

nen und drohendem Blick. Es läuft dem Zuschauer eiskalt den Rücken runter. Seine Wege sind mit Leichen gepflastert. Im Gegensatz zu sonstigen Bösewichten, die man aus anderen indischen Filmen kennt, ist Gabbar weder an Reichtum noch an Frauen interessiert.

Ebenfalls auffallend und innovativ an dem Film ist, dass die guten Charaktere Veeru und Jai scheinbar keinen Kontakt zu ihren Familien haben. Das ist für Helden in indischen Filmen eher

Szene aus „Sholay" (1975)

ungewöhnlich, da es ansonsten immer die Bösewichte sind, die alleine leben.

In dem Buch „The Making of Sholay" berichtet Anupama Chopra, dass beim Casting jeder Schauspieler die Rolle seines Partners spielen wollte. Die begehrtesten Rollen waren natürlich die des Polizisten Baldev und die des Bösewichts Gabbar. Amitabh Bachchan und Sanjee Kumar wollten Gabbar spielen, und Dharmendar wollte den Polizisten spielen. Doch Ramesh Sippy gab dem Neuling Amjad Khan die Rolle des Gabbar und trug mit dieser Wahl zum Durchbruch des Films bei. Amjad Khan war die ideale Besetzung, und er stahl allen Stars die Show. Die Dialoge mit Gabbar Singh waren beim Publikum so beliebt, das es schon bald Hörkassetten gab, die von Millionen Kinogänger auswendig gelernt wurden.

Anupama Chopra berichtet weiter, dass es damals ein regelrechtes Liebeslager am Set gegeben habe; der Kameramann Dwarka Divecha verliebte sich in ein Mädchen aus dem Dorf des Drehorts, Dharmendra verliebte sich in Hema Malini, und der Drehbuchautor Javed Akhtar verzehrte sich nach Honey Irani. Viele Dialoge zwischen den Pärchen und deren Verwandten im Film wurden danach aus der Realität übernommen.

Der Regisseur Ramesh Sippy wurde 1947 in Karachi geboren und ist seit 30 Jahren in der Bollywoodindustrie tätig. Er gehört zu den legendärsten indischen Filmemachern. Er ist einer der wenigen Regisseure, die auch Fernsehfilme machen. Weitere erfolgreiche Filme waren „Andaaz" (1971), „Seeta Aur Geeta" (1972), „Shakti" (1982), sein aktueller Film heißt „Zabaan Sambhal Ke" (2003).

Weitere sehenswerte Filme der 70er Jahre sind „Mera Naam Joker" (1970) von Raj Kapoor, der von einem Zirkusclown handelt, „Amar, Akbar, Anthony" (1977) von Manmohan Desai, eine Lost & Found-Story von drei Brüdern, die nach einem Schicksalsschlag in drei unterschiedlichen religiösen Haushalten aufwachsen, und „Deewar" (1975) von Yash Chopra, einer der genialsten Filme mit Amitabh Bachchan; ähnlich wie in „Zanjeer" kämpft er gegen ein korruptes und ausbeuterisches System.

Die 80er Jahre

Nach den provozierenden Filmen der 70er Jahre kehrte man in den 80ern wieder vorwiegend zum Masala-Formelfilm zurück. Ende der 80er stürzte die Filmindustrie mit der hereinbrechenden Flut von Videopiraterie, Kabelfernsehen und Satellitenschüsseln zunächst in eine tiefe finanzielle Krise, da es zuvor nur einen staatlichen Fernsehkanal gegeben hatte. Doch bald erkannten Filmproduzenten, dass das Fernsehen ihren Filmen eine größere Verbreitungsmöglichkeit bescheren konnte. Nicht nur in Indien, sondern in ganz Asien konnten ihre Filme gezeigt werden. Halbstündige Programme strahlten nun Filmsongs, Starinterviews, Making of und Kinovorschauen aus, und Kassenknüller wurden zu den besten Sendezeiten eingesetzt. Eine Flut von Collegefilmen, Komödien, Familien- und Hochzeitsfilmen setzte ein, von denen die meisten eher einfallslos waren. Nur wenige interessante Abweichungen wie „Arth" (1983) von Mahesh Bhatt, „Masoom" (1983) von Shekhar Kapur oder „Silsila" (1981) von Yash Chopra führten interessante oder neue Themen ein. Der Film „Arth" zeigt, wie eine Frau sich von ihrem Ehemann trennt und es schafft, auch ohne ihn gut zurechtzukommen. Und „Masoom" handelt von einem verheirateten Geschäftsmann, der eine Geliebte hat, die ein Kind von ihm bekommt. Als sie stirbt, muss er die Verantwortung für das Kind tragen.

Silsila (Die Affäre, 1981)

Regie: Yash Chopra
Darsteller: Rekha, Amitabh Bachchan, Jaya Bachchan, Shashi Kapoor, Sanjeev Kumar u.a.

Der Film „Silsila" ist aus zwei Gründen erwähnenswert. Zum einen spricht er das Tabuthema der außerehelichen Liebe an und zum anderen handelt er von der tragischen mehrjährigen Liebesaffäre zwischen der Schauspielerin Rekha und Amitabh Bachchan. Dieser war schon mit Jaya Badhuri verheiratet, als er Rekha am Set kennenlernte und sich bei ihrem zweiten gemeinsamen Film „Do Anjaane" unsterblich in sie verliebte.

Sie trafen sich regelmäßig im Bungalow eines Freundes von Rekha und verbrachten viel Zeit miteinander. Sie versuchten zwar, die Affäre geheim zu halten, doch das gelang ihnen nicht. Eines Abends lud Jaya Rekha zum Abendessen ein und teilte ihr beim Abschied mit, dass sie Amitabh, ganz gleich was passiere, nie verlassen würde, und sie hielt Wort. Der Druck der Medien und der Außenwelt auf das Liebespaar wurde immer stärker, Jaya appellierte an Amitabhs moralische Verpflichtung ihr gegenüber. Amitabh gab schließlich nach und beendete nach dem Film „Silsila" seine Beziehung mit Rekha.

Wenn man den Film mit diesem Hintergrundwissen sieht, erscheint er einem doppelt so tragisch; die Hauptdarsteller spielen sich selbst, und deswegen wirkt der Film noch viel authentischer. „Silsila" zeigt nicht nur ihre seelischen Qualen und inneren Kämpfe, sondern auch das aussichtslose Unterfangen, in einer konservativen Gesellschaft trotz zahlreicher Bemühungen miteinander glücklich werden zu können.

Die Geschichte handelt von einem Poeten namens Amit, der sich in Chandini verliebt, die er bei einer Feier kennengelernt hat. Beide verbringen viel Zeit miteinander und schmieden bereits Hochzeitspläne. Da kommt unerwartet der ältere Bruder Amits bei einem Kriegsmanöver ums Leben, und seine Verlobte steht plötzlich vor dem Nichts, zumal sie ein Kind von ihm erwartet. Amit, der seinen Bruder, der für ihn ein Vaterersatz war, über alles geliebt hat, fühlt sich verpflichtet, sich um Shobhana, dessen Verlobte, zu kümmern. Als sie ihn fragt, ob er sie heiraten würde, damit sie keine Probleme wegen des Kindes bekäme, willigt er noch unter Schock stehend ein. Doch er ist sich nicht der Konsequenzen bewusst, die auf ihn zukommen. Seiner Geliebten teilt er nichts von diesem Entschluss mit. Er schreibt ihr nur einen Brief, in dem er ihr mitteilt, dass eine Beziehung nicht möglich sei und sie ihn vergessen solle. Doch so leicht lässt sich solch eine große Liebe nicht vergessen. Nachdem sich Amit vom Tod seines Bruders langsam erholt hat, muss er immer wieder an Chandini denken. Die Erinnerungen verfolgen ihn und lassen ihn nicht mehr los.

Er verursacht einen Autounfall, und Shobhana verliert ihr Kind. Der Arzt Dr. Anand, der beide im Krankenhaus versorgt, ist inzwischen Chandinis Ehemann.

Als diese von dem Unfall erfährt und wer da im Krankenhaus liegt, besucht sie Amit. Ihre Liebe entflammt von Neuem. Es beginnt ein nervenaufreibendes Versteckspiel vor Freunden und vor den Ehepartnern. Auf dem Holifest[52], an dem die gesellschaftlichen Regeln außer Kraft gesetzt werden, bekennt Amit sich offen zu seiner Liebe und flirtet mit ihr in aller Öffentlichkeit. Den jeweiligen Ehepartnern ist nun klar, dass ihr lange gehegter Verdacht

Szene aus Silsila. Rekha und Amitabh Bachchan vor einem Tulpenfeld.

sich bestätigt. Sie verlangen ein Ende der Affäre. Sie meinen, dass die Vergangenheit nichts weiter als eine süße Erinnerung bleiben und sich nicht mit der Gegenwart vermischen sollte. Für Shobhana ist es leichter, die Vergangenheit ruhen zu lassen. Der Tod ist ein endgültiger Verlust und besser zu überwinden als die Liebe einer lebenden Person, bei der immer noch Hoffnung besteht. Amit hält diesen Druck und das Versteckspiel nicht mehr aus und verlangt von Chandini eine Entscheidung. Sie wollen versuchen, ihre Liebe trotz der gesellschaftlichen Barrieren zu leben. Er teilt Shobhana mit, dass er sie verlassen wird. Sie versucht natürlich ihn umzustimmen und an seine Pflicht als Ehemann zu appellieren. Sie weiß, dass ihre Situation in der Gesellschaft ohne Ehepartner verheerend ist. Doch er macht ihr klar, dass ihre Ehe nur auf Grund eines Kompromisses und aus Mitleid geschlossen wurde.

Das Liebesglück findet jedoch kein zufriedenstellendes Ende. Amit und Chandini können sich nicht von den gesellschaftlichen und traditionellen Fesseln befreien. Man isoliert sie, lädt sie nicht gemeinsam zu Festivitäten ein oder trifft sich mit ihnen nur heimlich. Die Freunde versuchen, Amit umzustimmen, zu seiner Frau zurückzukehren. Sie haben keinerlei Verständnis für sein Handeln. Die Ehefrau ist gut, erfüllt ihre Pflicht und hat keine schlechten Angewohnheiten. Warum sollte er sie verlassen? Amit besteht darauf, sein Recht auf Selbstbestimmung zu nutzen, um das Leben zu führen, das er sich wünscht. Doch sein Freund widerspricht ihm und meint, dass dies nur Vagabunden und Heiligen möglich sei, aber keinem normalen Mann.

Bei der Feier einer goldenen Hochzeit werden Amit und Chandini unabhängig voneinander eingeladen. Während des symbolischen Hochzeitrituals entsteht in Amit der Entschluss, wieder zu seiner Frau zurückzukehren. Beide sehen ein, dass ihre Bemühungen vergeblich waren und sie keine gemeinsame Zukunft haben können. Schweren Herzens kehren sie wieder zu ihren Ehepartnern zurück.

„Silsila" ist ein Triumph des sozialen indischen Konservatismus, in dem die Heiligkeit der Familie und Ehe aufrechterhalten wird. Die moralische Verpflichtung lautet: „Du musst deine Braut lieben, die Vergangenheit vergessen, und Fehler müssen verziehen und vergessen werden." Obwohl der Film ein konservatives Ende hat, versucht er doch, die Gefühle und Ansichten beider Parteien darzustellen und sie zu verstehen. Einfühlsam beleuchtet er in poetischer Sprache die inneren Konflikte und die Gefühle, die sich für die Liebenden auftun. Der Film ist interessant, da er die Zustände der Gesellschaft widerspiegelt: die absolute Unselbständigkeit und Abhängigkeit der meisten indischen Frauen von ihren Männern. Trotz Ausbildung oder Universitätsabschluss wird auch heutzutage eine Frau in dieser Gesellschaft erst als vollwertiger Mensch betrachtet, wenn sie heiratet und Kinder bekommt. Scheidungen sind rar und gelten meist noch als verpönt, da die Ehe als etwas Göttliches und Heiliges angesehen wird, das man nicht so einfach auflösen darf. Die Einheit und Heiligkeit der Familie muss auf Biegen und Brechen aufrechterhalten bleiben. Es ist nicht nur die finanzielle Unsicherheit, die Paare von einer Trennung abhält, sondern, wie es der Film deutlich zeigt, es sind vor allem die sozialen und verwandtschaftlichen Bindungen, die dem persönlichen Glück im Wege stehen. Individuelle Bedürfnisse und Wünsche werden zugunsten der Freunde und der Familie geopfert. Der Regisseur Yash Chopra stellt diese Regeln der traditionellen Gesellschaft in seinen Filmen zum einen nicht in Frage, weil er selbst an diese Regeln glaubt, und zum anderen, weil er in seinem Kulturkreis sonst keinen Erfolg mit seinen Filmen hätte.

Yash Chopra, der seit 40 Jahren in Bollywood erfolgreich tätig ist, hat deshalb soviel Erfolg, weil seine Filme sich einerseits immer wieder um das universelle Thema Liebe und andererseits um das Thema Tradition drehen. Hier kämpft nicht Gut gegen Böse wie in vielen anderen Bollywoodfilmen. Die Helden und Heldinnen sind keine konventionellen Figuren, sondern es ist die Konvention, gegen die sie ankämpfen, sei es in „Kabhie Kabhie"(1976), „Lamhe" (1991) oder „Darr" (1993). Es geht immer um den Konflikt zwischen individuellem Glück und traditionellen Familienhierarchien. Das Glück des Einzelnen wird immer von seiner Umwelt bestimmt und beeinflusst. Jeder Versuch, die Barrieren der Gesellschaftsregeln zu durchbrechen und zu überwinden, wird von der Umwelt argwöhnisch beäugt. Die einzige Lösung scheint die Rückkehr zur gewohnten Ordnung zu sein, die Aufrechterhaltung des Status quo.

Yash Chopra kam über seinen älteren Bruder B. R. Chopra zur Filmindustrie. Dieser hatte schon erfolgreich die TV-Serie „Mahabharat" produziert. Yash arbeitete für ihn als Assistent, bis er Anfang der 70er Jahre seine eigene Produktionsgesellschaft, die „Yash Raj Films", gründete. „Silsila" war der erste Film, den er in Übersee drehte.

Umrao Jaan (1981)

Regie: Muzaffar Ali
Darsteller: Rekha, Naseeradin, Raj Babbar, Faroq Shaikh, Leela Mishra, Dina Patlak u.a.

Rekha als Umrao Jaan.

Dieser Film hat nicht nur Auszeichnungen von der Zeitschrift Filmfare bekommen, sondern er hat auch Rekha als seriöse und talentierte Schauspielerin an das Licht der Öffentlichkeit gebracht. „Umrao Jaan" basiert auf der fast gleichnamigen Novelle „Umrao Jaan Adaa" von Mirza Mohammed Hadi Ruswa, der von der Lebensgeschichte einer Kurtisane handelt. Der Film beginnt mit einem Lied und endet mit einem Lied. Erzählt wird von Umrao Jaan Adaa, die aus einem guten Elternhaus stammt und eines Tages als Kind entführt wird. Sie wird am Hofe eines Mogulen zur Kurtisane herangezogen, wo sie eine literarische Bildung und eine Tanzausbildung erhält, aber ein recht einsames Schattendasein in all der Pracht führen muss. Eines Tages kommt sie wieder zu ihrem einstigen Elternhaus zurück und erinnert sich ihrer Kindheit.

Weitere nennenswerte Filme sind: „Coolie" (1983) von Manmohan Desai, ein Actionfilm mit Amitabh Bachchan, „Shakti" (1982) von Ramesh Sippy, der von einem Entführungsfall und einem Vater-Sohn-Konflikt handelt, oder die herrlich melodramatisch-romantische Liebesgeschichte „Qayamat Se Qayamat Tak" (1988) von Mansoor Khan mit Aamir Khan und Juhi Chawla.

Die 90er Jahre

Bandit Queen (Die Banditenkönigin, 1994)

Regie: Shekhar Kapur
Darsteller: Seema Biswas, Nirmal Pandey, Manoj Bajpai, Rajesh Vivek u.a.

„Bandit Queen" soll die Geschichte der echten Banditenkönigin Phoolan Devi darstellen, die in den 80er Jahren polizeilich gesucht wurde. Phoolan Devi, eine junge Frau mit Gewehr, Patronengurt, rotem Stirnband, Khakihemd, Blue Jeans oder in geraubter Polizeiuniform, so kennt man sie auf den Fotos der Zeitungen.

Ihr legendärer Ruhm ging sogar so weit, dass man in fast ganz Indien Lehmstatuen von ihr auf den Marktplätzen kaufen konnte. Von den einen geliebt und zur Wohltäterin und „Göttin der Blumen" stilisiert und von den anderen gehasst und als blutrünstige, sexbesessene Bandenführerin dämonisiert. Noch nie in der Geschichte des lokalen Banditentums war eine Frau beschuldigt worden, derart viele hochkastige Männer in einer Racheaktion getötet zu haben. In den Schlagzeilen von 1981 wurde sie für den Mord an 20 Hindus der oberen Kaste verantwortlich gemacht. Phoolan Devi trieb mit ihren 20 bewaffneten Kollegen zwischen 1979 und 1983 ihr Unwesen in den Regionen Uttar Pradesh, Mahhya Pradesh und Rajasthan.

Sie plünderten Häuser reicher Höherkastiger aus und verteilten einen Teil der Beute an Bauern und Angehörige niederer Kasten der Umgebung und vernichteten Schuldscheine. War Phoolan Devi ein weiblicher Robin Hood?

Vier Jahre entkam Phoolan dem Polizeiaufgebot, bis sich auch Indira Ghandi und die Kongresspartei intensiv für ihre Verfolgung einsetzten. Der Mord an den Angehörigen der hohen Thakur-Kaste rührte empfindlich an gewissen Parteiinteressen. In die Enge getrieben ergab Phoolan sich nach Kapitulationsverhandlungen im Februar 1983 schließlich mit dem Rest ihrer Bande. Die Thakurs wollten Phoolan töten lassen, doch die Kongresspartei inszenierte wegen Millionen Wahlstimmen niederkastiger Bauern eine ehrenvolle Kapitulation. Phoolan Devi sollte nur eine achtjährige Gefängnisstrafe zu verbüßen haben, ihr wurde eine gute Behandlung mit ausreichend Essen zugesichert und eigenes Land für ihre Familie.

Für ihre Ankunft arrangierte man neben einem geschmückten Podium eine ehrenvolle Zeremonie, an der Journalisten und selbst der Ministerpräsident von Pradesh zugegen waren. Phoolan Devi blieb jedoch im Nachhinein länger als vereinbart im Gefängnis. Nach elf Jahren wurde sie 1994 entlassen.

Phoolan Devi steht nicht nur als Wahrzeichen für die Unterdrückung von Niederkastigen, sondern auch für das Aufbegehren unterdrückter Frauen. Der Film „Bandit Queen", der 1997 von der indischen Filmzeitschrift Filmfare ausgezeichnet und sogar für den Oscar nominiert wurde, hat in Indien zu vielen kontroversen Diskussionen geführt. Laut Regisseur Shekhar Kapur soll der Film auf der authentischen Lebensgeschichte der Banditenkönigin Phoolan Devi beruhen. Zur Premiere in Delhi sagte er: „Ich hatte die Wahl zwischen Wahrheit und Ästhetik, ich entschied mich für die Wahrheit, weil die Wahrheit rein ist."

Auch der Filmanfang unterstreicht mit der Einblendung „This is a True Story" nochmals die Authentizität. Das Material für das Drehbuch stammte von Mala Sens Buch „India's Bandit Queen – The true story of Phoolan Devi", das auf Zeitungsberichten und Interviews beruht.

Seltsam ist nur, dass nach der Freigabe des Films Phoolan Devi höchstpersönlich beim Gerichtshof in Delhi Klage gegen „Bandit Queen" erhob und der Film nach fünf Wochen aus den Spielstätten zurückgezogen wurde. Daraufhin wandte sich der Filmemacher an die ausländische Presse und bezichtigte Phoolan als Lügnerin und Kriminelle, die bestimmte Aspekte ihres Lebens leugnen und nur Geld von ihm erpressen wolle.

Phoolan Devi war von dem Regisseur und dem Produzenten enttäuscht, da diese nie mit ihr gesprochen und ihr trotz mehrfacher Nachfrage auch nicht den Film gezeigt hatten. Regisseur und Produzent wollten dazu keine klare Stellung beziehen und meinten nur, dass für ein Interview keine Notwendigkeit bestanden habe und ein Gespräch mit Phoolan nur ihre Vorstellung beeinträchtigt hätte. Den Inhalt von „Bandit Queen" erfuhr Phoolan von Bekannten und aus Fernsehausschnitten. Sie stellte fest, dass der Film ihr Privatleben verzerrt wiedergab.

Der Regisseur hatte ihr Leben als eine Sage von Kastenkriegsführung, Banditentum und Rache für sexuellen Missbrauch interpretiert. Phoolan bestand darauf, dass dies nicht der Wahrheit entsprach.

Die Geschichte, wie Shekhar sie erzählt, handelt von Phoolan, einem Dorfmädchen aus der Kaste der Mallahs (Fischer und Bootsleute).[54] Ihre Familie fristet ein armseliges Leben am Ufer des heiligen Flusses Yamuna. Eines Tages verkauft der Vater aus Not die elfjährige Phoolan für eine Kuh und ein Fahrrad an einen 30 Jahre alten Mann, der eine Ehefrau und billige Arbeitskraft braucht. Schon nach wenigen Tagen vergewaltigt er sie. Phoolan wehrt sich, wird krank, kann nicht arbeiten, bekommt Prügel und läuft davon, worauf ihr Gatte sie verstößt. Als Geächtete lebt sie wieder bei den Eltern und ist der grausamen Doppelmoral ausgeliefert, dass eine Frau, die nicht einem Mann gehört, allen Männern gehört. Junge Burschen aus höheren Kasten stellen ihr nach und vergewaltigen sie, ohne dass der höherkastige Dorfrat dieses Verhalten ernsthaft ahndet. Auch Polizisten vergewaltigen sie und inhaftieren sie unter fadenscheinigen Vorwänden. Sie wird als Shudra-Mallah-Hure abgestempelt und muss das Dorf verlassen. Ihre einzige Wahl ist ein Leben

Seema Biswas als Phoolan Devi in „Bandit Queen"

unter Banditen. Aber dort akzeptiert man sie ebensowenig, da die Räuberbanden auch nach der herkömmlichen Kastenstruktur gegliedert sind. Sie muss als Niederkastige den Thakurs (Kriegerkaste) Hilfsdienste leisten. Erst nachdem ein Mallah im Streit Gujar, den Führer und Kastenhöchsten tötet und sich selbst zum Hauptmann ernennt, ändern sich die Machtverhältnisse. Phoolan wird die Geliebte des Anführers und bald schon eine unverzichtbare Partnerin. Als ihr Geliebter getötet wird, kommt es erneut zu Kastenkonflikten zwischen rivalisierenden Thakurs. Sie entführen Phoolan und halten sie mehrere Tage im Dorf Behmai gefangen, misshandeln und vergewaltigen sie vor den Augen zahlreicher anderer Männer. Allen Widerständen zum Trotz wird sie von einem Banditen befreit, gründet mit ihm eine neue Bande und wird zur Banditenkönigin. Nun beginnt ein Rachefeldzug, sie kehrt ins elterliche Dorf zurück und rächt sich an ihrem Exmann. Danach geht sie in das Dorf ihrer ehemaligen Peiniger, reißt zunächst den Männern die Turbane vom Kopf, die schlimmste Geste, die einem Hochkastigen von einer niederkastigen Frau angetan werden kann, und lässt sie dann erschießen.

Phoolan Devi behauptet, dass sie für die gezeigten Massaker nicht verantwortlich sei. Zwei Überlebende des Massakers, das am 14.2.1981 stattfand, sagten aus, dass Phoolan an jenem Tag nicht anwesend gewesen sei, doch es gibt auch andere Aussagen, die das Gegenteil behaupten. Phoolan Devi wirft Shekhar Kapur vor, dass er voreingenommen sei und das Gerichtsurteil nicht abgewartet habe. Sie ist wütend darüber, dass ihre Familie in diesem Film bewusst negativ dargestellt wurde. Weder sei ihr Vater hartherzig und gierig noch gefühllos. Es habe nie einen

Brautverkauf gegeben, sondern, im Gegenteil, ihr Vater sei ein fürsorglicher Mensch gewesen und habe ihre Mitgift aufgebracht. Ebenso sei die böse Schwiegermutter, die sie in dem Film angeblich misshandelt, in Wirklichkeit schon vor der Hochzeit tot gewesen. Shekhar Kapur habe die Wirklichkeit einfach an stereotype Bilder angepasst. Doch was Phoolan am meisten erzürnt, ist, dass ihre sexuelle Intimsphäre nicht gewahrt wurde, indem man ihre Vergewaltigung gezeigt hat. Niemals habe sie mit Mala Sen, die sie nur kurz im Gerichtssaal gesehen hatte, darüber gesprochen. Phoolan Devi hatte Mala Sen ihre Geschichte nicht direkt erzählt, sondern diese erfuhr sie aus Zeitungsartikeln und von Mitgefangenen, die Phoolan weder kannten noch in einem Vertrauensverhältnis mit ihr standen. Phoolan konnte nicht beeinflussen, was über sie geschrieben wurde. Auch gab es keine Tagebücher von Phoolan Devi, da sie Analphabetin war. Mala Sen war mit ihren Äußerungen äußerst vorsichtig und gab verschiedene Versionen der kontroversen Ereignisse wieder. Phoolan war nie gewillt, über angebliche Vergewaltigungen zu sprechen, sie äußerte nur, dass Männer aus ihrer eigenen Kaste sie belästigt und eine Menge Spaß auf ihre Kosten gehabt hätten. Auch zu den Bandenvergewaltigungen nach dem Tod ihres Geliebten Vikram Mallah wollte Phoolan nichts sagen. Sie empfand dies als unangenehm und meinte, dass man es nur schlimmer mache, wenn man darüber spreche. Sie wünschte, Shekhar Kapur hätte dieses Thema ausgeklammert und damit ihre Intimsphäre geschützt. Sie meinte, dass es nach dem indischen Strafgesetzbuch illegal sei, die Identität eines Vergewaltigungsopfers preiszugeben, ohne eine ausdrückliche Erlaubnis zu besitzen.

Ursache für die ganze Familienmisere waren in Wahrheit ihr Onkel und ihr Cousin, die ihre Familie um ihr Land betrogen und sie dadurch in die Armut getrieben hatten.

Phoolan wollte gegen den Onkel gerichtlich vorgehen, doch ihr Cousin kam ihr zuvor, er schlug sie und ließ sie verhaften. Ihr Vater bürgte mit Hilfe eines befreundeten Thakur aus dem Nachbardorf für sie. Der Film hingegen zeigt jedoch, dass sie zwar auf Betreiben der Thakurs freigelassen wurde, aber nur damit diese sie nachher ausbeuten konnten. Auch als ihr Cousin sie von einer Banditenbande entführen ließ, nachdem Kaution für sie gestellt worden war, und sie selbst eine Dacoit, eine Banditin, wurde, hatte dies in Wahrheit weder mit ihrer Kaste noch mit der Entführung zu tun.

Als Phoolan Devi aus dem Gefängnis entlassen wurde, wählte man sie 1996 ins Parlament des Unterhauses der Region Uttar Pradesh. Als sie am 25.07.2001 von einer Sitzung kam, wurde sie von drei maskierten Männern erschossen.

Der Film „Bandit Queen" ist, abgesehen von der historischen Wahrheit, eine mutige und exzellente Untersuchung von Kasten- und Frauen-Diskriminierung in den wüsten ländlichen Gebieten Nord- und Zentral-Indiens. Mutig auch, da der Regisseur selber aus der obersten Hindukaste stammt. „Bandit Queen" ist einer der wenigen Bollywoodfilme, der nur knapp zwei Stunden dauert und ohne Gesangs- und Tanzszenen auskommt.

Shekhar Kapur hat eine abwechslungsreiche Karriere in Mumbais Filmindustrie hinter sich. Nach Erfolgen wie „Masoom" und „Mr. India" blieben einige Werke wegen künstlerischer Auseinandersetzungen mit den Produzenten unvollendet. Als der britische Fernsehsender Channel Four ihm das Angebot machte, über Mala Sen's Biographie „Bandit Queen" einen Film zu drehen, sah er darin die Chance, einen außergewöhnlichen Film machen zu können. Für die Hauptrolle nahm er die Schauspielschülerin Seema Biswas, die er bei einer Aufführung der „National School of Drama" in Delhi gesehen hatte. „Bandit Queen" erscheint deswegen so brutal und erschreckend, weil er die Realität zeigt, die viele Inder und Inderinnen auf dem Land täglich erleiden müssen. Die indischen Zeitungen sind voller Berichte, die soziale Unterdrückungsmechanismen indischer Dörfer zeigen.[55]

Godmother (Die Patin, 1999)

Regie: Vinay Shukla
Darsteller: Shabhana Azmi, Milind Gunaji, Nirmal Pandey, Govind Namedo, Raima Sen u.a.

Der Film „Godmother" wurde im Westen zum ersten Mal 1999 auf dem World Cinema Montreal Filmfestival gezeigt. In Europa stand er 2002 in Zürich im Rahmen der Bollywoodveranstaltungen auf dem Programm, und in Köln konnte man ihn im August 2002 während der Bolly-woodfilmwoche des Filmclubs 813 sehen.

Der Film „Godmother" erhielt einige nationale Auszeichnungen, darunter auch den „Filmfare-Award" 1999 für das beste Drehbuch. Der Drehbuchautor und Regisseur Vinay Shukla, der hier sein Debüt gab, machte einen kommerziellen, nicht formelhaften Film und zeigte, dass man in Bollywood erfolgreich sein kann, wenn man innovativ ist. In „Godmother" geht es um das Thema Macht und wie diese den Men-

Szene aus „Godmother"

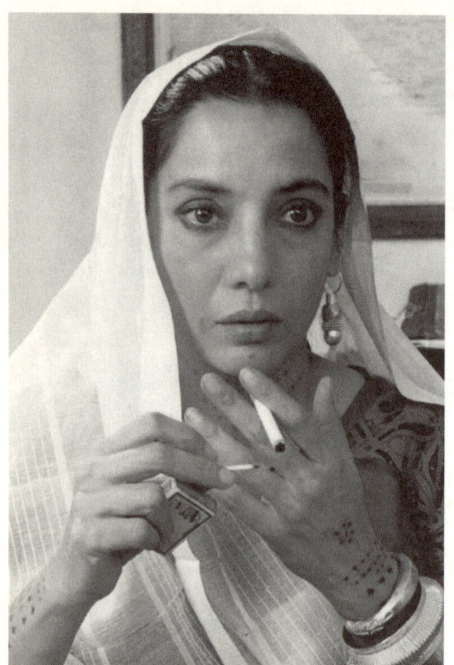

Shabhana Azmi in „Godmother"

schen verändert. Der Film zeigt, dass selbst gütige Menschen unter ihrem Einfluss zu brutalen Menschen werden können. Außerdem ist es eine Geschichte gegen die Diskriminierung von Geschlechtern, Religion und Kaste. Das Drehbuch basiert auf einem Zeitungsartikel, der die wahre Geschichte der Dorffrau Santokben aus Gujarat erzählt. Ihr Mann war in der Kommunalpolitik des Staates Gujarat tätig und wurde ermordet. Sie wurde zur Nachfolgerin ihres Mannes bestimmt und lernte das unbarmherzige Politgeschäft kennen. In „Godmother" ist es Rambhi, die nach der Ermordung ihres Mannes Veeram (Milinal Gunaji), der in mafiöse Machenschaften der Lokalpolitik verstrickt war, als dessen Ersatz fungieren soll. Die Hintermänner glauben, mit ihr als Frau ein leichtes Spiel zu haben, doch da haben sie sich getäuscht. Sie durchschaut sehr schnell das politische Geschäft und die kriminellen Machenschaften. Getrieben von der Rache an den Mördern ihres Mannes und dank der gewonnenen Machtbefugnisse bricht sie nicht nur aus den Fesseln des Kastensystems aus, sondern auch aus den bisherigen Frauenrollen: Mutter und Witwe. Sie wird Gemeindeführerin, soziale Aktivistin und Bandenanführerin. Sie benutzt politische Institutionen, um die Grenzen, die um sie herum existieren, zu überschreiten und um sich selbst neu zu definieren. Während sie am Anfang noch gegen Gewalt und Korruption ist und diese zu verhindern sucht, wird sie nach kurzer Zeit schon selbst Göttin über Leben und Tod, die sich nimmt, was sie möchte. Der Wendepunkt ihres korrupten, von Gewalt triefenden Lebens erfolgt, als ihr Sohn Karsen, der Sejal anbetet, seinen moslemischen Nebenbuhler fast totschlägt. Ihr Sohn kann nicht akzeptieren, dass Sejal ihn nicht liebt und nicht heiraten möchte. Er hat von seinen Eltern nichts anderes gelernt, als auf Probleme mit Gewalt zu reagieren und sich einfach zu nehmen, was er möchte. Rambhi erkennt, wie fatal ihr Vorbild als Mutter war, und versucht das Bestmögliche aus der vertrackten Situation zu machen. Sie stellt sich ihrer Verantwortung, da auch von seiten der Moslems nach diesem Ereignis ein blutiger Aufstand auszubrechen droht. Eine Frauenfigur wie Rambhi ist laut Umfrage das Vorbild für viele indische Frauen. Sie spiegelt den Konflikt, aber auch ein Rollenmodell der indischen Frau, die sich in dem Zwiespalt zwischen Tradition und Moderne befindet, wider, besonders in den Staaten Gujarat oder Rajastan, wo die Frauenbewegung noch besonders unentwickelt ist.

Vinay Shuklas Erfolg mit diesem Film liegt in der besonders guten Ausarbeitung des Drehbuchs, die wahrscheinlich mit seinem Universitätsabschluss in Literatur zusammenhängt.[56]

Weitere sehenswerte Filme der 90er Jahre sind: „Lamhe" (1991) von Yash Chopra, ein für ihn eher untypischer Film über die Liebe einer Stieftochter zu ihrem wesentlich älteren Ziehvater, „Baazigar" (1993) von Abbas Mastan, mit dem eiskalten Racheengel Shah Rukh Khan, der die Heldin schon in der Mitte des Films tötet, und „Dilwale Dulhaniya Le Jayenge" (1995) von Aditya Chopra über eine verbotene Liebe.

Das Kino des neuen Jahrtausends

Zu Beginn des 21. Jahrhunderts durchleben die Menschen in Indien ein sozialpolitisches Chaos mit stark fundamentalistischen Haltungen auf beiden religiösen Seiten. Es gibt kein wohldefiniertes Establishment mehr. Einerseits suchen die Menschen nach Trost und Balsam für die Seele, sie sind müde und ängstlich. Sie wollen Filme sehen, die sie ablenken und die Nerven beruhigen, so gibt es besonders viele Liebesschnulzen und Komödien wie „Kaho Na Pyar Hai" (2000), „Saathiya" (2002) oder „Chalte Chalte" (2003), Romantik ist universell. Auf der anderen Seite wollen die Zuschauer auch eine Möglichkeit bekommen, ihre Angst, ihre Wut und ihren Frust abzureagieren, deswegen sind in letzter Zeit in Indien wieder verstärkt Filme mit gewaltvollem Inhalt zu sehen, z.B. die Thriller „Company" (2002) und „Road" (2002). Und wieder andere, dazu gehört die indische Mittel- und Oberschicht, interessieren sich verstärkt für Filme, die sich mit historischen und politischen Themen auseinandersetzen („Lagaan" (2001) oder „Gadar" (2001)).

Gleichzeitig machen sich aber aufgrund des riesigen Erfolgs von „Lagaan", „Gadar" oder „Dil Chahta Hai" auch langsam Veränderungen in der indischen Filmindustrie bemerkbar. Während 2001 kein allzu schlechtes Jahr für die Bollywoodfilmindustrie war, galt 2002 als ein Flopjahr, in dem nur „Devdas" von Sanjay Leela Bhansali und „Raaz" von Vikram Bhatt wirkliche Hits wurden. Letzterer aber auch eher wegen seiner geringen Produktionskosten. Wichtige Einnahmequellen der Filmindustrie sind wegen der vielen Raubkopien von Filmen und Soundtracks versiegt. Früher mussten die Musikfirmen die Rechte für die Soundtracks teuer bezahlen, doch jetzt kopiert jeder, und die Musikfirmen haben kein Geld. Daneben muss die Filmindustrie der Regierung 50 Prozent der Einnahmen als Vergnügungssteuer bezahlen, kein Wunder also, dass viele Produzenten aus Verzweiflung bei der Unterwelt vorbeischauen, die natürlich ihre Hilfe nicht umsonst anbietet. Etwa die Hälfte aller Produktionskosten werden mit Geldern aus der Unterwelt bestritten. Eine Verbesserung in Bezug auf die Entlastung der Produktionskosten hat sich jedoch seit kurzem ergeben. Die Regierung sieht jetzt ein, dass die indischen Filme ein wichtiger Exportartikel sind, deswegen müssen die Produzenten zumindest die Einnahmen aus dem Ausland nicht mehr versteuern. Und auch die Banken sind nun berechtigt, den Produzenten Kredite zu gewähren, was früher nicht möglich war. Doch die Produktionskosten sind nicht allein Schuld an der Misere. Wahrscheinlich lag der Misserfolg vieler Filme an den besonders vielen Neuverfilmungen von indischen Filmklassikern und südindischen Filmen und auch Hollywoodfilmen wie „Shakti", der dem Film „Nicht ohne meine Tochter" nachempfunden wurde, oder „Chori Chori Chupke Chupke" nach „Pretty Woman", „Sherni No 1" nach „Tomb Raider", „Insaf Ka Din" nach „Terminator 2", „Vanar Raj" nach „Planet der Affen" oder „Sangarsh" nach der Idee von „Das Schweigen der Lämmer". Die Botschaft, die mit dem geringen Interesse von den Zuschauern an die meisten Filmemacher gesandt wurde, ist: Sie wollen eine Veränderung. Nicht nur technischer Art, sondern auch in Bezug auf den Inhalt und die Texte, sie sollen frischer, unkonventioneller und weniger klischeehaft sein. Yash Chopra und ein paar Mitstreiter wollen deswegen in Mumbai eine Filmhochschule eröffnen, die professionelle Drehbuchautoren ausbildet.

Ansonsten zögern die meisten Filmemacher noch, sie sind verwirrt, da sie entdecken, dass die Formelmethode nicht mehr wirkt und zu veralten droht und es ihnen an Ideen mangelt.

Vorreiter sind die Filme mit kleinem Budget, die in letzter Zeit in die begehrte Boxoffice-Liste aufgenommen wurden und dort ihr Geld machten. Sie sind die „Underdogs", die Davids in der Mainstreamfilmindustrie. Die Produzenten sehen plötzlich die Möglichkeit, weitreichenden Erfolg mit kleinen Filmen ohne großes Staraufgebot und ohne den gewöhnlichen Formelanspruch zu haben, Filme, die eigentlich für ein Nischenpublikum vorgesehen waren. Die Billigproduktion „Bombay Boys" von Kaizad Gustad wurde in vielen Teilen Indiens völlig unerwartet ein Megaerfolg, das zeigt wieder mal den Trend und die Sehnsucht nach Filmen, die eine Alternative anbieten, so genannte grenzenüberschreitende („Crossover"-) Filme. Alteingesessene Filmemacher, die versuchen, Kommerz und Kunst miteinander zu verbinden, sind Shyam Benegal und Govind Nihalani, aber auch einige Neulinge unter den Filmemachern haben den Wunsch, eine etwas andere Art von Filmen herzustellen.

Seit 1999 gibt es 14 neue Regisseure in der Filmindustrie, wie Khalid Mohammad, Mahesh Manjrekar, Sanjay Chel, E. Niwas, John Mathew Malthan und Madhur Bhandarkar, die etwas bewegen und verändern wollen.

Madhur Bhandarkar z.b. ist ein junger 30-jähriger Nachwuchsregisseur, der 2001 mit „Chandni Bar" Erfolg hatte und nun zum inneren Kreis gehört; er bekam nicht nur einen „national award" sondern inzwischen auch 18 Angebote für Filmprojekte. Doch trotz des Durchbruchs lebt er nach wie vor bescheiden in seinem Einzimmerappartement. Sein erster Film „Trishakti" floppte, Madhur weiß, was Erfolg und Misserfolg bedeuten. Erfolg bringt auf der einen Seite mehr Freunde, aber auf der anderen Seite auch mehr Feinde, doch das macht ihm keine Angst mehr. Sein Ziel ist es, sich für die nächsten 25 Jahre im Filmgeschäft zu etablieren. Er will keinen „formulastuff" machen und ist gegen Kompromisse. Sein Vorbild ist der Filmemacher Gulzar Saab, der für ein sensitives Kino steht. Sein nächster Film, der im Dezember 2003 auf den Markt kommen soll, handelt von einer Frau, die in das Politikgeschäft einsteigt. Er würde sich freuen, wenn dieser Film viele Diskussionen auslöst. Für ihn zählt die Qualität der Filme, und er möchte in der Branche etwas verändern. Zu solchen ambitionierten Filmemachern gesellen sich inzwischen auch immer mehr neue Produktionsfirmen, die sich auf das Crossover-Publikum spezialisieren wollen, um den sich langweilenden Zuschauern eine Alternative bieten zu können, eben Bollywoodfilme mit frischem Wind. Unterstützt werden sie von dem Bau neuer Multikomplexkinos, die beispielsweise in Pune, Ahmedabad, Delhi und Mumbai errichtet werden. Diese Kinos sind zwar nicht so riesig wie die Filmpaläste, sie bieten statt 2.000 Plätzen vielleicht nur 200, geben jedoch die Gelegenheit, auch andere, persönlichere Filme zu zeigen. Kleine Filme oder Experimentalfilme haben damit eine Überlebenschance bekommen. Sie finden so leichter einen Verleiher und können schneller die Kosten einspielen. Zudem besteht die Aussicht, auch mit einem Durchschnittsfilm Gewinn zu machen.

Momentan schwankt die Filmbranche – wird ein typischer Formelfilm wieder ein Erfolg, tendiert man dazu, doch beim Altbewährten zu bleiben, landet jedoch ein „Crossover"-Film einen Hit, zweifelt man wieder und sucht nach Alternativen.[57]

Javed Akhtar sieht optimistisch in die Zukunft, er meint, dass ein Wechsel am

Anfang immer angstbeladen ist und dass man Fehler machen muss, aus denen man aber wieder lernen wird, bis man schließlich das passende Kommunikationsniveau gefunden hat.[58] Momentan herrscht eine kollektive Stille, die Ruhe vor dem Sturm. Die folgenden Filmbeispiele stehen für diese derzeitigen Tendenzen.

Lagaan (Steuern, 2001)

Drehbuch und Regie: Ashutosh Gowariker
Darsteller: Aamir Khan, Grazy Singh, Rachel Shelley, Paul Blackthorne u.a.

Als der Bollywoodfilm „Lagaan" für das Locarno-Filmfestival im August 2001 angekündigt wurde, löste dies zunächst eher eine Mischung aus Verwunderung und Desinteresse bei den Festivalbesuchern aus. Man fragte sich, was sich die neue Direktorin Irene Bignardi wohl dabei gedacht hatte, einen vierstündigen Mammutfilm von einem unbekannten Regisseur in das Programm aufzunehmen. Dennoch strömten 6.000 Leute zur Aufführung ins Freilichtkino auf der Piazza Grande. Die meisten hatten vor, sich an jenem Abend höchstens eine Stunde zu Gemüte zu führen und sich dann davonzustehlen. Vier Stunden indisches Kino, das konnte doch nur langweilig sein. Weit gefehlt. Auf einmal fingen die Zuschauer an, ihre Handys auszupacken, um ihren Bekannten mitzuteilen, dass sie doch nicht kommen würden, weil sie den Film unbedingt zu Ende anschauen wollten. Nach dem Film gab es überschwengliche Reaktionen und Lobeshymnen. Sowohl Filmkritiker als auch Filminteressierte waren von diesem Film gleichermaßen angetan. Selbst die anfangs gefürchteten vier Stunden schienen auf einmal zu kurz, man hätte gerne noch mehr gesehen. Der Film zieht den Zuschauer auf eine magische Weise in seinen Bann, man taucht in einen ganz eigenen Rhythmus ein, in dem die Zeit keine Rolle mehr spielt.

„Lagaan" war nicht nur international ein Erfolg, er gehört zu den wenigen indischen Filmen, die jemals für einen Oscar vorgeschlagen wurden und auch national sämtliche Preise erhielt. „Lagaan" bietet das Kinoerlebnis des Filmepos, eines Genres das die euro-amerikanische Gesellschaft nicht mehr gewöhnt ist. Monumentalfilme wie „Ben Hur", „Doktor Schiwago" oder „Lawrence von Arabien" sind von den westlichen Leinwänden verschwunden. „Lagaan" besticht durch eine einfache, höchst spannend inszenierte Geschichte, ein ausgefeiltes Drehbuch, wohl dosierte Tanz- und Gesangseinlagen und die Natürlichkeit der Akteure. Besonders Gauri, die in diesem Film ihr Debüt gibt, besticht durch ihren natürlichen Charme.

Der Film „Lagaan" ist der erste Film, der von Aamir Khans frisch gegründeter Produktionsfirma „Aamir-Khan-Productions" produziert wurde. Sein Freund, der Regisseur Ashutosh Gowariker, der ursprünglich als Model gearbeitet hatte, bevor er über die Werbung zum Film kam, hatte bisher nur zwei erfolglose B-Movies gemacht. Für den Film „Lagaan" arbeitete er über ein Jahr minutiös an dem Drehbuch und überzeugte schließlich Aamir Khan von seiner Vision. Aamir Khan nahm das Risiko auf sich und hatte prompt Erfolg damit.

Obwohl in Indien nur noch wenige Filme mit einem historischen Stoff gedreht werden, sprach „Lagaan" alle Publikumsschichten an. Die Geschichte spielt 1893 im Dorf Champaner in Zentralindien. Drehort war das Dorf Bhuj, das im Nordwesten Indiens ca. 70 km von Pakistan entfernt liegt und zur höchstbewachten Sicherheitszone gehört.

Champaner steht für eines von tausenden indischen Dörfern, die von der Landwirtschaft leben. Der Film spielt zur Zeit der britischen Kronkolonie. Damit die britischen Besatzer ihre Heere und Paläste unterhalten können, verlangen sie von der indischen Landbevölkerung Steuern, sprich Lagaan, in Form von Ernteerträgen. Als Gegenleistung bieten sie den einzelnen lokalen Radjas Schutz voreinander.

Trotz einer zwei Jahre anhaltenden Trockenheit werden die Dorfbewohner verpflichtet, ein Zehntel ihrer Ernte als Lagaan an die Besatzer abzugeben. Doch die Vorräte neigen sich dem Ende zu, und eine Hungersnot droht. Sie bitten ihren Raja, sie für ein Jahr zu verschonen, doch dieser ist für die Briten nicht mehr als eine Marionette und kann ihren Wunsch nicht erfüllen. Als die Bewohner bei einem Kricketspiel zuschauen und diesem Spiel nicht den gebührenden Respekt entgegenbringen, schlägt der sadistische, arrogante Lokalgouverneur den Dorfbewohnern einen Handel vor: „Ihr schlagt uns im Spiel, und ich erlasse euch die Steuern."

Wenn sie im Kricket gegen die Briten gewinnen, sollen ihnen für drei Jahre die Steuern erlassen werden, falls sie verlieren, sollen sie das Doppelte bezahlen. So schrecklich sich dieser Vorschlag im ersten Moment für die Bewohner anhört, ist er doch die einzige Chance, ihr Überleben, das sowieso schon durch den fälligen Beitrag gefährdet ist, zu sichern.

Die Spannung besteht nun darin, wie es die Dorfbewohner bewerkstelligen, das Kricketspiel gewinnen zu können, da sie weder Ahnung haben, wie sie elf taugliche Spieler zusammen bekommen sollen, noch wie das Spiel funktioniert. Doch das Schicksal meint es gut mit ihnen, die Schwester des bösen Gouverneurs verachtet das Verhalten ihres Bruders und beschließt, ihnen heimlich die Spielregeln beizubringen. Natürlich gibt es auch hier wie in fast jedem Bollywoodfilm nebenbei

Die Dorfbewohner von Champaner müssen das Kricketspiel gewinnen. Szene aus „Lagaan".

eine Liebesgeschichte. Gauri, die Dorfschönheit, und Elisabeth, die Krickettraine-
rin, buhlen um die Gunst des Helden Bhuvan, der die Mannschaft zusammen-
stellt, gegen Kastendenken und Intoleranz vorgeht und den Bewohnern Selbstver-
trauen und Mut einflößt.

Der Regisseur Ashutosh Gowariker lässt den indischen Befreiungskampf auf
der metaphorischen Ebene eines Kricketspiels stattfinden, dem britischen Natio-
nalspiel, in dem sich die Kolonialisten unschlagbar und überlegen fühlen. Der
Widerstand geschieht friedlich und setzt auf Teamgeist, das Vertrauen auf die eigene Kraft. Der Kampf David gegen Goliath.

Das Kricketspiel als Nachahmung des imperialen Spiels, um die koloniale Vergangenheit zu kritisieren. Das Schlachtfeld, das sich zusammensetzt aus der ho-
mogenen Gruppe der Briten und den aus verschiedenen Kasten und Religionen
bestehenden Indern. Immer wieder werden hierbei die Kontraste der beiden höchst
unterschiedlichen Welten betont: englische Tea-Time unter Sonnenschirmen und
die Bauern, die in Hütten leben, weiß gekleidete britische Spieler und die Dorfbewohner in ihren einfachen Alltagsgewändern.

Zwei Welten, die aufeinander treffen und im Grunde nichts miteinander zu tun
haben und die doch aufgrund der künstlich erzeugten Machtpolitik in Abhängigkeit zueinander stehen.

Die Kamera fängt nicht nur vielsagende Blickwechsel ein, um die Dramatik der
Situation zu verdeutlichen, sondern sie setzt auch innere Bewegungen bildlich um,
indem sie über einer Szenerie schwebt oder sich im richtigen Moment dem Gesicht nähert. Eine raffinierte Montage schafft die perfekte Dynamik sowohl für die

Tanzszenen als auch für das Kricketmatch selbst. Das einstündige Finalmatch ist so spannend konzipiert, dass man bis zur letzten Minute den Atem anhält und nicht weiß, ob die Dorfbewohner das Spiel tatsächlich gewinnen können. „Lagaan" bricht viele Regeln der gängigen Bollywoodfilme, der Titel besteht nur aus einem Wort, es hat kein Dil oder Pyar im Titel wie die meisten anderen Bollywoodfilme, es gibt keine ausländischen Schauplätze, Held und Heldin wechseln kein Kostüm, Liebende rennen nicht um Bäume, und die Schauspieler singen ihre Lieder selber.

Gadar: A Love story (2001)

Regie: Anil Sharma
Darsteller: Sunny Deol, Amisha Singh, Amrish Puri u.a.

„Gadar" ist der bislang größte Hit dieses neuen Jahrzehnts, der in seiner zweimonatlichen Laufzeit unerwartet alle Rekorde brach. Der Erfolg kam unverhofft, da es vor seiner Premiere keine auf einen Erfolg hindeutenden Verlautbarungen gegeben hatte und die Filmmusik beim Publikum nicht ankam. „Gadar" wurde vom TV-Sender Zeenat produziert, der sich mit diesem Film erstmals an eine Spielfilmproduktion gewagt hatte. Auch der Regisseur des Films hatte bislang in seiner Laufbahn noch niemals einen erfolgreichen Film hervorgebracht. Dennoch strömten Scharen von Sunny Deol-Fans aus Nordindien in die Kinos und verhalfen dem Film dazu, zum erfolgreichsten Blockbuster des Jahres 2001 zu werden.

Seit den Unruhen und Bombenattentaten in Mumbai und Ahmedabad gibt es wieder vermehrt Filme, die sich mit religiösen und politischen Krisen und Konflikten beschäftigen. Hindu- und islamischer Fundamentalismus, Ereignisse im Nahen Osten und der Kashmirkrieg haben zu einem explosiven Anstieg des Interesses an Geschichte geführt.

„Gadar" beschäftigt sich mit der Teilung Indiens, dem traumatischsten Ereignis des vorigen Jahrhunderts in Indien, und der Hindu-Moslem Frage. Der Film zeigt schonungslos das brutale Massaker an Millionen unschuldigen Menschen, die zum Sündenbock des kommunalen Wahnsinns während der Evakuierung der Hindus aus Pakistan und der Muslime aus Indien wurden. Er löste damit einen Sturm der Kontroversen aus. Kurz nach seiner Veröffentlichung verlangten Muslime, den Film wegen der offen gezeigten Kritik an Muslimen abzusetzen. Sikhgruppen wollten aus Angst vor Repressalien von Seiten der Muslime ebenfalls eine Zensierung des Films. Doch die Proteststimmen ebbten bald ab, da der Film einen unglaublichen Erfolg hatte.

Anil Sharma, der bis dahin meist nur Actionfilme wie „Elan-e-jung" und „Maharashtra" gemacht hatte, drehte hier zum ersten Mal einen Film mit einem historischen Thema. „Gadar" ist der erste Film, dessen Budget von über 20 Millionen Rupien mit sauberem Geld finanziert wurde und der außerdem finanziell zum erfolgreichsten Film wurde, da er 650 Millionen Rupien einspielte. Anil Sharmas Bericht über ein Ereignis, das während der Dreharbeiten im Punjab passierte, zeigt, wie wenig die Wunden der damaligen Ereignissen verheilt sind, wie präsent die Geschichte noch ist. Als nach Drehschluss einer Szene ein Zug mit vielen „toten" Körpern aus Pakistan in den Bahnhof Amritsar einfuhr, fiel ein Komparse, ein alter Sikh, zu Boden und begann unaufhörlich zu weinen. Als der Regieassistent ihn fragte, was denn los sei, antwortete er, dass er 1947 fast die gleiche Szene erlebt habe und alte schmerzliche Erinnerungen wieder hochgekommen seien.[59]

Es ist das Jahr 1947, kurz vor der Landesteilung, die muslimische Gesanglehrerin Sakina aus reichem Hause und der Sikh Tara, ein LKW-Fahrer, freunden sich miteinander an. Sie hilft ihm, bei ihrem College einen Gesangsauftritt zu bekommen. Als am 15.08.1947 Indien offiziell geteilt wird, brechen verstärkt Unruhen zwischen den Muslimen und Hindus aus. Sakinas Familie verliert im Getümmel ihre Tochter und flieht ohne sie nach Pakistan. Sie bleibt allein mit dem wütenden Mob zurück und wird von Tara gerettet. Beide verlieben sich bald ineinander, heiraten und bekommen ein Kind.

Nach einigen Jahren entdeckt Sakina in einer alten Zeitung ein Foto ihres Vaters Ahraf Ali Khan, den sie für tot gehalten hatte und der inzwischen Bürgermeister in Lahore geworden ist. Sie geht zum Pakistanischen Konsulat in Delhi und kontaktiert ihn. Der Vater arrangiert ein Treffen in Pakistan, zu dem Sakinas Ehemann und ihr Kind in letzter Minute doch kein Visum bekommen. Als Sakina in Lahore ankommt, teilt Ahraf Ali Kahn ihr seine Pläne mit: Sie soll Indien und ihre dortige Familie vergessen und ein neues Leben in Pakistan beginnen. Dafür arrangiert er gegen ihren Willen eine Hochzeit mit einem Muslim. Tara gelingt es gerade noch rechtzeitig, in Lahore anzukommen und die Hochzeit zu verhindern. Er stellt den Vater zur Rede, doch dieser beleidigt Tara und Indien auf unverzeihliche Weise. Danach gibt es für Tara keinen Halt mehr, und er ist fest entschlossen, seine Frau gegen alle Hindernisse wieder zurückzuholen. Nachdem der Vater ihm eine ganze Armee auf die Fersen geschickt hat, schafft es das Paar mit einem Zug nach Rajastan zu fliehen. Der Film zeigt nicht nur Massaker, die von Hindus oder Moslems verübt wurden, sondern porträtiert realistisch die Opfer auf beiden Seiten.

KABHI KHUSI KABHIE GHAM (K3G)
(SOMETIMES HAPPY SOMETIMES SAD, 2001)

Der Film Kabhi Khusi Kabhie Gham (Sometimes Happy Sometimes Sad) soll an dieser Stelle ausführlich besprochen werden, da er der erste Bollywoodfilm ist, der mit deutschen Untertiteln versehen wurde und der in der Schweiz und in Deutschland in fast allen Groß und Kleinstädten zu sehen war bzw. noch zu sehen sein wird.

Regie: Karan Johar
Drehbuch: Karan Johar und Sheena Parekh
Darsteller: Amitabh Bachchan, Jaya Bachchan, Shah Rukhan, Hrithik Roshan, Kajol, Rani Mukherjee und Kareena Kapoor, Achla Sachdev, Sushama Seth

Der Film „Kabhi Khusi Kabhie Gham" von Karan Johar schaffte es, innerhalb und außerhalb des indischen Subkontinents zu einem Filmklassiker zu werden. In Indien lief er sechs Monate in den Kinos, das ist für einen Mainstreamfilm eine lange Zeitspanne. In den USA schaffte er es, in der ersten Spielwoche in die Top Ten der Filmcharts aufgenommen zu werden, und in Großbritannien erreichte er den dritten Platz der UK Top Charts und wurde nur von Harry Potter geschlagen.

Auch die deutschsprachige Bevölkerung kam 2002, während der indischen Filmwochen, die in ganz Deutschland stattfanden, erstmals in den Genuss, diesen Film mit englischen Untertiteln zu sehen. „Kabhi Khusi Kabhie Gham" wurde bei deutschen Kinobesuchern ein voller Erfolg, und man wagte daraufhin den Versuch, den Film deutsch zu untertiteln. Man wollte so einen größeren Zuschauerkreis erreichen und die Möglichkeit bieten, auch außerhalb einer Filmwoche einen Bollywoodfilm sehen zu können. April 2003 war es dann soweit, dass die neue Filmfassung in die deutschen Kinos kam.

„Kabhi Khusi Kabhie Gham" steht für eine zeitgenössische Bollywoodgewürzmischung, in der indische Werte und Traditionen mit aktuellen gesellschaftlichen Trends vermischt werden. Eine weitere Besonderheit dieses Films ist das Zusammenspiel der Megastars aus verschiedenen Generationen, z.B. Amitabh Bachchan,

Familienbild am Karwa-Chauth-Fest (v.l.n.r.):
Kajol (Anjali Sharma)
Shah Rukh Khan (Rahul Raichand)
Jaya Bachchan (Nandini Raichand)
Amitabh Bachchan (Yash Raichand)
Kareena Kapoor (Pooja Sharma)
Hrithik Roshan (Rohan Raichand)

seine Frau Jaya Bachchan, Shah Rukhan, Hrithik Roshan, Kajol und Kareena Kapoor. Das Schauspielerehepaar Bachchan steht bei diesem Film erstmals nach 18 Jahren wieder gemeinsam vor der Kamera.

„Kabhi Khusi Kabhie Gham" wurde in einem Zeitraum von zehn Monaten gedreht und ist Karan Johars zweiter erfolgreicher Film. 1998 landete der damals 28 Jahre junge Regisseur bereits einen Hit mit seinem Debütfilm „Kuch Kuch Hota Hai" (Es ist immer etwas los in der Liebe). Johar zählt zu den talentiertesten und erfolgsversprechendsten Nachwuchsregisseuren Bollywoods; er schreibt auch Drehbücher, entwirft Kostüme, steht selbst als Schauspieler vor der Kamera oder arbeitet als Produzent.

Karan Johar ist der Sohn des berühmten Produzenten Yash Johar, der auch dieses Mal den Film produziert hat. In dem Buch „The making of Kabhi Khusi Kabhie Gham" erzählt Karan Johar von seiner besonderen Beziehung zu seinem Vater, der ihn in jeglicher Hinsicht unterstützt und immer wieder an ihn und seine Projekte geglaubt hat. Der Name „Yash" der Vaterfigur in diesem Film hat somit eine tiefere Bedeutung. Karan Johar ist sehr froh und stolz, einen solchen Menschen als Vater zu haben.

Karan Johar betont im Vorwort des Buchs, dass der Film für ihn thematisch ein sehr persönlicher sei: „Die Charaktere, Szenen und Momente sind Herleitungen aus meinen Beobachtungen, meinem Leben und meiner Beziehung zu meinen Eltern".

Als Quelle der Inspiration für das emotionale Drama „Kabhi Khusi Kabhie Gham" diente Karan Johar ein französischer Film, den er einmal gesehen hatte, der Titel wird in seinem Buch nicht erwähnt. Dieser Film spielt im 18. Jahrhundert, handelt von zwei miteinander verfeindeten Familien, die im Verlauf der Geschichte mit Hilfe der beiden Schwiegertöchter wieder miteinander versöhnt werden.

Filmtitelvorschlag und die Idee, das Drama für die Hindiversion mit zwei männlichen Darstellern zu besetzen, hatte Aditya Chopra, ein berühmter Bollywood-Regisseur und Freund Karans. Das Drehbuch zum Film schrieb Karan Johar selber, Sheena Parikh assistierte ihm dabei. Gegen die übliche Bollywoodmanier engagierte er keine Autoren für die Ausarbeitung des Drehbuchs. Karan Johar begründet dies damit, dass er cineastisch gesehen nur seine eigene Sprache sprechen könne.

Schon die Filmwidmung „Alles dreht sich um die Liebe der Eltern" trifft das Thema des Films auf den Kopf. Es geht um ein Familiendrama, 210 Minuten lang erleben wir die

Collegesong „Deewana hai dekho" und Tanzszene mit Hrithik Roshan.

Geschichte der Raichands, einer äußerst wohlhabenden und angesehenen Familie aus Delhi. Das Familienglück zerbricht in dem Moment, als Yash und Nandinis Adoptivsohn Rahul sich in Anjali Sharma, die Tochter eines Süßwarenhändlers, verliebt. Sein Vater wünscht für Rahul jedoch eine ihm standesgemäße Braut. Als sein Sohn sich weigert, in die für ihn arrangierte Ehe einzuwilligen, wird er verstoßen. Rahul emigriert daraufhin mit Anjali, deren Schwester Poo und dem Hausmädchen Daijaan (DJ) nach London und baut sich dort seine neue kleine Welt auf. Rohan, sein jüngerer Bruder, der während diesem Ereignis im Internat ist, erfährt erst zehn Jahre später bei einem Besuch seiner Großmütter die Wahrheit über Rahul und seine Emigration. Er beschließt daraufhin, die Familie wieder zu vereinen.

Die Bedeutung der Familie in Indien

Das Thema Familie wird in Bollywoodfilmen fast ständig behandelt. Damit wir Karan Johars Film besser verstehen können, ist es wichtig, kurz etwas über die Bedeutung der Familie in der indischen Gesellschaft zu sagen. Die Familie hat in Indien noch einen viel höheren und wichtigeren Stellenwert als im Westen. Sie bietet die einzige soziale Absicherung bei Krankheit, Alter und Arbeitslosigkeit. Der Gruppenverband gibt dem Inder Geborgenheit und ökonomische Sicherheit. 99 Prozent der Bevölkerung brauchen die Familie zum Überleben. Isolation wird gefürchtet, deshalb sind Gehorsam und Anpassung die Schlüsselelemente zu einem reibungslosen Zusammenleben. Die Inder sehen sich als Teil einer Gruppe, zu deren Wohl sie beizutragen haben. Alles ist auf Gemeinsamkeit aufgebaut, jedes

Mitglied hat seine Aufgabe und seinen Platz. Alleinsein oder Absonderung ist nicht vereinbar mit dem Prinzip der Großfamilie. Die indische Gesellschaft ist patriarchalisch aufgebaut und wird kurz auch Bapukratie „Herrschaft der Väter" genannt. Männer dominieren über Frauen und Ältere über Jüngere. Das absolute Oberhaupt einer indischen Großfamilie ist der Vater bzw. der erstgeborene Sohn. Sein Wort, seine Bitte sind „Gotteswort", er ist die beherrschende Figur innerhalb der Familie. Dies geht so weit, dass er über die Angelegenheiten seiner jüngeren Brüder bestimmt. Stirbt der Vater, tritt an seine Stelle der älteste Sohn, die Familie bringt ihm dann den gleichen Respekt entgegen wie vorher dem Vater. Die Stellung der Frau in der Familie hängt von der Stellung ihres Ehemannes ab, je nach dem, ob er der jüngste oder der älteste Sohn der Familie ist. Den untersten Platz in dieser Hierarchie nehmen die angeheirateten Frauen ein.

Dass indische Männer im allgemeinen Muttersöhnchen sind, zeigt auch der Film „Khabi Khusi Kabhie Gham". Rahul und seine Mutter haben eine sehr intensive Beziehung zueinander. Er ist der ersehnte Sohn und Stammhalter, der die Familie komplett macht. Der Sohn wird in Indien als eine Art sozialer Erlöser gesehen und wird von der Mutter besonders verwöhnt. Erst mit der Geburt eines Sohnes erfüllt die angeheiratete Schwiegertochter ihre Aufgabe, bekommt eine Identität und wird vom sozialen Druck einer patriarchalischen Gesellschaft befreit. Söhne bringen Prestige, sichern den familiären Fortbestand, kosten keine Mitgift, bleiben meistens bei der Familie und regeln die Beerdigung des Vaters. Rahuls Mutter hat eine telepathische Beziehung zu ihrem Sohn, sie spürt seine Anwesenheit und sein Befinden auch über große Entfernung hinweg.

Dramaturgischer Aufbau

„Kabhi Khusi Kabhie Gham" ist wie alle anderen Bollywoodfilme nach dem Rasa-Regeln des „Natyaveda", dem „Heiligen Buch der Dramaturgie" aufgebaut. Emotionen wie Freude, Trauer, Furcht und Komik wechseln sich ab. Der Zuschauer reist durch ein wildes Wechselbad der Gefühle. Auch dieser Film ist, wie alle indischen Mainstreamfilme, durch ein Intervall (Pausenhalbzeit) in zwei große Teile unterteilt. Thematischer Ausgangspunkt des Films war die Wiedervereinigung der Familie. Karan Johar schrieb das Drehbuch in Segmenten, d.h. er hatte bestimmte Vorstellungen von den Hauptszenen, um die dann der Rest der Geschichte gesponnen wurde. Der erste Teil des Films spielt in Delhi und zeigt in einer Rückschau die Beziehungen und Lebensverhältnisse der Familien Raichand und Sharma. Der zweite Teil hat vorwiegend England als Schauplatz und handelt von Roh-

ans Suche nach seinem Bruder
und seinem Ziel, die Familie
wiederzuvereinen.

Der Held Rohan wird als Sie-
ger eines Kricketspiels eingeführt.
Warum gerade ein Kricketspiel als
Einführung? Die meisten Inder
sind absolute Kricketfans, was in
Europa der Fußball, ist in Indien
das Kricketspiel. Es ist National-
sport. In den Kinopalästen der
Großstädte werden sogar Live-
übertragungen von Kricketspie-

Kajol und Shah Rukh Khan beim Karwa Chauth-Fest.

len gezeigt. Karan Johar vollführt so einen ausgeklügelten Schachzug, um die indischen Zuschauer gleich von Beginn an in das Geschehen mit hineinzureißen. Nach
dem Kricketspiel besucht Rohan seine beiden Großmütter und erfährt von ihnen
rein zufällig, dass sein Bruder Rahul adoptiert wurde und den Grund für den Fa-
milienkonflikt, der zur Trennung führte.

In einem Rückblick, der zehn Jahre zurückreicht, liegt nun die Haupthandlung
des ersten Teils. Die Rückschau beginnt mit dem letzten gemeinsamen Diwalifest
im Haus der Raichands. Gezeigt werden die Lebensverhältnisse und Beziehungen
der Familie. Karan Johar zeigt in seinem Film gerade Diwali, da dieses Fest von
allen Indern weltweit gefeiert wird. Es ist religions- und kastenübergreifend und
vermittelt somit ein starkes Gefühl der Zusammengehörigkeit. Da dieser Film ein
Familiendrama und Diwali ein wichtiges Familienfest ist, kommt Diwali hier ein
besonderer Stellenwert zu. Karan Johar zeigt im Zeitraum von zehn Jahren zwei
unterschiedlich inszenierte Diwalifeste. Am Anfang des Films wird es noch als be-
rauschendes, farbenprächtiges und fröhliches Fest mit Musik, Gesang und Tanz
gezeigt. Das Haus der Raichands ist voller Leben und Freude, alle Familienangehörigen, Verwandten und Freunde sind gekommen. Es wird eine heile Welt gezeigt
mit glücklichen Familienmitgliedern.

Die Titelmelodie, das Leitmotiv des Films, das bei der religiösen Zeremonie
gesungen wird, ist ein so genannter *family aarti* und stellt die Hauptdarsteller und
ihre Beziehung zueinander vor: „In Zeiten des Glücks und des Leids. Nichts ver-
mag uns zu entzweien, nicht im Glück , nicht im Leid. Ich spüre dich in jedem
Atemzug mein Leben gehört dir allein… Ich bete dich an, mein Leben lang. Alles
liegt in deiner Hand, in Zeiten des Glücks und des Leids.“

Diwali – das Lichterfest

Diwali gehört zu den spektakulärsten und buntesten religiösen Festen in Indien. Das genaue Datum variiert immer, da in Indien nach dem Mondkalender gerechnet wird. Auf jeden Fall findet es im Spätherbst im Hindumonat „Ashwin" statt, d.h. zwischen Oktober und November. Das Wort *Diwali* ist eine verkürzte Form von *Deepawali*, wobei *Deepa* „Licht" und *avali* „Reihe oder Linie" bedeutet. Diwali hat in Indien den gleichen Stellenwert wie bei uns Weihnachten und Neujahr zusammen und wird als Erneuerung des Lebens betrachtet. An diesem Tag werden alte Lampen weggeworfen und neue gekauft. Auch großer Hausputz ist angesagt, überall sieht man Frauen die Böden fegen und wienern. Reinheit ist oberstes Gebot.

Im Spätherbst vollzieht sich nach Glauben der Inder ein Energiewechsel im gesamten kosmischen System. Das Wort Licht ist in dem Wort „Erleuchtung" enthalten. Die Tage des Diwali sollen zur Erleuchtung des Geistes beitragen und die Dunkelheit verbannen. Das Licht soll Wissen und Menschlichkeit verbreiten und helfen, die wahren Werte des Lebens zu bewahren. Fünf Tage lang wird gefeiert und zelebriert, jedem Tag kommt eine besondere Bedeutung zu, an dem eine bestimmte Legende aus den Epen erzählt wird. Beispielsweise gedenkt man auch der Krönung des Prinzen und Gottes Rama, der nach 14 Jahren aus seiner Verbannung zurückkehrte, nachdem er den Dämonen Ravana besiegt hatte. Mit Diwali feiert man den Sieg des Guten über das Böse. Diwali wird ebenfalls mit der Göttin Lakshimi, der Göttin des Wohlstands, in Verbindung gebracht. Die Geschäfte sind in ganz Indien an diesem Tag geschlossen. Brauch ist es, das Kontobuch vor ein Bild Lakshimis zu legen und um bessere Einnahmen für das nächste Jahr zu beten. Lakhsimi soll angeblich nur die Häuser besuchen, die besonders gut beleuchtet sind. Familien bemühen sich deshalb, ihre Häuser mit Lampen und Kerzen hell zu erleuchten und mit Blumengirlanden zu verzieren. Wohlstand und Reichtum werden in Indien nicht als etwas Negatives angesehen, sie stehen im Gegenteil als Auszeichnung für gute Taten in vorangegangenen Leben. In den Tagen des Diwali werden die besten Kleider angezogen. Kinder bekommen Geschenke und Neujahrswünsche. Vor dem festlichen Essen besucht man den Tempel, danach wird mit der Familie und Freunden zu Hause oder im Tempel ausgelassen mit Musik und Tanz gefeiert.

Zurück zum Film. Nach dem Diwalifest ändert sich langsam die Stimmung in der Familie Raichand. Die erste Auseinandersetzung beginnt zwischen den Eltern in der Abendessenszene. Mutter Nandini überrascht dabei den Zuschauer mit ih-

rer modernen An-
schauung in Bezug
auf freie Ehepartner-
wahl. Sie befürwortet
ihm Gegensatz zu ih-
rem Mann und der
Großmutter, dass
junge Leute sich ihre
Partner selbst aussu-
chen sollen und nicht
mehr von den Eltern
verheiratet werden
müssen. Ihr Ehe-
mann möchte von

Glückliches Diwalifest: Jaya und Amitabh Bachchan.

diesen Neuerungen nichts wissen und unterbricht sie barsch. Es kommt in dieser
Szene zur Vorwegnahme des sich bald darauf ereignenden Konflikts zwischen Vater und Sohn.

Konflikt Yash und Rahul

Die erste Auseinandersetzung zwischen Vater und Sohn erfolgt, als Rahul nicht in
die vom Vater arrangierte Ehe mit Naina einwilligen will. Er kennt Naina seit seiner Kindheit, empfindet jedoch nur freundschaftliche Gefühle für sie. Für Yash ist
sie die ideale Ehefrau und Schwiegertochter. Rahul gesteht ihm, dass er sich in
Anjali verliebt hat, doch der Vater kann diese Beziehung nicht akzeptieren. Er versucht, seinen Sohn umzustimmen, indem er ihn moralisch erpresst und ihm die
Unmöglichkeit der Verbindung vor Augen hält.

Karan Johar spielt hier mit allen filmischen Möglichkeiten, die der Spannungs-
bildung dienen. Das Element Gewitter bzw. Donner hat hier keine reale, sondern
eine symbolische Bedeutung. Die Dinge werden zur bildhaften Aussage seelischer
Vorgänge. Der Donner ist Ausdruck für Yashs Zorn und kündigt nahendes Unheil
an. Die Szenerie ist in Gewitterlicht getaucht. Die Worte des Vaters hallen überlaut
durch den Raum und werden von Donner und Blitzeinschlägen durchsetzt.

Die Bedeutung der Hochzeit und der arrangierten Ehe

Die meisten indischen Ehen werden auch heutzutage noch von den Eltern arrangiert. Das bedeutet, dass die Eltern den passenden Ehemann bzw. die passende Ehefrau für ihre Kinder aussuchen. Ausschlaggebend für eine gute Partnerwahl sind die Herkunft der Familie und die Ausbildung, die er oder sie vorzuweisen hat. Meist kennen sich die Eltern schon vor der Auswahl, sie wollen mit der gegenseitigen Verheiratung ihrer Kinder die Freundschaft intensivieren und eine neue wirtschaftliche Einheit gründen. Liebe spielte bis vor wenigen Jahren bei der Auswahl des Ehepartners im Allgemeinen keine Rolle. Die Liebe, so hieß es, kommt mit den fortschreitenden Jahren. Man sah die Ehe als Symbiose, die der Lebensabsicherung dienen sollte. Geheiratet wird gemeinhin traditionell in der eigenen Kaste. In den Großstädten sind heutzutage jedoch zwischenkastliche Ehen keine Seltenheit mehr. Ebenso ist die so genannte arrangierte „Love-marriage" (arrangierte Liebesheirat) bei Indiens jüngerer Generation im Trend. Die Partner lernen sich vor der Ehe kennen, verlieben sich ineinander und bitten dann ihre Eltern, die Ehe für sie zu arrangieren.

In „Kabhi Kushi Kabhie Gham" geht es unter anderem um den Konflikt arrangierte Heirat / Liebesheirat. Der Film spiegelt damit ein aktuelles Thema in der indischen Gesellschaft wider. Yash verkörpert die alte Generation, die an den Bräuchen festhalten möchte, und Rahul repräsentiert Indiens jüngere Generation, aufgewachsen und hin und her gerissen zwischen der alten und der neuen modernen Welt, zwischen Anpassung und individuellen Wünschen.

Rahul nimmt sich vor, die Wünsche seines Vaters zu erfüllen, doch es kommt alles anders. Als er nach Chandi Chowk geht, um Anjali vom Ende ihrer Beziehung zu unterrichten, sieht er sie bei der Beerdigung ihres Vaters. In dem Moment fühlt er, dass er sie zu sehr liebt, als dass er sie verlassen könnte. Rahuls Liebe zu Anjali ist letztendlich stärker als der Wille des Vaters. Bei der Beerdigungsszene trifft Rahul die Entscheidung, Anjali zu heiraten und sie nicht im Stich zu lassen, da sie nun Vollwaise ist. Nach dieser Szene erfolgt die Katastrophe. Als Rahul ein zweites Mal seinem Vater den Beschluss, Anjali zu heiraten, mitteilt, kommt es zum Auseinanderbrechen der Familie. Yash bricht das Tabuthema der Adoption und wirft Rahul vor, nicht sein wahrer Sohn zu sein: „Heute hast du den Beweis erbracht, dass du nicht mein Sohn bist. Nicht mein Sohn. Den Beweis, dass das Blut in deinen Adern nicht meins ist."

Rahul kann es nicht fassen, er hat mit allem möglichen Ärger gerechnet, aber niemals damit, dass sein Vater ihn als Sohn verleugnet und ihn indirekt des Hauses verweist. Er ist vollkommen fassungslos und geschockt und glaubt, dass sein Vater ihn nun nicht mehr liebt. Da der Vater ihn nicht zurückhält, beschließt er, die Familie zu verlassen.

Der Vater fühlt sich nicht respektiert und meint, dass der Sohn durch sein Verhalten seine Autorität untergraben habe.

Für einen Inder ist der schlimmste Verlust der Verlust der Familie. Fragt man einen Inder, was ihm am meisten am Herzen liegt, wird er wohl antworten: „Meine Familie, was denn sonst?". Die Familie gibt Wärme und Geborgenheit, Inder sind im Gegensatz zum Europäer Gruppenmenschen, die erst im Gruppenverband richtig aufblühen und kaum den Wunsch nach Alleinsein verspüren. Mit diesem Hintergrundwissen kann man das Ausmaß dieser Katastrophe als Europäer besser nachvollziehen.

Liebessong „You are my Soniya" in der Disco zum Collegeball: Hrithik Roshan und Kareena Kapoor.

Nach diesem langen Rückblick (fast 100 Minuten) springt die Handlung kurz vor Ende des ersten Teils wieder in die Gegenwart zurück. Rohan verlässt die beiden Großmütter und besucht seine Eltern. Es ist wieder Diwali. Das nun folgende Diwalifest wirkt gegenüber dem ersten leblos und deprimierend. Das Ehepaar Raichand scheint verloren und isoliert in seinem riesigen Haus zu sein, da außer ihrem jüngsten Sohn Rohan niemand zu Besuch gekommen ist. Stilistisch hat in dieser Szene ein Farbwechsel bzw. ein Verblassen der Farben in den Bildern stattgefunden: Während beim ersten Diwali noch kräftige bunte Farben vorherrschten, wirkt die Kulisse mit ihren weißen und dunklen Farben nun eher kalt und unpersönlich. Die menschliche Wärme und Lebensfreude ist seit dem Weggang Rahuls aus dem Leben der Raichands gewichen. Die Familie ist nicht mehr vollständig.

Der zweite Teil der Geschichte handelt von Rohans Suche nach seinem Bruder in London. Der Schauplatz ist überwiegend London. Eingeführt wird dieser Ortswechsel mit einer Überblendung des Abschieds von den Eltern in eine Luftaufnahme über London. Es folgen schnelle Schnitte mit „Weißblitzen", kurzen Blitzen zwischen den Bildern, wie sie in amerikanischen Serien benutzt werden. Man sieht Rohan durch die Stadt laufen. Rasches Tempo, schiefe Bilder und Achsen stellen den Kontrast zu Indien da. Doch Indien fliegt im Herzen mit, das zeigen Bilder von indischen Tänzerinnen, die plötzlich auftauchen, eine Indienfahne, die durchs

Bild weht, und der Hindu-Nationalsong „Vande mataram", der die Szene begleitet. Das Lied verbindet schließlich Rohans Ankunft mit dem Übergang zu Rahuls Familie.

Es folgt ein Einblick in den Alltag von Rahuls Familienleben, das nach außen hin einen glücklichen Eindruck macht. Auf seiner Suche nach dem Bruder begegnet Rohan Anjalis jüngerer Schwester Pooja, die inzwischen zu einer attraktiven jungen Dame herangewachsen ist.

Er bittet sie um Mithilfe, und sie stimmt seinem Plan zu. Rohan wird als Bruder einer Freundin ausgegeben, der gerade aus Indien kommt und ein Obdach sucht. Rahul erkennt seinen inzwischen erwachsen gewordenen Bruder nicht wieder und verhält sich im ersten Moment überaus skeptisch, spürt dann jedoch, dass dieser Mensch ihm nicht so fremd ist, wie er meint.

Rohan versucht im Verlauf seines Aufenthalts mit verschiedenen Taktiken, das Vertrauen des Bruders zu gewinnen und ihn dazu zu bringen, dass er sich wieder seiner Eltern erinnert.

Das Karwa Chauth-Fest

Dieses Fest ist ein weiterer wichtiger Bestandteil in Johars Film, aber auch in vielen anderen Bollywoodfilmen. Karwa Chauth wird vorwiegend in Nordindien gefeiert. Es findet neun Tage vor Diwali statt und ist das wichtigste Fest für verheiratete Hindufrauen. Vor Sonnenaufgang nehmen sie ein rituelles Bad und fasten dann für ihre Männer bis Mondaufgang. Dieses Opfer soll Wohlstand, Gesundheit und Glück für den Ehemann bringen. Eine ältere Frau des Hauses erzählt die Geschichte Karwa Chauth. Wenn der Vollmond zu sehen ist, wird das Fasten beendet und die Frauen kleiden sich mit besonders prächtigen Saris. Dann wird das Mondlicht mit einem durchsichtigen Tuch, einer Art Filter, das an einen Reifen gespannt ist, eingefangen und vor das Gesicht des Ehemannes gehalten. Danach wird eine *Puja* (Segensritual) vor ihm zelebriert. Der Mond symbolisiert Fülle und Ganzheit. Bei diesem Fest sollen hinduistische Werte wie Zuverlässigkeit und Liebe, Treue und Selbstlosigkeit gezeigt werden. Danach wird ausgelassen getanzt und gegessen.

Dem Karwa Chauth-Fest in diesem Film kommt die Funktion zu, unauffällig den Kontakt zwischen Schwiegertochter und Schwiegermutter wiederherzustellen. Rohan erklärt Anjali, dass am Karwa Chauth-Fest die Schwiegermutter der Schwiegertochter den *Sargi* (ein Art Ehegelöbnis und symbolische Opfergaben) sendet. Doch da Anjali keinen Kontakt zur Schwiegermutter hat, gibt er vor, dass auch eine ältere Frau ihr den Sargi zukommen lassen kann. Rohan ruft Nandini an

Tanzszene und Song „Bole Chugiyan" beim Karwa Chauth-Fest mit Kareena Kapoor und Tanzcrew: Mondaufgang und Fastenende der Ehefrauen; es darf gefeiert werden.

und bittet seine Mutter um Hilfe. Beide telefonieren miteinander, ohne zu wissen, wen sie da am anderen Ende der Leitung haben.

Nach vielem Hin und Her erkennt Rahul schließlich seinen Bruder und es folgt ein gefühlvolles Zusammentreffen. Danach ist nur noch das Problem der Rückkehr zur Familie zu lösen, was Rohan am Ende natürlich gelingt. Der Vater bittet seine Söhne um Verzeihung und erkennt, dass es manchmal die Jüngeren sind, die den Älteren den richtigen Weg weisen. Die Liebe triumphiert und Yash wurde durch sie geläutert.

Gründe für den Filmerfolg

Warum war dieser Film auch im Westen erfolgreich? Wahrscheinlich gibt es dafür mehrere Gründe: Farbenprächtige Kostüme und Ausstattung, opulente Tanzszenen und der Liebessong mit den atemberaubenden Landschaftsaufnahmen von Ägypten, einfach ein Augenschmaus. Die Mischung von romantischer Musik und heißen Bhangra-Rhythmen (traditionelle Musik aus dem Punjab). Traditionen, Rituale die im Alltag (morgendliches Puja) und bei Festen (Diwali, Karwa Chauth) zelebriert werden. Vermittlung von Werten, Familiensinn, Freundschaft, Aufrichtigkeit, Respekt, Liebe und Versöhnung. Das Ausleben von Gefühlen, ohne sich dafür schämen zu müssen. Die Poesie im Liebessong und in den Dialogen. Das Happy End und der Humor

Der Film ist wie eine Soap-Oper aufgebaut, die in Europa Hochkonjunktur hat. Er bietet dem Zuschauer eine ganze Gefühlspalette in drei Stunden an, man darf weinen, lachen, trauern und bangen. Eine Geschichte, die Krisen und Freuden zeigt. Der Mensch erkennt den Menschen. Wenn eine Geschichte uns tief berührt, und zwar mit einer Intensität, die wir kaum erklären können, dann liegt das daran, dass wir diese Geschichte insgeheim als unsere eigene akzeptiert haben. Wenn Zuschauer weinen, so weinen sie nicht über das schwere Los des Helden, sondern über ihr eigenes.

Der Erfolg des Films in Indien und in der Diaspora lässt sich weiter damit erklären, dass das Zelebrieren der Rituale und der Religion Verbundenheit zur Kultur und Tradition weckt. Er zeigt aber auch den Konflikt und den Drahtseilakt zwischen modernem westlichen Leben und Tradition, die Angst vor Identitätsverlust und die Suche nach Orientierung; die Tradition gibt Halt und Identität. Die im Ausland lebenden Inder sind eine weitere enorm gewinnbringende Zielgruppe der Bollywood-Filmindustrie. Früher lag ihr Marktanteil bei nur 10 bis 15 Prozent. Bis in die 90er Jahre interessierte sich nur die ältere Generation, die aus Asien emigrierte, für die Filme aus ihrer Heimat. Aber jetzt teilen auch die zweite und dritte Generation diese Leidenschaft. Der Zuschaueranteil der im Ausland lebenden Inder ist heute auf 65 Prozent angestiegen.[60] Neue Generationen von wohl situierten Indern und deren Kinder bestimmen jetzt den neuen Publikumsanteil, sie fühlen sich mit ihrer indischen Herkunft eng verbunden.

DIE INDISIERUNG DES ABENDLANDS

BOLLYWOOD IM MILKALAND

Ungeduldig wartet Kirthi Reddy in der eisigen Kälte am schneebedeckten Berggipfel des Jungfernjochs auf ihren Einsatz. Nur leicht in einen hell leuchtend grünen Chiffon-Sari eingehüllt, übt sie ihre Tanzschritte für den Film „Pyaar Ishq Aur Mohabbat" (2001). Dann endlich ist es soweit, mit langen, wehenden Haaren rennt sie verzückt ihrem Auserwählten (Arjun Rampal) in die wärmenden Arme. „Heiße Gedanken" sollen ihnen nun helfen, die widrigen Umstände zu vergessen. Da die Steilhänge sich nicht besonders für ausgefeilte Choreographien eignen, begnügt man sich mit „Haschmich-Spielchen" und Liebkosungen.

Berge sind nicht nur Ursprung der heiligen Flüsse, sondern auch Wohnsitz der Götter. Bereits Götterpaare wie Shiva, seine Gemahlin Parvati (Tochter des Berges) sowie Krishna und Radha gaben sich dort ihrer Liebe hin. Der Liebe wird auf diese Weise eine heilige Dimension verliehen. Gesang und Tanz sollen diese Vereinigung symbolisieren.

Wie kommt es, dass indische Filmteams den weiten Weg nach Europa auf sich nehmen? Angefangen hatte es mit diesem Trend 1964, als der berühmte Regisseur Raj Kapoor für seinen Film „Sangam" spektakuläre Schneebilder für die Gesangsszenen brauchte und zum Jungfernjoch fuhr. Da das Filmteam bereits in Paris Szenen für die Flitterwochen drehte, nahmen sie die Gelegenheit war, kurz in die Schweiz zu fahren.

Bis Anfang der 50er Jahre drehte man noch die Liebesszenen in der Kashmirregion des Himalayagebirges, doch seitdem diese Grenzregion nach dem Bürgerkrieg und aufgrund des anhaltenden Konflikts zwischen Indien und Pakistan zu gefährlich geworden ist, bevorzugt man es, im Ausland zu drehen.

Die Schweiz steht für Ruhe, Sicherheit, intakte Natur und Reichtum. Jedes Jahr fahren 30 Filmteams fünf bis zehn Tage ins Milkaland, um dort ihre Filme zu drehen. Diese Gruppen, meist aus 20 Personen bestehend, werden professionell von Schweizer Filmlogistikern betreut.

Der erfahrenste und bekannteste Filmlogistiker ist Jakob Tritten aus Zweisimmen mit seinem Unternehmen „Tritten Tours & Travels", der vor 18 Jahren begann, sich auf die indischen Filmteams zu spezialisieren. Er bietet ein bequemes Rundumpaket, in dem alles, angefangen von den nötigen Visa, Flughafentransfer, Übernachtung, Verpflegung, Drehgenehmigung und Equipment organisiert wird. Es kann auch schon mal passieren, dass auf einmal eine Fußballmannschaft oder ein Hubschrauber gebraucht werden.

Da den Indern die Schweizer Küche zu wenig gewürzt ist, engagierte Tritten indische Köche, die für das leibliche Wohl sorgen, und ließ indische Imbissbuden bauen.[61] Ansonsten gibt es in Engelberg sogar seit einigen Jahren ein eigens für Inder ausgestattetes Hotel, das „Hotel Terrace", das sechs indische Köche während der Frühjahrs- und Sommermonate beschäftigt. Die Alpenküche ist für den indischen Gaumen zu fade und zu fleischhaltig.

Trittens treuer Mitarbeiter Jean-Pierre Francioli, der seit sieben Jahren für das Unternehmen arbeitet, ist Busfahrer und Koordinator in einem. Diese Kombination ist äußerst praktisch und kostengünstig und seiner Meinung nach einmalig auf dieser Welt. Er kutschiert die Filmteams in seinem Bus durch die ganze Schweiz und das für ca. 53.000 Schweizer Franken bei einem Aufenthalt von 14 Tagen. Wenn man bedenkt, dass eine Filmproduktion durchschnittlich ein bis zwei Millionen US Dollar kostet, sparen die Inder Zeit und Geld. Sie können in Ruhe und ohne Störungen die Songsequenzen drehen, und sie geben nicht unnötig am Feierabend Geld aus. Die Produktionskosten sind nach Meinung der Filmemacher günstiger als in Indien. Das hängt damit zusammen, dass die Stars bei einem solchen Dreh fernab der Heimat gezwungen werden, diszipliniert an einem Film zu arbeiten, auf diese Weise kann der Film eher fertig gestellt werden. Normalerweise ist es üblich, dass große Stars 20 Verträge gleichzeitig haben und von Drehtermin zu Drehtermin eilen und über zwei Jahre hinaus ausgebucht sind. Viele Dreharbeiten ziehen sich aus diesem Grund endlos in die Länge. Oft wird aufgrund der zu langen Wartezeiten der Etat verbraucht, und die Filmprojekte müssen aufgegeben werden. Daher gelangt nur etwa ein Drittel aller produzierten Filme tatsächlich in die Kinos.

Der Filmemacher Yash Chopra, inzwischen ein Ehrengast des Schweizer Ländle, preist die angenehme Zurückhaltung der Schweizer Zaungäste. Bei Außendrehs im Heimatland werden die Dreharbeiten immer von einem Pulk Schaulustiger verfolgt, die keine Rücksicht auf die Drehbedingungen nehmen. Lauthals feuern sie ihre Stars bei Kampfszenen an oder pfeifen bei erotischen Tanzdarbietungen. Ebenso ist es bei den Dreharbeiten Sitte, dass Filmcrewmitglieder ihre Verwandten und Freunde mitbringen, der Drehort gleicht dann bald einem Tollhaus.

Die Schweizer betrachten diese merkwürdigen Eindringlinge nur mit Belustigung oder einem Kopfschütteln. Einige Hoteliers verzichten aber auch auf das lukrative Geschäft mit diesen Gästen. Ihnen sind diese Asiaten zu laut, zu arrogant und zu unbequem. Um diese Vorurteile abzubauen, hat die Schweizer Tourismusbehörde Seminare über indische Kultur veranstaltet. Danach wurden die Klagen seltener, und man hat sich langsam an das fremde Verhalten gewöhnt. Man erkannte, dass Schüchternheit und Sprachprobleme fälschlicherweise mit Desinteresse und Arroganz gleichgesetzt wurden.

Seit die Schweiz in indischen Filmen zu sehen ist, hat auch der indische Tourismus eingesetzt. Die indische Filmindustrie hat einen regelrechten Boom von asiatischen Touristen ausgelöst. Viele Reiseveranstalter bieten achttägige „Monsoon-Specials" für den stolzen Preis von 999 US-Dollar an. Natürlich inklusive Flug, Bus und Vollverpflegung. Im Jahre 2001 haben die Schweizer Konsulate indischen Touristen 58.000 Visa ausgestellt.

Es ist vor allem die aufstrebende indische Mittelschicht, die gerne ins Ausland reist, doch um solch eine Reise finanzieren zu können, müssen sie ihre Ersparnisse plündern und oft Kredite aufnehmen.

Indische Touristen wollen in kurzer Zeit vieles sehen, deshalb gibt es Angebote wie „25 Städte in zehn europäischen Ländern in nur 19 Tagen". Bei solchen Angeboten haben indische Touristen das Gefühl, ihr Geld gut investiert zu haben, auch wenn sie jeden Morgen um 6.00 Uhr zum Frühstück und dann in den Bus hetzen müssen.

Die meisten indischen Touristen machen ihre Hochzeitsreise in die Schweiz, dort ist es ihr vornehmliches Ziel, einen ihrer romantischen Lieblingsfilmsongs auf den bergigen Alpenwiesen nach zu inszenieren. Oft entpuppen sich dann ihre Filmfantasien beim Aufeinandertreffen mit der harten Schweizer Realität als wahre Enttäuschungen. Doch sie versuchen, sich dies nicht anmerken zu lassen. Tapfer beißen sie die Zähne bei den eisigen Temperaturen zusammen und machen gute Miene zum bösen Spiel. Schließlich haben ihre Helden hier gestanden und ebenfalls diese Torturen durchgemacht. In zehn Minuten ist alles vorüber, das Video für die Verwandten und Freunde ist gedreht.

Die Landschaft dient in den meisten Filmen nur als Kulisse für Liebeslieder. Dabei wird die Topografie als namenloser Schauplatz gezeigt, für die Szenen ist es nicht wichtig, ob das Haus in Luzern oder in Bern steht. Oft werden gezeigte Lokalitäten in einer Art Fotomontage mit anderen Gegenden willkürlich vermischt. Beispielsweise kann ein angebliches Schweizer Hotel in Indien gefilmt sein oder ein indisches Haus in Großbritannien. Das führt oft zu irreführenden Rückschlüssen. Schweizer Berge werden nicht als Panorama einer Dreigipfelkette gefilmt, sondern als neutrale Darstellungskonvention. Den Indern geht es nicht um eine realistische Wiedergabe, sondern um die Inszenierung einer bestimmten, mythologisch vertrauten Vorstellungswelt.

Weitere beliebte Motive außer sattgrünen Blumenwiesen und schneebedeckten Berghängen sind Seeuferpromenaden des Züricher Sees, Schlossanlagen von Rougemont sowie die Berner Einkaufspassage oder der Springbrunnen von Gstaad. Eine wichtige Rolle spielen in diesen Filmen auch die privaten und öffentlichen Verkehrsmittel, mit denen man diesen Garten Eden bereisen kann. Rote Ferraris und Cabriolets, Motorräder, Schiffe und intakte Eisenbahnzüge machen den Traum von Mobilität und Fortschritt wahr.

Die Schweiz ist ein Fluchtpunkt für Sehnsüchte und nicht ausgelebte Phantasien. Ungestört, weitab von überfüllten, schmutzigen Straßen, Smog und möglichen Spaßverderbern, lässt sich Romantik im Freiraum erleben. Die Schweizer Bewohner, deren Kultur und Sprache und die Kälte des Klimas kommen dabei in den Songszenen nicht vor. Es ist eine abgesonderte Welt, die sich selbst genügt. Was den indischen Zuschauern ebenfalls in diesen Filmen gut gefällt, ist die Aufwertung des eigenen Selbstbildes. Indische Menschen werden als kosmopolitische Konsumenten gezeigt und nicht als Pauschaltouristen eines Entwicklungslands.

In dem Reisebus, mit dem die Helden unterwegs sind, sieht man fast nur Inder, das reflektiert, dass sie gerne unter sich bleiben. Inder freuen sich, im Ausland Landsleute zu treffen. Ein indisches Sprichwort lautet deshalb: „To feel at home home away.“

Die Reise ins Ausland stellt immer eine Art Probe und Läuterung des Charakters in Bezug auf die indische Herkunft und Integrität dar. Deren Botschaft lautet, sich nicht vom Schein der Konsumwelt des Westens und dessen falschen Werten verführen zu lassen. Am Ende siegen indische Werte und Traditionen, und man kehrt glücklich zurück in den heimatlichen Schoß.[62]

EIN INDISCHER DREHTAG IN DER SCHWEIZ

Am 18.6.2003 war es endlich soweit, ich flog nach Zürich und machte mich dann mit meiner Freundin Silvia Süss mit der Bahn auf den Weg zum vereinbarten Treffpunkt in Zweisimmen, wo wir von der freundlichen und überaus zuvorkommenden Tourbegleiterin und PR-Assistentin Barbara Knörri von Gstaad Saanenland Tourismus in Empfang genommen wurden. Sie teilte uns mit, dass das Filmteam wegen des trüben Wetters seinen Drehplan ändern musste und sie nun mit dem Busfahrer, Herrn Francioli von Tritten & Travel Tours, überlegten, wo man jetzt in der Schweiz am besten drehen sollte. Der Wetterbericht verkündete, dass sich in Interlaken die Wolkendecke auflösen würde. Also stiegen wir in den für uns zur Verfügung gestellten Tourwagen ein und ließen uns durch die herrliche Landschaft der Schweiz kutschieren. Vor uns immer den Bus des Filmteams im Auge, der mit rasanter Geschwindigkeit über die Straßen glitt. In Interlaken machten wir den ersten längeren Stopp und die erste nähere Bekanntschaft mit der Gruppe. Sie kamen aus Hyderabad/Südindien und waren das erste Mal in der Schweiz. Der Regisseur Nageshwar Reddy wollte hier einige Song- und Tanzsequenzen für seinen Film „Oka Radha… Iddarv Krishna Palli" - eine Liebeskomödie, drehen. Auf dem Bür-

Namita bei Vorbereitungen zum Dreh vor dem Hintergrund der Schweizer Alpen.

gersteig wurden eifrig Tonbandgerät und Kamera ausgepackt und aufgestellt, die Schauspielerin Namita und der Held M. Vankawala erhielten noch den letzten Schliff von der Maskenbildnerin, und dann ging es los. Zwei Choreografen zeigten ihnen mit großem Enthusiasmus und leidenschaftlichen Bewegungen die notwendigen Tanzschritte.

Namita und Vangewala auf dem Set in der Schweiz.

Nachdem geübt und abgedreht worden war, ging die Wanderung auf eine Hauptstraße und dann zum Bahnhof. Dort wurde kurzerhand eine englische Schülergruppe als Statisten eingesetzt, Arm in Arm durften sie nun mit dem Helden zu dem Haupthit des Films über die Straße schlendern. Nach diesem spontanen Er-

Regisseur Nageshwar Reddy bespricht sich mit dem Choreographen.

eignis wurde wieder einge-
packt, und es gab Mittagessen,
zu dem wir alle herzlich eingeladen wurden. In großen
Bottichen wurden die leckeren
Köstlichkeiten verwahrt. Wir
aßen, so wie es in Südindien
üblich ist: mit der Hand werden Reis und Gemüse mit der
Soße vermischt und in mund-
gerechte Portionen geformt, die
dann in den Mund geführt werden, was gar nicht so einfach ist!

Nach dem reichhaltigen Mahl ging es weiter nach Thun. Dort entdeckte man
den Marktplatz und das Rathaus als geeignete Kulisse, wieder wurde alles ausgepackt und einstudiert, und die Prozedur wiederholte sich. Jean Pierre Francioli
erzählte mir währenddessen, dass seit letztem Jahr mehr Filmteams aus Südindien
als aus Mumbai kommen, wahrscheinlich weil die Schweizer Landschaft in deren
Filmen bisher kaum abgebildet wurde.

Eine Tanzszene wird geprobt.

Um 17 Uhr musste ich
mich vom Filmteam und
den netten Veranstaltern
verabschieden. Ein ereig-
nisreicher Tag, ich hatte
zum ersten Mal in kurzer
Zeit die halbe Schweiz gesehen, viele Fotos und einige Interviews gemacht
und neue, interessante
Menschen kennen gelernt.

Über das Thema „Bolly-
wood und die Schweiz"
gab es 2002 in Zürich im „Museum für Gestaltung" eine sehr interessante und
informative Ausstellung. Die Museumsleiter hatten zusammen mit der Universität
Zürich ein gemeinsames Forschungsprojekt in die Wege geleitet, in dem sie nicht
nur die Bollywoodfilme näher untersuchten, sondern auch ihre eigene Beziehung

zu ihrem Land. Nach dem Motto: „das Eigene durch fremde Augen wieder zu entdecken". In der Ausstellung wurden viele Filmausschnitte, Dokumentarfilme und Fotos gezeigt. Daneben hatte man die Möglichkeit, im Kino Xenix Filmreihen und Vorträge zu besuchen, die einen Überblick über die Geschichte und die Entwicklung des kommerziellen Kinos von den 30er-Jahren bis in die Gegenwart gaben.

BOLLYWOOD GEHT FREMD – NEUE DREHORTE

Da die meisten interessanten und reizvollen Schauplätze schon unzählige Male abgelichtet worden sind, hat Ende der 90er Jahre eine Drehortverlagerung stattgefunden. Man ist der Schweizer Kulisse langsam überdrüssig geworden. Das Publikum kennt inzwischen die Lokalitäten in der Schweiz genauso gut wie die in Indien. Die Popularität des Drehorts hat ebenfalls den Nachteil, dass sich mittlerweile die indischen Regisseure während der Frühjahrs- und Sommermonate auf die Füße treten. Daher kam so manchem Filmemacher das Angebot zu Dreharbeiten der Tourismusbehörden verschiedener Länder, die die indischen Regisseure mit allen Mitteln umwerben, gerade recht.

Die Schweiz verliert für die Bollywoodfilmindustrie zunehmend an Bedeutung. Neue Produktionen sind in den letzten Jahren in Neuseeland, Mauritius, Frankreich, Malaysia, Ungarn, Alaska, Österreich und Großbritannien entstanden. Beispielsweise wurden „Kaho naa pyar hai" (Sag doch, dass du mich liebst, 2000) und „Kunwara" (Der Junggeselle, 2000) in Neuseeland gedreht; und „Pukar" (Der Ruf, 2000) in Alaska.

Die Produktionskosten sind in Neuseeland um ein Viertel billiger als in Europa. Das gleiche gilt für Malaysia. Der malaysische Minister für Tourismus lockt mit Preisnachlässen. Das asiatische Land ist inzwischen nicht nur Drehort, sondern ebenfalls großer Bollywoodfan geworden. Videos, MCs und Fanartikel sind in Malaysias Geschäften der letzte Schrei. Das Fernsehen strahlt jeden Tag Starmagazine, Bollywoodkassenschlager und „Making ofs" aus. Die Zuschauer verstehen zwar kein Hindi, doch als Hilfe wurden alle Filme untertitelt.

„Will Madhurit Dixit nach ihrer Heirat weiter Filme drehen?", fragt der chinesische Reiseleiter Michael Cheong seinen indischen Klienten, als sie durch die Straßen Kuala Lumpurs fahren. Indische Stars wie Shah Rukh Khan, Madhurit Dixit oder Hrithik Roshan sind inzwischen beliebter als Hollywoodstars wie Tom Cruise oder Brad Pitt.

DIE INDISIERUNG DES ABENDLANDES

Seit letztem Jahr findet stetig eine Indisierung des Abendlandes statt. Die Welle ist noch nicht abgeebbt, sie ist mal schwächer, dann mal wieder stärker, aber kontinuierlich aufstrebend. Besonders in diesem Jahr ist sie in vielen Bereichen auffallend präsent. Angefangen von der neuen, exotisch orgiastischen Modekollektion eines Christian Dior, der zuvor zwei Monate durch Indien reiste, um sich dort inspirieren zu lassen, bis hin zu Wohnaccessoires mit Götterstatuen und indischen Kronleuchtern. Orientalisch gemusterte Satinbettwäsche, bunte Moskitonetze, Seidenschals, Sariseiden, Gewürze, Düfte, Potpourris und indische Armreifen – alles irgendwie skurril, aber gleichzeitig erfrischend bunt, prachtvoll und kitschig.

Wieso sind indischer Stil und Mode, Indi-Pop und Bollywoodfilme auf einmal so im Trend? Dafür sind wohl mehrere Komponenten verantwortlich, die sich gegenseitig bedingen: Werteverfall, Arbeitslosigkeit, Desorientierung und Zukunftsangst auf der einen Seite und die Sehnsucht nach Lebensfreude, Exotik und Aufbruchstimmung auf der anderen.

In Regionen wie Afrika, Asien und Arabien sind indische Filme beliebter als westliche Filme, da der dortigen Bevölkerung die Art des Geschichtenerzählens näher liegt und da die Filme ihr von den Themen her vertrauter sind. Im Gegensatz zu den westlichen Filmen werden in indischen Filmen Wertevorstellungen vermittelt, die in diesen Kulturen einen höheren Stellenwert besitzen als bei uns. Man denke da an Familiensinn, Tugend, Ehre und Respekt. Auch die Art und der exzessive Einsatz von Musik treffen den Geschmack der Menschen. Diese Faktoren mögen erklären, dass indische Filme trotz der kulturellen Unterschiede der einzelnen Länder gleichermaßen beliebt sind. Des Weiteren sprechen indische Filme universelle menschliche Sehnsüchte an, sie zeigen am Ende immer einen paradiesischen Zustand, in dem das Gute über das Böse siegt, die Gerechtigkeit über die Ungerechtigkeit. Wollen wir das nicht alle?

Indische Kulturgüter vermitteln und befriedigen diese Wünsche und Hoffnungen, sie machen die Welt wieder etwas ästhetischer, bunter und fröhlicher, genießen wir es!

BOLLYWOOD EROBERT DEN WESTEN

Doch nicht nur die Modewelt wurde inspiriert von Indien, sondern auch die westliche Kunst und Kultur. Andrew Lloyd Webber heuerte mit Hilfe Shekhar Kapurs den Starkomponisten Rahman für sein Musical „Bombay Dreams" an, nachdem er zuvor die mitreißende Tanzszene „ Chaiya Chaiya" in „Dil Se" auf einem offenen Güterzug gesehen hatte. Auch bei der Musicalnummer fehlte es nicht an dieser Einlage, hier diente eine rotierende Bühne als Zugersatz. Kloakentümpel, in denen sich die Slumbewohner waschen, verwandeln sich eine Stunde später zu einer Palastkulisse mit Springbrunnen. Erzählt wird die Geschichte eines armen, aber attraktiven, talentierten Jungen, der über Nacht zum Star der indischen Traumfabrik wird. Das Musical erhielt mehr Lob beim Publikum als bei der Presse.

Doch auch vor der Theaterwelt machte die Indienwelle nicht halt. In Wien, beim „Impuls Festival" 2002, wo internationale Künstler moderne Choreografien präsentierten, brachte der Choreograf Michael Laub „Goethes indische Reise" als Bollywoodsoap auf die Bühne. Er kombinierte „Goethes Werther" mit Soap-Elementen von Liebe und Tragik.

Auch vor den Toren Hollywoods machte Indien nicht halt. Indische Regisseure sorgten in Hollywood für Furore, wie Manoj Night Shyamalam mit „The Sixth Sense" und Tarsem Singh mit dem Film „The Cell". Dass Bollywood von Hollywood abschaut, ist nichts Neues, aber dass Hollywood nun Remakes von Bollywood macht bzw. sich mit diesem Kinostil vermischt, ist neu. Scherlow Mayer lässt in ihrem Film „The Guru" indische Tanz- und Gesangsszenen á la Olivia Newton John und John Travolta auferstehen. Und was ist „Moulin Rouge"? – doch nichts anderes als ein Bollywoodfilm, nur mit weißen Gesichtern?! In Großbritannien kommen seit letztem Jahr ein halbes Dutzend anglo-indische Filme in die Kinos, von denen „Kick it like Beckham" besonders bei uns in Deutschland bekannt wurde.

Der Kölner Filmclub 813 zeigte im August 2002 eine Bollywoodfilmreihe, die gut besucht wurde und viele neue Fans des indischen Films hervorbrachte.

Im November 2002 stürmte der Zungenbrecherhit „Aiween karle na kedi naal pyaar / Mundian Tho Bach Ke Rahi / Ne To Honay Honay Hoyi Mutiar/Mundian (…)" von Panjabi MCs die deutschen Charts auf Platz zwei und hält sich weiterhin hartnäckig in den Top Ten. So weit nach oben hatte es bisher noch nie ein indischer Popsong geschafft.

Wie kommt ein Inder in die deutschen Charts? Verteilt die Bundesregierung nun etwa auch Greencards an indische Popmusiker wegen mangelndem deutschen Musikernachwuchs?

Auch an Medienmogulen wie dem australischen Unternehmer Rupert Murdoch ist das Phänomen Bollywood nicht spurlos vorübergegangen. Er hat die Traumfabrik als neue Goldgrube entdeckt und will sein Imperium mit ihrer Hilfe nun weiter ausdehnen. Seine Produktionsfirma „Twentieth Century Fox" hat bereits

Verträge für eine Koproduktion mit zwei indischen Produktionsfirmen geschlossen. Es sollen zunächst drei Filme produziert werden. Einer ist ein „low-budget Thriller", bei dem Ram Gopal Verma die Regie führen soll, Drehstart war August 2002. Murdochs Unternehmen ist die erste ausländische Firma, die in den indischen Filmmarkt investiert.

Mit der Indi-Pop-Musikwelle, ausgelöst von dem Zustrom indischer Emigranten, kamen auch deren Filme. Noch vor ein paar Jahren führte die Bollywoodkultur eine Schattenexistenz. Inder, die gemeinsam mit ihren Familien und Freunden indische Filme ansehen wollten, mussten einen Kinosaal für Privatvorstellungen mieten und bekamen meist nur verschrammte Filmkopien von Videotheken oder einem Verleih. Westliche Zuschauer sahen diese Filme hingegen höchstens mal auf einem Festival. Doch nun wird der indische Film mit Hilfe vieler engagierter Leute aus der Ethnoecke geholt und vollführt einen Triumphzug in die internationale Unterhaltungsbranche. Der Bollywoodklassiker „Kabhi Khusi Kabhie Gham" begann im April 2003 seine Deutschlandreise und war bisher in 31 größeren und kleineren Städten zu sehen, und diese Reise geht immer noch weiter. Bollywood wird bis in die kleinste Provinz gebracht – das gab es noch nie!

In Hamburg werden beispielsweise im ehemaligen Savoy am Steindamm ausschließlich Bollywoodfilme gezeigt. Harris Patscha hat dort 1999 ein Nischenkino gegründet. Vor dem Kino kündigen bunte Plakate die neuesten Bollywoodhits an. Der Betreiber, der ursprünglich aus Afghanistan kommt, hat diese Filme schon als Kind gerne gesehen und ist ein regelrechter Fan von Bollywoodfilmen und ihrer Filmmusik geworden. Er bekommt die Filme von einem indischen Verleih, der seinen Sitz in London hat. In London selbst gibt es 40 Kinos, die auf indischen Mainstream spezialisiert sind. In Hamburg zeigt Patscha einmal pro Woche – und zwar immer montags – die Filme. In Indien starten die aktuellen Filme immer freitags in den Kinos, und er versucht, sie dann für Montag zu bekommen. Das Publikum besteht zumeist aus Indern, Iranern und Afghanen, doch es kommen auch immer öfter deutsche Zuschauer, die neugierig auf die Bollywoodfilme sind. Werbung wird nur in den indischen Läden gemacht, wo die Stammgruppe der Kinozuschauer auch einkauft. Vergleichbar ist dieses Verfahren auch in Köln, Frankfurt und Berlin, d.h., wenn man als Deutscher gerne aktuelle Bollywoodfilme sehen möchte, sollte man in den indischen Läden vorbeischauen und nachfragen, dort kann man die Karten für die Vorstellungen günstiger und im voraus kaufen. Die Filme sind meist mit englischen Untertiteln, es kann aber passieren, dass sie nur in Hindi sind, da Untertitelung sehr teuer ist. Doch wenn man einige Hundert

Filme gesehen hat, dann versteht man die Geschichten auch mit wenigen oder keinen Hindikenntnissen. Was man nun auch immer von indischen Filmen halten mag, auf jeden Fall fördern sie einen Austausch zwischen den Kulturen und sind eine Bereicherung der immer noch von Hollywood geprägten Filmlandschaft. Bleibt abzuwarten, wie sich dieser Trend weiter entwickelt, und ob man ihm eine Chance gibt, sich hier zu etablieren. Immer wieder bieten Bollywoodfilmreihen die Chance, in die Welt der süßen Träume einzutauchen.

INDIEN – EIN LAND ZWISCHEN TRADITION UND MODERNE

Kein anderes Land auf dieser Welt vollführt einen solchen Spagat zwischen extremen Lebenswelten wie Indien. Indien, das Land, das auf eine Jahrtausende alte Hochkultur zurückblicken kann, deren archaische Wert- und Glaubensvorstellungen teilweise noch immer nicht an Aktualität verloren haben. Mystik, Spiritualität und Aberglaube vermischen sich mit dem Atombomben- und Computerzeitalter. Während das Kulturerbe anderer Zivilisationen auf deren Weg ins technische Zeitalter einfach auf der Strecke blieb, Glaubens- und Wertvorstellungen aufgegeben und verdrängt wurden, verleibte sich die indische Zivilisation alles ein, ohne dabei etwas von ihrem Ursprünglichen zu verlieren. Auch wenn einiges sich vermischt haben mag, so findet man trotzdem Altes und Neues in einer faszinierenden Koexistenz. Dies macht Indien so einmalig.

Natürlich führen diese geballten Kontraste zu Konflikten und Spannungen. Auf der einen Seite ist die urbane Bevölkerung, in der westliche Verhaltensweisen und Wertvorstellungen immer mehr Einzug halten, und auf der anderen Seite die indische Landbevölkerung, bei der in einigen Bereichen die Zeit seit Jahrhunderten still zu stehen scheint. Kurioserweise dient der Westen als Vorbild und Abschreckung zugleich. In den Städten lösen sich Großfamilien langsam auf, der Wunsch nach Kleinfamilien und Individualität wird stärker. Die alte Generation bastelt an neuen Rollenbildern, in den Städten schließen sich schon Seniorengruppen zusammen, um sich gemeinsam die Zeit zu vertreiben. Nicht nur McDonalds, auch Indian Instantfood hat Einzug gehalten und führt zu einer Welle von Fettleibigkeit, die in neu entstandenen Fitnessstudios wieder abtrainiert werden will. Frauenmagazine, Modeindustrie und Misswahlen haben Hochkonjunktur, die indische Frau ist von der Wirtschaft als neuer Konsument entdeckt worden, zumal ihre Präsenz ebenfalls auf dem Arbeitsmarkt immer mehr zunimmt.

Indien ist inzwischen global der zehntstärkste Wachstumsmarkt. Indien ist aber auch momentan verwirrt und orientierungslos. Die junge Generation der Computerspezialisten möchte sich von Traditionen und Glaubensvorstellungen lösen, da sie diese als unvereinbar mit dem modernen Zeitalter betrachten, viele verachten und verleugnen nahezu alles Indische. Für sie ist der Westen Indiens Zukunft. Diese Einstellung führt zu immensen Generations- und Familienkonflikten.

Doch es gibt auch ein paar kritische Stimmen, die fragen, ob man wirklich alles aufgeben soll, nur um wie der Westen zu sein. Wie sieht es denn im Westen wirklich aus? Wollen wir das denn wirklich? Die Leute dort haben keine Moral, keinen Glauben, keinen Familiensinn.[63]

Ein anderer Teil der Inder sieht sich durch die fortschreitende Globalisierung in seiner Identität bedroht. Ein erstarkter und zunehmender Hindu-Fundamentalismus ist das Ergebnis. Doch auch die zunehmende Islamisierung und Konvertierung von Kastenlosen und unteren Kasten zum Christentum und Islam bereitet der Regierung Sorgen. Es kommt in letzter Zeit immer wieder zu schwerwiegenden Ausschreitungen mit einer Menge Blutvergießen zwischen Hindus und Moslems.

Nicht nur die Slumbewohner, sondern auch einige Angehörige der indischen Mittelschicht sind neuerdings anfällig für faschistische Parolen geworden, in denen sie als ewige Verlierer denunziert werden, als Verlierer unter der Mogulherrschaft, den christlichen Kolonialherren und nun des globalen westlichen Vormarschs. Sie beteiligen sich an Überfällen und Verfolgungsjagden auf Moslems. Doch auch Osama Bin Laden & Co. haben Hochkonjunktur, jugendliche Moslems organisieren sich und verüben Terroranschläge auf Hindus. Der Groß-Imam der alten Moschee in Delhi hat sogar schon mit einem Bürgerkrieg gedroht.

INTERVIEW MIT SUPRIYO BANDOYPADHYAY

Das folgende Interview soll einerseits die derzeitige politische und gesellschaftliche Lage in Indien thematisieren, aber auch die Beziehung zum Westen in den Blickwinkel rücken und die Entwicklung der Filmindustrie durchleuchten.

Immer wieder trifft man auf indische Bürger, die erzählen, wie enttäuscht sie von dem Indienbild seien, das im Westen vorherrscht, wie viele Vorurteile und Klischees es hier geben würde, und wie wenig wirkliches Wissen über ihr Land vorhanden sei. Dazu wird der erfahrene indische Journalist Supriyo Bandoypadhyay befragt. Er arbeitete als Journalist für die größte Zeitung Bengalens „Anandabazar Patrika" und als Moderator für „All India Radio". Ebenso war er als Nachrichtensprecher und Produzent beim größten indischen Satellitenfernsehen „Eenadu TV" tätig. Auch die Bereiche Schauspiel und Regie sind ihm nicht fremd, er hat für verschiedene Serien des indischen staatlichen Fernsehsenders „Door Darshan" in beiden Bereichen gearbeitet. Derzeit ist er bei der Deutschen Welle in Bonn als Nachrichtensprecher und Nachrichtenredakteur beschäftigt.

Die meisten Europäer denken bei Indien sofort entweder an Armut, Kastensystem oder an Computer. Was sagen Sie dazu? Wie sieht das Indien von heute aus?
Das sind drei Aspekte, auf die ich im Einzelnen eingehen möchte:
Armut: Dass wir hier im Westen Indien gleich mit Armut verbinden, ist ein allgemeines Pauschalurteil, das hier schon seit langer Zeit herrscht und das vom Westen erschaffen wurde. Meine Erfahrung als Journalist widerspricht diesem Image, da ich viel in Indien herumkomme und sehen kann, wie sich das Land verändert hat. Bis zu Beginn der 80er Jahren war Indien sehr arm, dem stimme ich zu, doch seitdem findet ein immenses wirtschaftliches und agrikulturelles Wachstum statt, ausgelöst durch die jeweiligen Fünf-Jahrespläne der Regierungen. Die meisten Regionen können sich inzwischen selbst versorgen, da genug Korn und Reis angebaut wurde. Es gibt zwar noch einzelne Regionen, die ärmer sind, doch im Vergleich zu der Größe des Landes ist das bescheiden. Wenn dieses Land nur arm wäre, könnten dort nicht Computerspezialisten herangezogen werden, Technologie und Armut widersprechen sich.
Kastensystem: Das Kastensystem ist ebenfalls nicht mehr so stark ausgeprägt, wie es früher einmal war. Es hat seine Vormachtstellung verloren. Im Zuge der Bildung und Aufklärung hat sich doch die Einstellung dazu in den meisten Teilen Indiens stark verändert, nur auf dem Land und in entlegenen Gebieten herrschen immer noch die Regeln des Kastensystems. Bildung und Kastensystem stehen in einem engen Zusammenhang. Es ist heutzutage üblich, dass Ehen zwischen verschiedenen Kastenangehörigen geschlossen werden, sogar zwischen Hindus und Moslems.
Computerspezialisten: Diese Verbindung in Bezug auf Indien ist ein Kompliment. Es zeigt, dass wir einen Service anbieten können, den es in vielen anderen Ländern nicht in dem Ausmaß gibt, und dass wir in diesem Bereich qualifizierter sind als die Leute hier im Westen. Wir können den USA und Europa damit aushelfen, das ist doch etwas Positives.

Indiens Gesellschaft befindet sich im Umbruch, Generationen stehen im Widerstreit zueinander, was können Sie dazu sagen?
Generationenkonflikte gibt es überall auf der Welt. Es ist wichtig, dass man offen gegenüber Veränderungen und neuen Dingen ist und auch bereit, sie zu akzeptie-

ren. Sonst ist kein Fortschritt möglich. Es ist völlig normal, dass junge Menschen eher bereit sind, neue Dinge zu akzeptieren. Aber trotz alledem ist es ebenso wichtig, Vergangenes nicht zu vergessen. Es gab in Indien wichtige Entdeckungen und Bräuche, auf die man stolz sein kann, die noch heute ihren Nutzen haben, wie beispielsweise die Entdeckung der Zahl 0 oder die Ayurvedische Medizin. Wir können noch Dinge anbieten, die andere Kulturen inzwischen vergessen haben. Dinge, für die sich auch der Westen interessiert.

Man kann nicht vorwärts gehen, ohne dabei auch die Vergangenheit im Blick zu behalten. Der Konflikt ist produktiv und positiv, nicht, wie wir vielleicht im Westen glauben, negativ.

Was können Sie zu dem Konflikt zwischen Moslems und Hindus sagen?
Wenn sich zwei Religionen vordergründig bekämpfen – unabhängig, ob es Hindus gegen Moslems, Juden gegen Christen oder Christen gegen Moslems sind – geht es in Wahrheit immer nur um die Verteilung von Macht. Die Politiker nutzen den Fanatismus ungebildeter Leute für ihre Zwecke und hetzen die Menschen gegeneinander auf, um persönliche Vorteile daraus zu ziehen. Sie sind daran interessiert, dass dieser Kampf erhalten bleibt, sie unterstützen ihn. Die derzeitige Regierung BJP ist offiziell nicht anti-moslemisch eingestellt, doch während ihrer bisherigen Regierungszeit sind bestimmte Ereignisse passiert, die etwas anderes folgern lassen könnten. Man denke da beispielsweise an die Unruhen und Krawalle in der Region Gujarat zwischen Hindus und Moslems, bei denen vorwiegend viele moslemische Bürger verletzt oder getötet wurden. Untersuchungen, die die Verantwortlichen ausfindig machen sollten, wurden verschleppt.

Die Moslems sind in Indien eine Minderheit. Es gab vor dieser Regierung eine Zeit, in der Moslems gegenüber den Hindus bevorzugt worden sind. Im Grunde jedoch wollen alle friedlich miteinander zusammenleben, doch wegen ein paar Fanatikern und den Politikern ist das schwer möglich. Das Problem liegt an dem Bildungsgefälle. In Indien sind 40 Prozent der Bevölkerung gebildet und etwa 60 Prozent ungebildet und damit leichter beeinflussbar. Doch so sieht das nicht nur in Indien aus, sondern man kann das auch in anderen Ländern feststellen.

Wie sieht das Verhältnis zum Westen aus?
Der Literaturnobelpreisträger (1907) Rudyard Kipling sagte einmal in „Ballade of the East and West: *„Oh, Ost ist Ost und West ist West, und das Paar wird erst zusammengehen, wenn Erde und Himmel einst vor dem Jüngsten Gericht stehen.(...).“* Die Unterschiede in der Kultur, in der Sprache und dem alltäglichen Leben sind jeweils

zu groß. Im Zuge der Globalisierung hat zwar eine gewisse Annäherung stattgefunden bzw. sie findet statt, doch die Wunden der einstigen Kolonisierung sind noch nicht völlig verheilt, und es herrscht ein gewisses Misstrauen. Besonders die alte Generation hat heutzutage noch eine sehr schlechte Meinung von den Engländern. Die zweite und dritte Generation hingegen sieht im Westen für sich eine Chance, ein besseres Leben zu führen, fernab von den Problemen der Inflation und Überbevölkerung. Aus diesem Grunde versucht jeder, sofern er qualifiziert ist oder die notwendigen finanziellen Mittel besitzt, auszuwandern. Indien versucht, vieles vom Westen zu akzeptieren, und der Westen ist ebenfalls bereit, etwas von Indien anzunehmen. Doch es wird nur bei einer gewissen Annäherung bleiben, da die Unterschiede von Kultur und Lebensbedingungen zu groß sind.

Was für ein Bild hat man in Indien vom Westen?
Für den durchschnittlichen Inder bedeutet der Westen: ausreichend Nahrung, freier Sex, Möglichkeiten, sich selbst zu verwirklichen und sich des Lebens zu erfreuen. Das klingt im ersten Moment gut, doch für den „einfachen" indischen Bürger ist ein Leben, das nur auf Spaß ausgerichtet ist, letztendlich sinnlos und ohne Bedeutung. Wahre Werte sind, sich um die Familie zu sorgen, Verantwortung für künftige Generationen zu tragen und seinen Beitrag zur Gesellschaft zu leisten.

Was könnte man jeweils vom anderen lernen?
Der Westen könnte lernen, wieder mehr Familiensinn zu entwickeln und mehr Verantwortung zu übernehmen, nicht nur an das eigene Glück zu denken. Ein weiterer Eindruck, den ich vom Westen habe, ist, dass Gefühle hier weniger Gewichtung haben als in Indien. Die Menschen verhalten sich sehr formell und eher distanziert zueinander, in Indien redet man viel über Gefühle und man zeigt sie auch. Vom Westen könnte Indien lernen, selbstbewusster und selbstsicherer zu werden. Das ist etwas, das in unserer Gesellschaft fehlt und das notwendig ist, um das Leben besser meistern zu können.

Spiegeln Bollywoodfilme Vorstellungen der indischen Gesellschaft wider?
Bis in die 80er Jahre hinein spiegeln auch kommerzielle Filme zum größten Teil die indische Gesellschaft und ihre Vorstellungen realistisch wider. Das ganze hat sich jedoch im Zuge der wirtschaftlichen Globalisierung geändert. Anfang der 90er Jahre öffnete der damalige Premierminister P. V. Narsimha Rao der „Indian National Congress"-Regierung den Markt in Indien für ausländische Produkte. Darauf folgten eine enorme Konsumwelle und ein Konsumrausch in der indischen Bevöl-

kerung, von denen auch das indische Kino nicht verschont blieb. Das Aussehen der Filme veränderte sich, die Drehorte und die Ausstattung wurden immer wichtiger. In den 90er Jahren wurden verstärkt Filme in Übersee gedreht. Die Kostüme wurden immer farbenprächtiger und das Filmsetting immer aufwendiger. Es wurden fast nur noch reiche, erfolgreiche Menschen gezeigt, die tolle Häuser, Hubschrauber und Luxusklassewagen besitzen, Dinge, die sich der durchschnittliche Inder nie leisten kann. Die Filmindustrie verkauft Träume. Träume, die sie sich im realen Leben nie erfüllen können. Die Menschen wollen deswegen diese Art von Filmen sehen und ihren Alltag für eine kurze Zeit vergessen. In europäischen Filmen würde man keine solchen opulenten, künstlich aufgebauten Sets benutzen. In Europa sind realistische Darstellungen der Umgebung wichtiger.

Hat die indische Filmindustrie auch Interesse, die westlichen Zuschauer zu erreichen?
Klar ist sie daran interessiert, ihren Markt zu erweitern. Die Kinosäle sind immer noch gut besucht, doch es gibt langsam die Tendenz, sich die Filme mit der Familie und Freunden vor dem Fernseher anzuschauen. Europa ist neugierig auf indische Filme. Indische Filme sind anders, sind exotisch und bieten einen neuen Reiz. Außerdem sind Kopien von indischen Filmen auf Video und DVD recht billig erhältlich.

Möchten Sie zum Abschluss des Gesprächs noch etwas hinzufügen?
Ich möchte noch etwas zur Entwicklung der indischen Filmindustrie anmerken. Bis etwa Ende der 70er Jahre waren indischen Mainstreamfilme noch typisch indisch, mit kaum spürbarem westlichem Einfluss. Man sah traditionelle indische Tänze, klassische indische Themen und den Ausdruck typisch indischer Gefühle und Verhaltensweisen. Im Zuge der Globalisierung wurde das indische Mainstream immer mehr verwestlicht.

Der Begriff „Bollywood", der vor etwa 20 Jahren entstand, steht bezeichnend für diese Entwicklung. Während früher noch eine klare Barriere zwischen indischen und westlichen Filmen bestand, hat allmählich eine Fusion stattgefunden. Markantestes Beispiel dieser Verschmelzung ist der Kassenschlager „Masoom" (1982) von Shekhar Kapur, der auf dem melodramatischen Bestsellerroman „Man, Woman and Child" von Erich Segal basiert. In diesem Film geht es um einen verheirateten indischen Arzt, der auf einem Kongress eine Affäre mit einer französischen Ärztin hat. Sie wird schwanger, teilt ihm jedoch nichts davon mit. Eines Tages stirbt sie unerwartet und man schickt den Sohn zum Vater nach New York. Der traut sich nicht, seiner Familie die wahre Herkunft dieses Kindes mitzuteilen.

Deshalb gibt er seinen Sohn als Kind eines befreundeten Paares aus, das seine Eltern verloren hat und um das er sich jetzt kümmern muss. Der Sohn weiß jedoch, dass der Arzt sein Vater ist, verrät ihn aber nie.Der Film zeigt ein Ereignis, das in beiden Kulturen vorkommen kann, das aber in der jeweiligen Kultur anders gehandhabt wird. Einerseits ist die Öffnung zum Westen etwas Positives, was die indische Gesellschaft animiert und vorantreibt, andererseits besteht aber auch die Gefahr, dabei seine Identität zu verlieren.

OFT GESTELLTE FRAGEN

Warum wackeln die Inder mit dem Kopf, wann heißt es Ja und wann Nein?
Nein heißt Ja. Wenn Inder ihren Kopf in einer flachen Bewegung rollen lassen, dann heißt das Ja bzw. Ja, ich verstehe. Nein heißt Nein, wenn kurz und verschämt mit dem Kopf geschüttelt wird.

Wieso fassen sich die Leute immer an die Füße?
Das Anfassen der Füße ist ein Zeichen von Respekt. Man verbeugt sich dabei vor einer älteren oder höher gestellten Person und erhält dafür meist ihren Segen. Das Anfassen der Füße ist ein symbolisches Zeichen, Füße gelten in Indien als unreinster Körperteil, somit zeigt man größten Respekt vor der Person, wenn man sozusagen ihre schlechteste Stelle zu würdigen weiß.

Was soll das Kreisen mit den Lampen?
Wenn man einen besonderen Gast begrüßt, rotiert man mit eine Platte mit Kerzen, Lampen oder zerlaufener Butter vor dem Kopf des Gastes. Diese Zeremonie stammt vom Huldigen der Götter. Dabei wird die Platte vor dem Abbild des Gottes gekreist; als Zeichen der Ehrerbietung, eine Art Opfergabe. In der hinduistischen Kultur werden auch die Gäste als heilig angesehen und manchmal kommt ihnen dieselbe Ehre zuteil wie den Göttern. Bei der Rückkehr von Verwandten oder bei ihrem Eintreffen wird dieselbe Zeremonie angewandt.

Was haben die Frauen für rotes Pulver im Haar?
Das bedeutet, dass die Frau verheiratet ist. Bei der Eheschließung drückt der Ehemann der Frau rote Farbe in den Mittelscheitel, das Vermilion-Zeichen. Wenn der Mann stirbt, wird dieses Zeichen entfernt. Dieses Symbol stammt aus Zeiten, in denen Ehefrauen oft entführt wurden. Die Ehemänner eroberten die Frau zurück, indem sie den Gegner töteten und mit seinem Blut das Vermilion in die Haare der Frau strichen.

Wieso stehen die Frauen bei den Bestattungen hinten?
Die Form der Bestattung ist je nach Region und Kastenzugehörigkeit unterschiedlich. Gleich jedoch ist bei allen, dass nur der älteste Sohn den Scheiterhaufen des Vaters entfachen darf. Frauen sind an Verbrennungsstätten nicht zugelassen, sie dürfen nur aus einiger Entfernung zuschauen. Die Unterkasten sind für die Bestattungen zuständig, sie bereiten alles vor. Der Sohn entzündet bei der toten Mutter das Feuer am Fußende und beim toten Vater am Kopf.

Warum ziehen sich die Inder immer an den Ohren?
Sie ziehen sich meist am Ohr, wenn sie sich entschuldigen, es symbolisiert den physischen Ausdruck des Fehlverhaltens, und sie demonstrieren damit Reue.

Warum schwingen sie ihre Hand über den Kopf eines andern und machen dann eine Faust an ihre Stirn?
Diese Handlung soll vor dem Bösen Blick schützen, man ist bereit, das Übel lieber auf sich zu ziehen, als dass es den anderen trifft.

Was bedeuten die Bindis auf der Stirn?
Die Bindis auf der Stirn sollen mit dem Energiepunkt des dritten Auges korrespondieren.

LITERATUR

Aubert, Hans-Joachim: Nord-Indien – Ein Reisehandbuch. Köln 1989

Baldissera, Fabrizia und Michaels, Axel: Der Indische Tanz – Körpersprache in Vollendung. Köln 1988

Banker, Ashok: Bollywood. Herts: Pocket Essentials Film, 2001 (1.Aufl.)

Barnouw, Eric und Krishnaswamy: Indian Film. Neu Delhi 1980

Berg, Hans Walter: Indien – Traum und Wirklichkeit. Hamburg 1985

Bharucha, Nilufer E.: Of Devis, Devdaasis and Daayins – The Image of woman in Postcolonial Indian Cinema. In: Gender-Online Journal, April 2002

Brockmann Till: Bollywood singt und tanzt in der Schweiz, S. 54-64; in: Schneider, Alexandra (Hg.): Bollywood – Das indische Kino und die Schweiz. Zürich 2002

Bumiller, Elisabeth: Hundert Söhne sollst du haben...- Frauenleben in Indien. München 1992

Burra, Rani (Hg.): Indian Cinema. New Delhi: Directorate of Film Festival & National Film Development Cooperation, 1986

Chitre, Dilip, Dhasal, Namedo und Stegmüller, Henning: Bombay- Mumbai, Bilder einer Mega – Stadt, München 1996 (1. Aufl.)

Dwyer Rachel: Landschaft der Liebe, S. 97-105; in: Schneider, Alexandra (Hg.): Bollywood – Das indische Kino und die Schweiz. Zürich 2002

Freunde der Deutschen Kinemathek e.V. & Internationales Forum des jungen Films (Hg.): Panorama des neuen indischen Films, 9. Internationales Forum des jungen Films, 29. internationales Filmfestspiele Berlin 1979

Freunde der Deutschen Kinemathek (Hg.): Kino in Indien II. 18. internationales Forum des jungen Films, 38. internationale Filmfestspiele Berlin, 1988

Frankfurter Rundschau vom 13.12.1957,

Artikel über den Vortrag von Willi Haas am 10.12.1957 in Frankfurt/M. im Rahmen des Vortrags von Herbert Stettner „Was man über Film wissen muß?"

Gokulsing, K. Moti und Dissanayake, Wimal: Indian Popular Cinema- a narrative of cultural change. Staffordshire 1998 (1.Aufl.)

Haidinger, Robert: Indien – Ein Reisebuch in den Alltag. Reinbek bei Hamburg 1995

Heinrich, Gerhard Franz (Hg.): Das alte Indien – Geschichte und Kultur des indischen Subkontinents. München 1990

Hörig, Rainer: Indien ist anders – ein politisches Reisebuch. Reinbek bei Hamburg 1987

Indian Cinema 78/79: Seventh Int. Film Festival of India New Delhi 3-17.1.1979New Delhi: F.C. Rampal for the Directorate of Film Festival

Indian Cinema 80/81: Published by the Directorate of Film Festivals & Ministry of Information and Broadcasting. Lok Nayak Bhavan, New Delhi

Indian Cinema 1987: New Delhi: Directorate of Film Festivals, India in association with Vikas Publishing House, 1988

Iyengar, Niranjan: The Making of Kabhi Khushi Kabhie Gham. Mumbai: Dharma Productions in association with India Book House Pvt Ltd, 2001

Joshi, Lalit Mohan (Hg.): Bollywood – Popular Indian Cinema. London 2001 (1 Aufl.)

Kabir, Nasreen Munni: Bollywood – The Indian Cinema Story. London 2001 (1. Aufl.)

Kabir, Nasreen Munni: Talking Films – Conversations on Hindi Cinema with Javed Akhtar. New Delhi 1999

Kakar, Sudhir: Intime Beziehungen, Erotik und Sexualität in Indien. Frauenfeld/CH 1994

Kazmi, Nikhat: The Dream Merchants of Bollywood. New Delhi 1998 (1.Aufl.)

Keller Urs: Da muss man gewesen sein, S. 106-112; in: Schneider, Alexandra (Hg.): Bollywood – Das indische Kino und die Schweiz. Zürich 2002

Kindermann, Prof. Dr. Heinz: Fernöstliches Theater. Stuttgart 1966

Knappert, Jan: Lexikon der indischen Mythologie, Mythen, Sagen und Legenden von A – Z. Weyar 1997

Kobe, Werner: Chronologie des indischen Kinos, S. 24-29; in: Chidananda Das Gupta und Werner Kobe: Kino in Indien. Freiburg 1986

Koch, Gerhard: Von der Münchner Lichtspielkunst – zu den Bombay Talkies, S. 125-145); in: Chidananda DasGupta und Werner Kobe: Kino in Indien. Freiburg 1986

Krack Rainer: Kulturschock Indien. Bielefeld 2000, (6. Aufl.)

Küng, Hans: Spurensuche – Die Weltreligionen auf dem Weg. München 1999

Mishra, Vijay: Bollywood Cinema – Temple of Desire. New York 2002

Nowell-Smith, Geoffrey (Hg.): Geschichte des Internationalen Films. Stuttgart/Weimar 1998

Prakesh Sanjeev: Les avventurose storie del cinema indiano. Pesaro: Mostra Internazionale del Nuovo Cinema, Juni 1985 (Bd.1)

Raina, Raghunath: Einführung in die Geschichte des indischen Kinos, S. 29-55; in: Chidananda DasGupta und Werner Kobe: Kino in Indien. Freiburg 1986

Rajadhyaksha, Ashish und Willemen, Paul: Encyclopedia of Indian Cinema. New Delhi 1999 (2 Aufl.)

Reiss, Erwin und Zielinski, Siegfried (Hg.): Grenzüberschreitungen – Eine Reise durch die globale Filmlandschaft.

Sastry, K.N.T. (Hg.): Indian Cinema 1990. New Delhi: Directorate of Film Festivals, January 1991

Schwägerl, Gebhard: Unberührbar: Apartheid auf indisch. Unkel/Rhein, Bad Honnef 1995

Scholz, Werner: Schnellkurs Hinduismus, Köln 2000

Schulze, Brigitte: Die Erfindung der geeinten Nation – der indische Film, S.113-131;

in: Rother Rainer: Mythen der Nationen:Völker im Film München 1998

Tschurtschenthaler Dagmar und Professor Joachim Karl Bautze: Apa Guide:Indien. Berlin/München 2001/2002

Varadpande, M.L.: Traditions of Indian Theatre. New Delhi: Abhinar Publications, 1979 (1. Aufl.)

Vasudevan, Ravis, S. (Hg.): Making Meaning in Indian Cinema. New Delhi 2000

Wildermuth, Norbert: Strukturwandel der indischen Medienlandschaft, S.15-26; in „Indisches Kino in Deutschland" anläßlich der Indien Festspiele September 1991-Mai 1992 Eine Dokumentation (verschiedene Aufsätze)

Filmzeitschriften

Ciné Blitz, Dezember 1997, Volume 23 No.17

Ciné Blitz, Dezember 1997, Volume 23 No.16

Ciné Blitz, März 1998, Volume 24 No.6

Ciné Blitz, Juni 1998, Volume 24 No.11

Ciné Blitz, Dezember 2002, Volume 28 No.12

Filmfare, April 1995, Volume 44 No, Mumbai

Filmfare, April 1996, Volume 43 No.4

Filmfare, April 1997, Volume 46 No.4

Filmfare, Juni 1998, Volume 47 No.6

Filmfare, November 1999, Volume 48 No.11

Filmfare, April 2000, Volume 49 No.4

Filmfare November 2001, Volume 50 No.11

Filmfare August 2002, Volume 51 No.8

Filmfare, Dezember 2002, Volume 51 No.12

Hi! Blitz, Dezember 2002, Volume 1 No.1

Movie, Februar 1996, Volume 13 No.149

Movie, März 1997, Volume15 No.3

Movie September 1997, Volume15 No.9

Movie, Mai 1998,Volume 16 No.5

Movie Dezember 2002, Volume 20 No.232

Stardust, Januar 1998, Volume 28 No.4

Stardust, Mai 1998, Volume 28 No.8

Stardust, März 2003, Volume 33 No.6.

Trigon – das Trigon-Filmmagazin Nr. 17, 2. Quartal 2002, Basel

FILMTITELREGISTER

Für die Hindifilmtitel gibt es keine offiziellen deutschen Titel-Übersetzungen. Damit man aber eine Vorstellung bekommt, um was es sich bei den Filmen handelt, sind die Titel zum Teil sinngemäß aus dem Hindi übersetzt. In diesem Register sind nur indische Filme berücksichtigt.

Jish Desh Mein Ganga Behti Hai (Wo der Ganges fließt, 1960) Regie: Raj Kapoor

Johnny Mera Naam (Ich heiße Johnny, 1970), Regie: Vijay Anand

Junglee (Der wilde Mann, 1961) Regie: Subodh Mukherjee

Jwar Bhatta (Alte Tradition: Frau eines Rajas warfen sich ins Feuer wenn ihr Mann vom Feind getötet wurde, 1944) Regie: R.D. Mathur

Kaagaz Ke Phool (Papierblumen, 1959) Regie: Guru Dutt

Kabhie Kabhie (Manchmal, 1976) Regie: Yash Chopra

Kabhie Kushie Kabhi Gham (Gute Zeiten Schlechte Zeiten, 2001) Regie: Karan Johar

Kagaaz Ke Phol (Papierblumen, 1959) Regie: Guru Dutt

Kaho Na Pyar Hai (Sag doch das du mich liebst, 2000) Regie: Rakesh Roshan

Kaliya daman (1919) Regie: Phalke

Kamasutra (1996) Regie: Mira Nair

Kangan (1939) Regie: Franz Osten

Kanoon (Das Gesetz, 1960) Regie: B.R.Chopra

Karan Arjun (Der älteste Sohn von Kunti ist Arjun, 1995) Regie: Rakesh Roshan

Karma (1933) Regie: J.L.Freer Hunt

Karz (Zweifel, 1980) Regie: Subash Ghai

Khalnayak (Der Fiesling, 1993) Regie: Subhash Ghai

Khamoshi (Stille, 1969) Regie: Asit Sen

Khamoshi (1996) Regie: Sanjay Leela Bhansali

Khajurao (Antike Skulpturen, 2000) Regie: Aruna R. Patil

Kismet (Schicksal, 1943) Regie: Gyan Mukerji

Kuch Kuch Hota Hai (Es ist immer was los in der Liebe, 1998) Regie: Karan Johar

Kunwara (Der Junggeselle, 2000) Regie: David Dhawan

Kya Kehna (Was soll man dazu sagen, 2000) Regie: Kundan Shah

Lagaan (Steuern, 2001) Regie: Ashutosh Gowariker

Lal Pathar (Roter Stein, 1971) Regie: Sushil Majudar

Lamhe (Augenblicke, 1991) Regie: Yash Chopra,

Lanka Dahan (Die Vernichtung von Lanka, 1917) Regie: D.G.Phalke

Leather Face (1939) Regie: Vijay Bhatt

Laija (2001) Regie: Rajkumar Santoshi

Love at Time Square (2003) Regie: Dev Anand

Maachis (Die Streichholzschachtel, 1996) Regie: Gulzar

Madhumati (Name von einem Fluß, 1958) Regie: Bimal Roy

Mahaan (Der großartige Mann, 1983) Regie: S. Ramanathan

Mahal (Das Herrschaftshaus, 1949) Regie: Kamal Amrohi

Mai Azaad Hoon (Freiheit,1989) Regie: Tinu Anand

Main Hoon Na (Doch, ich bin da, 2003) Regie: Farah Khan

Masoom (Der Unschuldige1982) Regie: Shekhar Kapoor

Mera Naam Joker (Mein Name ist Spaßmacher, 1970) Regie: Raj Kapoor

Mission Kashmir (2000) Regie: Vidhu Vinod Chopra

Mohabbatein (Die Vielfalt der Liebe, 2000) Regie: Aditya Chopra

Mohini Bhasmasur (1913) Regie: D.G.Phalke (Die verführerische Frau und der Riese der mit Blicken töten kann)

Monsoon Wedding (2000) Regie : Mira Nair

Mother India (1957) Regie: Mehboob Khan

Mr. And Mrs.55 (1955) Regie: Guru Dutt

Mr. India (1987) Regie: Shekar Kapoor

Mr. Natwarlal (Ein Komiker, 1979) Regie: Rakesh Kumar

Mughal-e-Azam (Der große Mongul, 1960) Regie: K.Asif

Muma (1954) Regie: Abbas

Muqaddar Ka Sikandar (Vom Schicksal gesegnet, 1978) Regie: Prakash Mehra

Nagina (Die chlangenbeschwörerin,1986) Regie: Harmesh Malhotra

Nanjawan (Die Schlangenfrau, 1937) Regie: J.B.H.Wadia

Namak Halal (1982) Regie: Prakash Mehra

Nan Do Gyarah (Der betrügende Künstler, 1957) Regie: Vijay Anand

Naseeb (Gutes Glück, 1981) Regie: Manmohan Desai

Nastik (Der Atheist, 1954) Regie: I.S. Johar

Nastik (1983) Regie: Pramod Chakravorty

Naujawan (Der junge Mann, 1937) Regie: JBH. Wadia

Naya Din Nayi Raat (Neuer Tag Neue Nacht, 1974) Regie: Bhim Singh

Neel Kamal (Blauer Lotus, 1947) Regie: Kidar Sharma

Nigahen (Augen, 1989) Regie: Harmesh Malharta

Pakeezah (Das reine Herz, 1971) Regie: Kamal Amrohi

Parineeta (Die verheiratete Frau, 1953) Regie: Bimal Roy

Parwani (Geschenke auf einem Fest, 1971) Regie:

Pather Panchali (Das Lied der Straße, 1955) Regie:Satyajit Ray

Prapancha Pash (Schicksalswürfel, 1929) Regie: Franz Osten

Prem Sanyas (Dic Leuchte Asiens, 1926) Regie: Franz Osten

Prem Pujari (Der Liebesanbeter, 1970) Regie: Dev Anand

Pukar (Der Ruf, 2000) Regie: Rajkumar Santhoshi

Pundalik (1912) Regie: N.G.Chitre

Pyaasa (Der Durstige, 1957) Regie: Guru Dutt

Pyar Ishq Aur Mohabbat (Zuneigung, Leidenschaft und Liebe, 2000) Regie: Rajiv Rai

Qayamat Se Qayamat Tak (Vom Tag des Urteils, 1988) Regie: Mansoor Khan

Qurbani (Opfer, 1980) Regie:Feroz Khan

Raaz (Das Königreich, 2002) Regie: Vikram Bhatt

Raakh (Asche, 1988) Regie: Aditya Bhatacharya

Rahul (2001) Regie: Prakesh Jha

Raja (Der König, 1995) Regie: Indra Kumar

Raja Harishchandra (Der König von Hindustan, 1913) Regie: D.G. Phalke

Ram Teri Ganga maili (Rama unser Ganges ist schmutzig, 1985) Regie: Raj Kapoor

Ratan Manjari (Reichtum, 1926) Regie: Sharada Studios

Rihayee (Freiheit,1990) Regie: Aruna Raije Patil

Roja (gleiche wie Ramadan die Fastenzeit, 1993) Regie: Mani Rathnam

Road (2002) Regie: Rajat Mukherjee

Saathiya (Die Wahrheit, 2002) Regie: Shaad Ali

Saaz (Dekoration/Geschenk, 1996) Regie: Sai Paranjpye

Sahib Bibi Aur Ghulam (Herr, Geliebte und Diener, 1962) Regie: Abrar Alvi

Sakar Nama (Regierungsanhänger, ?) Regie: Shrabani Deodhar

Sangam (Vereinigung, 1964) Regie: Raj Kapoor

Sangram (Der Kampf, 1950) Regie: G.Mukjeree

Sangarsh (Streit, 1969) Regie: H.S.Rawail

Sardar (Das Oberhaupt, 1955) Regie: G. Mukjeree

Sarkari Pash (Ausweis, 1925) Regie: Baburao Painter

Satya (1998) Regie: Ram Gopal Varma

Seeta Aur Geeta (Zwei Schwestern namens Seeta und Geeta, 1972) Regie:Ramesh Sippy

Setu Bandan (Der Brückenbau übers Meer, 1931) Regie: D.G.Phalke

Shaheed (Die Marter, 1948) Regie: Ramesh Saigal

Shakti (Kraft, 1982) Regie: Ramesh Sippy

Shakti (Kraft, 2002) Regie: Krishna Varnshi

Shamsher (Der mutige und mächtige Mann, 1953) Regie: G. Mukjeree

Sharda (Die Göttin des Wohlstands, 1957) Regie: Raj Kapoor

Shiraz (Das Grabmal einer großen Liebe, 1928) Regie: Franz Osten

Shree 420 (Herr 420, 1955) Regie: Raj Kapoor

Sholay (Flammen, 1975) Regie: Ramesh Sippy

Shri Krishna Janam (Der Geburt von Lord Krishna, 1918) Regie: D.G. Phalke

Silsila (Die Affäre, 1981) Regie: Yash Chopra

Sujata (Die Glückspilzin, 1959) Regie: Bimal Roy

Sur- The Melody of Life (2002) Regie: Tanuja Chandra

Taal (Der Schlag, 1999) Regie: Subash Ghai

Talaash (2003) Regie: Sunseet Darshan

Tamanna (Der Wunsch,) Regie: Tanuja Chandra

Taqdeer (Glück, 1944) Regie: Mehboob Khan

Taxi Driver (1954) Regie: Chetan Anand

Telephone girl (1926) Regie: Narayan Deware

Teezab (Säure, 1988) Regie: N. Chandra

The Cloud Door (1993) Regie: Mani Kaul

The Legend of Bhagat Singh (2002) Regie: Rajkumar Santoshi

The Wrestler (1899) Regie: Harischandra S. Bhatvadekar

Tumsa Nahin Dekha (Niemand wie Du, 1957) Regie: Nazir Hussain

Umrao Jaan (Name der Kurtisane des 18. Jhd., 1981) Regie: Muzaffar Ali

Waqt (Die Zeit, 1965) Regie: Yash Chopra

Water (2000) Regie: Deepa Mehta

Wild cat of Bombay (1927) Regie: Ardeshir Irani

Yeh Silsila hai Pyar Ka (Fortsetzung der Liebe, 2003) Regie: Shrabani Deodhar

Yeh Zindagi Ka Safar (Die Lebensreise, 2001) Regie: Tanuja Chandra

Zakhm (Der Verwundete, ?) Regie: Tanuja Chandra

Zabaan Sambhal Ke (Sei vorsichtig mit dem was du sagst, 2003) Regie: Rajiv Mehta

Zubeida (2000) Regie: Shyam Benegal

ANMERKUNGEN

1 Vor Kino- oder nach Restaurantbesuchen versammeln sich die Inder gerne an kleinen Buden oder Ständen der pàan-waalaa (Betelverkäufer). Das Kauen der Betelnuss ist typisch indisch, nach dem Essen kaut man sie gerne, um den Atem zu erfrischen und die Verdauung zu fördern. Erkennbar sind die Betelkauer an ihren rot gefärbten Zähnen. Betel soll Zähne und Zahnfleisch kräftigen.

2 vgl. Kakar, S. 9f

3 vgl. N. Kabir, 2001, S.3f (aus dem Englischen übersetzt von der Verfasserin)

4 vgl. Krack, S.9f

5 vgl. Krack S. 24f und Küng S.61f

6 Manu bedeutet Mensch, es ist ein geistiges Wesen, das in ätherischen Sphären zwischen der Menschenwelt und der Götterwelt lebt. Es gibt insgesamt 14 Manus in den Puranas. Der Manu der Hindu ist Vaivasvata, der Sonnengeborene und der siebte der 14 Manus.

7 vgl. Küng S.61ff, Scholz S. 46ff

8 vgl. Scholz S.46

9 vgl. Krack S.26 und Haidinger S.86ff

10 vgl. Raina S.29

11 vgl. Kindermann S.21ff und S.51f, Varadpande S.4f

12 Parse ist das indische Wort für Perser

13 vgl. Kabir S.103

14 vgl. Joshi S.17

15 vgl. Rother S.115

16 vgl. Raina S.33

17 vgl. Schulze S.115

18 Das Indian Cinematograph Committee war unter Vorsitz des indischen hohen Richters Rangachariar aus drei Indern und drei Briten zusammengesetzt.

19 vgl. Schulze S.116f

20 vgl. Barnouw S. 103ff

21 Vgl. Koch S.127; vgl. Barnouw S.88-98

22 vgl. Koch Gerhard S.125-145

23 vgl. Filmfare April 1996

24 vgl. Frankfurter Rundschau 13.12.1957 S.128-134

25 vgl. Kabir, 1999 S.104f

26 vgl. Kabir,1999, S. 116-123

27 vgl. Kabir 2001, S.166

28 vgl. Kabir 1999, S.130f

29 Hörig S.165f

30 vgl. (www.digipuppet.com)

31 vgl. Kakar,1994, S.33ff

32 vgl. Kabir, 2001 S. 73 und Kabir, 1999 S.98f

33 vgl. Kabir, 2001 S.203

34 Sämtlichen Quellen kannten sein Geburtsjahr nicht.

35 Moslemische Namen waren bis in die 60er Jahre des Hindikinos nicht angesagt. Viele Schauspieler jener Zeit änderten ihre Namen in hinduistische Namen um.

36 Internet Apunkachoice 9.4.2003

37 vgl. Filmfare April 1997

38 www.rediff.com (2002 female film directors)

39 vgl. www.rediff.com/entertai/2001/

40 vgl. www.timesofindia.indiatimes.com, www.rediff.com/entertai/2001und www.filmnews.htm

41 vgl. Internetartikel Chitra Sawant „Tanuja Chandra: Woman of Substance

42 vgl. www.news.bbc.co.uk/1/hi/entertainment/film

43 vgl. www.rediff.com/entertai/2001

44 vgl. S. 220-223, Artikel Subhash K. Jha in Filmfare, April, 2000.

45 vgl.Kabir, 1999 S.41f

46 Vgl. www.fortunecity.com/campus/books/845/indmovie.htm

47 Vgl. Banker, S.21 und www.3to6.com

48 vgl. Chatterjee ; Banker S.29

49 Vgl. Artikel Nama Ramachandran, Dez. 2002, Internetseite Sight &Sound

50 Zum Holifest/Erntedank und Frühlingsfest am 20.3. bewirft man sich mit Farbpulver und Wasser. Frauen haben einen Tag die Oberhand und reißen den Männern die Hemden vom Körper, in Nordindien werden ausgelassene Orgien gefeiert, gesellschaftliche Regeln außer Kraft gesetzt. Szenen aus Ramayana Epos werden nachgespielt und Mädchen als Bräute Krishnas durch die Sraßen getragen.

51 Vgl.www.mtvindia.com/ (Love Stories) und www.biblio-india.com/articles (Sexuality on Silver screen)

52 Vergleichbar mit der unteren Kaste der Shudras

53 vgl. Banker S.76 und Internetartikel Madhu Kishwar: Manushi, Sept. –Oct 1994, no. 84, p.34-37 Filmreview

54 (www.yashrajgilms.com/archive/god)

55 vgl. Filmfare, Dezember 2002, „Survival at Stake" von Deepa Gahlot

56 vgl. Internetartikel „Idol Chatter mit Javed Akthar", April 2003, von Poonam Joshi, Asian Life-Film, BBC Homepage.

57 www.rangbrang.com/bollywood/mr-gadar.html.

58 Ein amerikanischer Inder hat den Dollarkurs betreffend dementsprechend 45 mal mehr Kaufkraft als sein einheimischer Fankollege.

59 Nina Klein, Die Welt,19.4.2002 und persönliches Interview mit J.P.Francioli

60 Nina Klein, Die Welt,19.4.2002, Urs Keller S. 106-112, Rachel Dwyer S.97-105, Till Brockmann S.55-64

61 vgl. Internetartikel von Sean MC Lachlan (Life split between worlds)

ÜBER DIE AUTORIN

Myriam Alexowitz wurde 1966 in Rheinhausen/Moers geboren. Sie studierte Film-und Fernsehwissenschaft mit Schwerpunkt Kino in der zweiten und dritten Welt, Ethnologie und Italienisch in Marburg/Lahn. Sie besuchte Seminare in Religionswissenschaft und Indologie. Seit 1989 ausgedehnte Reisen u.a. nach Indonesien, Mauritius, Indien, Malaysia und Mexiko. Ihr Hauptinteresse gilt jedoch Indien und der indischen Kultur. Seit 1995 beschäftigt sie sich mit indischen Filmen. 1999 folgte die erste Buchveröffentlichung mit dem Titel „Die Darstellung der indischen Frau in ausgewählten Filmen von Satyajit Ray". Durch den Austausch mit indischen Freunden und Bekannten ist sie immer auf den neusten Stand, was das indische Kinopublikum und die indische Gesellschaft angeht.

**Von Liebe und Macht
Das Mahabharata**

Neu erzählt von Otto Abt

HORLEMANN

„Was immer in dieser Welt vorkommt, das findet sich auch im Mahabharata; und was man darin nicht findet, das gibt es nirgendwo auf der Welt." So heißt es in einem der ersten Kapitel des bedeutendsten Epos der Hindus. Es ist Heldengedicht und Rechtslehrbuch zugleich. Die Mischung aus spannenden Geschichten und der Darlegung sittlicher Gebote macht das Werk so einzigartig und hebt es über Raum und Zeit hinaus.

Was da erzählt wird, das fühlt sich bekannt an. Das Vertrauen ins Leben lässt den Sinn entstehen, den doch jeder für sich selbst finden muss.
Siegener Zeitung

182 S., Broschur, ISBN 3-89502-124-5

Das Ramayana ist eine zeitlose und doch zeitgemäße Geschichte. Es erzählt von Göttern und Dämonen, von Menschen und ihrer Liebe und Leidenschaft, von Hass und Gottesfurcht und setzt Maßstäbe für Gut und Böse, die fortdauern bis heute... Es zählt zu den wichtigsten Büchern der Weltliteratur und ist neben dem Mahabharata das beliebteste und größte Epos auf dem indischen Subkontinent. Hier beeinflusst es die Vorstellungen, das Leben und Handeln der Menschen. Jedoch nicht nur in Indien kennt man das Ramayana. Die Geschichte ist im gesamten südlichen und südöstlichen Asien bekannt und ist so der Stoff für das Stirb-und-Werde von Millionen und Abermillionen Menschen.

**Botschaft der Hoffnung und Freude
Das Ramayana**
Neu erzählt von Otto Abt

HORLEMANN

128 S., Broschur, ISBN 3-89502-169-5

Rüdiger Siebert
Unterwegs mit Buddha
Eine vergnügliche Spurensuche in Indien und Nepal
Sachbuch. Ca. 256 S., zahlr. s/w-Fotos,
Broschur, erscheint im Frühjahr 2004

Marie-Hélène Gutberlet / Hans-Peter Metzler (Hg.)

Afrikanisches Kino

arte edition • 262 S., br., ISBN 3-89502-059-1

*Eindringlich und vielseitig bieten die hier versammelten Stimmen
afrikanischer Filmemacher/-innen, Kritiker/-innen und Essayisten Einblicke
in das Filmschaffen, in ihre Definition von Afrikanischem Kino.*

Rebecca Hillauer

Freiräume – Lebensträume
Arabische Filmemacherinnen

arte edition • 348 S., br., zahlr. s/w-Fotos, ISBN 3-89502-128-8

*Hinter der Kamera oder im täglichen Leben: Arabische Filmemacherinnen
übertreten mit ihrer Berufswahl die ihnen noch immer eng gesteckten Grenzen.
Filmografien, Biografien, Interviews und Texte.*

Olivier Barlet

Afrikanische Kinowelten
Die Dekolonisierung des Blicks

arte edition • 320 S., br., zahlr. s/w-Fotos, ISBN 3-89502-133-4

*Mit diesem Buch eines französischen Experten für das afrikanische Kino ist dem
deutschen Publikum die Möglichkeit gegeben, sich einen umfassenden Einblick in die
afrikanischen Kinowelten zu verschaffen. Olivier Barlet konzentriert sich auf eine
„Dekolonisierung des Blicks" in seiner Vorstellung der Kinokulturen Afrikas. Das Buch
beschreibt die Bestrebungen und Ansätze „kultureller Überlebenskämpfe" und bietet
zugleich einen umfassenden Überblick über die afrikanische Kino- und Fernsehfilmproduktion.
Ein Personen-, Schlagwort- und Filmtitelindex runden den Gebrauchswert des Buches ab.*

Hu-Chong und Stefan Kramer (Hg.)

Bilder aus dem Reich des Drachen
Chinesische Filmregisseure im Gespräch

arte edition • 240 S., br., ISBN 3-89502-145-8

*Mehr als alle anderen Künste und Medien hat sich im 20. Jahrhundert der Film als Spiegel, aber
auch als Motor der politischen, gesellschaftlichen und kulturellen Entwicklung Chinas erwiesen.
Die zahlreichen Erfolge chinesischer Regisseure auf den großen Filmfestivals in Europa haben seit
den achtziger Jahren auch hier die Aufmerksamkeit auf das Reich der Mitte gelenkt.*

Bitte fordern Sie unser aktuelles Gesamtverzeichnis an:

Horlemann Verlag
Postfach 1307 • 53583 Bad Honnef
Telefax (0 22 24) 54 29 • E-Mail: info@horlemann-verlag.de
www.horlemann-verlag.de